MW01602843

PILLEURS D'ÉTAT

Philippe Pascot

PILLEURS D'ÉTAT

Max Milo
ESSAIS-DOCUMENTS

© Max Milo Éditions
Paris, 2015
www.maxmilo.com
ISBN : 978-2-31500-636-6

Un peuple de moutons finit par engendrer un gouvernement de loups !
Agatha CHRISTIE

Tout ce qui est d'intérêt public doit être public.
Edwy PLENEL

À tous ceux qui osent dire, qui osent faire, qui osent voir.

À :

Jean Kay (de l'avion et des médicaments), André Menras (du drapeau de la statue), Jean Lauthier (leader du lycée à Villemomble jusqu'au Havre), Jean-Claude Douillard (une de mes boussoles), Eva Joly (le courage de dire), Patrick Sébastien (l'intelligence incomprise de l'impertinence), Amel Zanoun Zouani (pour l'innocence de la connaissance), Sophie Coignard, Antoine Peillon, Denis Robert (le courage de l'écrire), Jean Ziegler (le Suisse au fusil), Raymond Avrillier (même seul tout est possible), Irène Franchon (pour des médicaments qui soignent), Jacques Glassmann (du foot propre dans les yeux) August Landmesser et Albert Richter (le courage de dire NON).

AVANT-PROPOS D'ÉCHAFAUD

En l'an demain, quand l'eau aura un peu coulé sous
les ponts et que les médias regarderont ailleurs...

L'aube vient juste de se lever dans la cour et je sais qu'aujourd'hui, sans bien le comprendre encore, est un jour bizarre pour moi. Je regarde autour de moi et, petit à petit, se dessinent beaucoup de présences que je commence à reconnaître. Je constate en balayant l'ensemble de l'horizon qu'ils sont quasiment tous venus. Pas de peur, pas de question, je savais qu'un jour cela arriverait.

Ils sont là, dans la cour, l'œil déjà rivé sur l'outil chronophage mais indispensable à leur survie quotidienne : le portable haut de gamme et rutilant. Malgré l'heure matinale pas un seul n'est en débraillé.

Le premier que je distingue à travers mes yeux maintenant bien ouverts, c'est **Jean-Luc Mélenchon.** Comme d'habitude, dans une attitude faussement désinvolte mais éminemment calculée, il essaye de se mettre devant. Il me fait signe d'avancer d'un geste de la main, l'air agacé comme l'élu teigneux et vindicatif que j'ai connu du temps où il formait un trio inséparable avec **Julien Dray et Marie-Noelle Lienemann**. Jean-Luc, c'est un type très tolérant sur le papier ou dans les médias ; Mélenchon, c'est celui qui entrait dans des colères noires dès qu'on le contredisait. Déjà à l'époque, il cajolait d'une main pendant qu'il bastonnait de l'autre.

Une fois, j'ai eu l'outrecuidance de présenter des candidats contre lui. Pendant un bout de temps, lors des meetings, il a refusé de s'asseoir à côté de moi. Tiens, elle est là aussi, **Marie-Noëlle Lienemann,** sénatrice parachutée à Paris après un passage par Hénin-Beaumont. À l'époque où je la fréquentais, elle était maire d'Athis-Mons. En ce temps-là, pour faire plaisir à la politique de tonton **Mitterrand,** elle embauchait à outrance des demandeurs d'emploi en contrats aidés sur sa commune. Souvent, on en trouvait en train de buller toute la journée derrière les fourrés. Sacrée bonne femme que la Marie-Noëlle, qui n'avait pas sa langue que dans sa poche.

Où est le troisième ? Ah il est là **Julien Dray**, l'air débonnaire, les mains dans les poches et le menton enfoncé dans le col de son manteau. Il a pris encore un peu de poids depuis notre première rencontre il y a presque trente ans. C'était dans une télé locale, et ce jour-là je lui ai offert une peluche pour ses enfants. Je crois que ça l'a marqué, il m'en a parlé vingt ans après. Il a moins aimé les quelques fois où, lors de ses vœux dans la ville de Sainte-Geneviève-des-Bois, je lui offrais régulièrement une montre en plastique. Il me fait un petit signe amical de la tête, je lui renvoie son bonjour d'un hochement de tête.

Je fais un pas et j'aperçois **Jacques Guyard,** le Grand Jacques, un des premiers députés-maires et ministres que j'ai rencontrés. Lui, il riait toujours, un rire fort et massif qui emportait inéluctablement votre adhésion. Un grand bonhomme ce Jacques, capable de vous entuber jusqu'au bout en souriant et en s'arrangeant pour que vous lui disiez, en plus, merci. Un homme politique comme on n'en fait plus, tout en classe et en grâce. À côté de lui il y a son vieux copain, **Xavier Dugoin,** l'homme du rapport **Xavière Tibéri**, ancien président du conseil général de l'Essonne. Toujours la même allure altière, un homme profondément humain et roublard à la fois. Xavier est capable de rebondir même quand il est au fond de la piscine, et Dieu sait s'il a connu le fond de la piscine. Il a, comme Jacques, un côté sympathique que ne possèdent plus beaucoup d'hommes et de femmes politiques d'aujourd'hui. Il me fait un petit clin d'œil complice et s'éloigne.

Mine de rien, cela me fait plaisir de voir tout ce beau monde réuni dans cette cour et semblant être venu spécialement pour une fête ou une inauguration. Je ne pensais pas en connaître autant de tous ces hommes et toutes ces femmes que j'ai rencontrés ou avec lesquels j'ai travaillé ces dernières années. C'est que mes yeux commencent à s'habituer à la lumière du jour et je distingue maintenant même ceux qui sont au fond, par timidité ou parce que les autres, plus téméraires ou carnassiers se sont mis devant. J'en reconnais beaucoup, et plusieurs visages me sautent aux yeux. Il y a **Nicole Guedj**, ancienne ministre et amie très proche de Jacques Chirac. En la voyant, je me remémore le travail fait. Grâce à moi, elle ne fume plus et a même réussi à se passer du chewing-gum dont elle était devenue addict. Toujours aussi élégante, elle me regarde, un petit sourire triste sur les lèvres. Il y a aussi le très hautain **Roger Karoutchi**. Lui ne pouvait pas s'empêcher de me côtoyer avec l'air profondément condescendant de celui qui sait tout. Je l'ai vu adresser « presque » le même regard à ses assistants. Pourquoi les choisissait-il l'air si jeune, si éphèbes ? Pour mieux les dominer peut-être ?

Je suis content car j'aperçois **Jean-Vincent Placé**. Il me doit son début de carrière en politique ; « Agnès », femme de ministre, m'avait appelé pour me demander s'il fallait mettre ou non ce trublion sur la liste municipale des Ulis. C'est ainsi qu'il est devenu conseiller municipal même si, honnêtement, il a plutôt brillé par son absence. Quand je pense qu'il était tout maigre et timide quand je l'ai connu simple assistant dans un autre parti. Il souffle dans ses deux mains qu'il a remontées sur son visage, l'air de faussement s'ennuyer, comme d'habitude, mais ses petits yeux perçants sondent, regardent, soupèsent tout ce qui l'entoure. Je commence à me demander pourquoi ils sont tous là : une manif ? Un colloque ?

Paradoxalement et confusément je sais que c'est logique, comme dans l'ordre des choses.

Devant moi, il y a une sorte de haie d'hommes et de femmes politiques qui ont jalonné mon parcours. **Marine Le Pen** est là, entourée de **Dominique Joly** et de **Marie-Christine Arnautu** que j'ai bien connue. Derrière eux, un peu en retrait je reconnais **Micheline Bruna**, femme discrète et très sympathique. C'était la secrétaire particulière de Jean-Marie (le père) et nous avions sympathisé car j'étais le seul élu, hors de son parti, qui lui faisait la bise pour lui dire bonjour, mais je n'ai jamais – contrairement à d'autres qui la snobaient ostensiblement – négocié d'accord secret avec son parti. Elle m'envoie avec Marie-Christine un petit baiser pendant que j'avance. Je vais encore me faire des ennemis.

Je commence à avoir un peu froid et je me rends compte que je suis en simple chemise blanche. Je tourne la tête et je vois **Serge Dassault** entouré de son aréopage de conseillers. Je suis vraiment content d'avoir réussi à lui soutirer plus de 100 000 francs de l'époque au profit d'une association qui luttait contre la leucémie et dont je m'occupais avec une femme en or : Mme Boucher dite « Maman Boubou ». C'était l'époque où il voulait être maire de Corbeil. J'aurais pu lui en soutirer un peu plus si, un jour où il devait nous remettre un nouveau chèque pour développer la banque de donneurs de moelle osseuse, quelqu'un ne lui avait pas susurré à l'oreille que j'appartenais à un parti politique concurrent du sien. Je le revois encore remettre le chèque dans sa poche et nous prier de sortir immédiatement, sans ménagement. Pas très élégant de sa part mais le personnage a-t-il jamais été élégant ? Juste riche, il ne pouvait pas être les deux.

J'ai encore un peu plus froid. Un petit vent me glace le cou et me fait frissonner. Ce qui me reste de mon col n'est pas fermé et flotte sur mon cou offert. Il faudra vraiment que je fasse plus attention à mon apparence. J'avance encore un peu, à pas lents et mesurés, et je vois **Christiane Taubira,** toujours pimpante, le sourire carnassier, prête à mordre si on essaye de l'agresser. Un sacré caractère que n'a pas supporté longtemps le chauffeur que je lui avais trouvé pour ses déplacements à Paris. Mais une sacrée bonne femme qui ne s'en laisse pas compter et qui sait, contrairement à d'autres politiques, ne pas lâcher même si le vent de la popularité est contraire. J'ai toujours bien aimé cette femme, je ne sais pas si son affection à mon égard était du calcul ou de la sincérité.

Un petit groupe me regarde passer, il y a **François Lamy** en grande discussion avec **Jérôme Guedj,** président du conseil général de l'Essonne, battu lors des départementales de mars 2015, ex-député et fervent défenseur du mandat unique tant que lui n'en a pas eu plusieurs, **Olivier Thomas,** maire de Marcoussis, ancien ennemi de Guedj devenu son ami, **Carlos Da Silva** député suppléant de Manuel Valls ; ils regardent en parlant à voix basse le vieux sénateur **Michel Berson** qui est là, debout et encore vaillant. Ce même Michel Berson qui, grâce au petit paquet de voix que je représentais à l'époque, est devenu sénateur malgré la traîtrise de son propre parti. Je prends conscience d'un seul coup que presque tous les élus que j'ai connus durant mon passage en politique sont là. Les petits et les grands élus se sont réunis ce matin dans cette cour aux pavés gris. J'entrevois au milieu d'un groupe qui s'agite, le brave et sympathique **Michel Pouzol,** ex-Rmiste devenu député et dont le principal fait d'armes est d'en avoir fait un livre. Il y a aussi **Francois-Joseph Roux,** l'homme par qui l'affaire Tron a commencé. Du coin de son œil malicieux, ce roi de la moustache apparente, éminence grise, Corse et franc-maçon, regarde sans rien dire. Il n'est pas loin d'ailleurs le député-maire **Georges Tron,** l'homme qui aimait trop caresser les chevilles des femmes. Déjà il y a une bonne vingtaine d'années, quelques-unes de mes amies, femmes et journalistes, ne se rendaient à des rendez-vous profes-sionnels avec lui qu'en prenant bien soin de mettre des bottines hautes sous un pantalon bien fermé, tant son incoercible besoin de toucher pouvait devenir envahissant.

Quand j'y repense, parmi cette foule politique, j'en ai froissé plus d'un et malmené quelques autres. Certains ont même perdu des élections par ma faute. En 2001, toute une agglomération de cinq villes est passée dans l'autre camp politique parce que je n'avais pas accepté le non-respect de la parole donnée et des accords politiques signés. Être incontrôlable a été, pour les autres, mon plus grand défaut en politique. En dehors du moule et refusant d'être dans le sérail, je n'en ai toujours fait qu'à ma tête, refusant de ne pas comprendre ce pourquoi je votais. Je ne voulais jamais signer un parapheur sans savoir ce qui était écrit dedans : je bloquais le système, me disait-on. Impardonnable : j'ai refusé des places, des mandats en or, juste pour ne pas trahir un ami. On m'a pris pour un ovni, un malade qui ne comprend rien à la politique. Je n'ai pas accepté non plus les pots-de-vin que l'on m'a proposés quelquefois et je comprends que cela en ait choqué quelques-uns. J'ai toujours préféré inviter à déjeuner le personnel plutôt que les chefs de service. Beaucoup d'entre eux m'en ont voulu, d'une colère sourde et vengeresse, d'oser remettre en cause la sacro-sainte prérogative due à leur rang : être l'interface obligatoire et incontournable de tout message d'action politique en direction du personnel. Pardon donc à tous ces chefs de service qui me regardent aujourd'hui du coin de l'œil tandis que je passe devant eux. Ils affichent chacun l'expression parfaite et calculée de celui qui se veut compatissant et amical mais qui en réalité vous méprise.

Je m'avance un peu. En tournant la tête vers la gauche, j'aperçois **Michel Abhervé**. Il a du mal à marcher mais est toujours droit dans sa tête. C'est un homme de conviction que ses camarades ont éjecté à cause de sa trop grande droiture. Juste derrière lui se tient le brave **Thierry Lafont** qui fut tout étonné de devenir maire de sa ville de Lisses, simplement à cause d'une triangulaire dont j'étais responsable pour m'être maintenu dans un deuxième tour d'élections municipales. Il y a aussi celui qui fut pour moi un grand maire, mais trop peu de temps, de la ville de Courcouronnes : **Bernard Bragard**. Mal conseillé et trop en avance sur son temps, cette ancienne plume de Max Gallo avait aussi eu le courage de dénoncer dans un livre les turpitudes de **Jacques Médecin** (le déjà lointain maire mafieux de Nice). Un contrat d'élimination sur sa tête, Bernard avait dû s'exfiltrer un an aux États-Unis. Descendu en flèche par son propre camp, assassiné par ses amis politiques, il a dû céder sa place de maire à un petit jeune d'un parti radicalement opposé, **Stéphane Baudet,** qui a su, depuis, allier jeunesse et sagesse dans une ville difficile. Il est là d'ailleurs Stéphane, entouré de son aréopage de groupies amoureuses. Il me donne une petite tape dans le dos quand je passe devant lui comme pour me dire courage. Un sacré petit gars que j'ai vu grandir et devenir un vrai politique sans jamais renier son passé ou ses origines. Une graine de ministre dans un gouvernement futur.

Mais qu'est-ce que j'ai bien pu faire pour mériter toutes ces marques d'attention des uns et des autres ? J'ai de plus en plus froid quand je sens que quelqu'un me pousse un peu rudement dans le dos comme pour me faire avancer plus vite. Je me retourne et, avec surprise, reconnais le sénateur **Jean-Michel Baylet.** Il m'en a toujours voulu du putsch que nous avions failli réussir contre lui avec **Michel Dary**, député, **et Michel Scarbonchi**, député euro-péen, mon Corse préféré. Au dernier moment, **Émile Zucarelli** nous a laissés tomber pendant que **Thierry Braillard** (devenu ministre depuis) négociait en douce une vice-présidence au sein du parti dirigé par Jean-Michel Baylet en échange de sa soumis-sion immédiate. Il me l'a fait payer cher durant plusieurs années, et aujourd'hui encore il a l'air content de me pousser de sa grosse main qu'il appuie sur mon épaule. Quand je pense qu'il trouvait toujours le moyen de nous faire venir en congrès de militants au plus près de l'habitation d'une de ses « nombreuses courtisanes » ! Tiens, à ce propos, je vois **Sylvia Pinel** en grande discussion avec

Avant-propos d'échafaud

Jean-Paul Huchon. Celle-là, elle est devenue députée et ministre uniquement à cause de sa situation très rapprochée du Jean-Michel cité un peu plus haut. Mon **Jean-Paul Huchon,** lui, est toujours jovial et sympathique avec tout le monde. Pendant six mois à la Région, il m'a appelé Christophe en séance publique et je lui répondais en l'appelant « Jean-Pierre ». Cela nous faisait marrer tous les deux mais pas son entourage, surtout sa directrice de la communication, « Patricia », qui avait tendance à ne pas aimer que l'on soit impertinent avec « son » Jean-Paul-à-elle-toute-seule. Tiens, la dame **Michèle Saban** est là, elle aussi. Drôle de bonne femme, tout en finesse. La première et dernière fois où elle m'a invité à déjeuner, elle n'a pas compris que je refuse poliment de lui servir d'agent de renseignement au sein de mon groupe politique. Elle me regarde passer, l'œil dur de celle qui tient enfin sa revanche.

J'en ai croisé un paquet de cette gent politique, de ses faux amis qui ne le sont qu'en fonction du poids que vous pesez ou de votre carnet d'adresses. J'ai aussi rencontré, côtoyé, des ministres sympathiques comme par exemple **Jacques Dondoux** (que Dieu, Allah ou Bouddha ait son âme), que j'adorais avec son petit sac plastique de supermarché en guise de mallette. D'ailleurs, tous les membres du protocole en étaient horrifiés et faisaient la chasse aux paparazzi qui cherchaient tous à faire la photo du ministre, son petit sac plastique à la main. Des souvenirs me remontent à l'esprit. Je revois mon premier élu de poids qui fut d'abord mon patron avant que je devienne son principal opposant : **Henri Marcille,** conseiller général, député, maire pendant plus de quarante-cinq ans de Bondoufle, sa commune. Je l'ai aimé et respecté cet homme autant qu'il a dû me détester quand je me suis mis en travers de son chemin. Il m'avait embauché comme directeur de la maison de quartier, tenue à l'époque par quelques malfrats dont il n'arrivait pas à se débarrasser. Après avoir remis de l'ordre et du contenu dans la ville, nous nous sommes séparés en raison de sa vision passéiste de la culture et de mon envie de voir les choses bouger pour les jeunes et les habitants. Mais Henri était quand même un sacré politicard comme on n'en fait plus. J'ai encore le souvenir des quelques fois où il m'a collé contre un mur à la sortie d'une séance de conseil municipal au cours de laquelle je l'avais fortement titillé. Les habitants nous appelaient « Don Camillo » (pour moi) et « Peppone » (pour Henri). C'était un homme politique qui, contrairement et inversement à ceux d'aujourd'hui, n'avait pas beaucoup de diplômes mais beaucoup de bon sens.

Je me rappelle aussi du ministre **Bernard Tapie** qui signa 300 à 400 autographes en dix minutes lors d'une manifestation que j'avais organisée pour lui à Évry. En partant, alors que je le raccompagnais à sa voiture, je lui transmets le bonjour de l'abbé Pierre avec qui j'avais bossé quelque temps auparavant. Il me regarde quelques instants, interloqué, et me souffle, vexé, avant de s'engouffrer dans sa voiture : « Mais moi aussi je le connais. » Je l'ai revu il y a quelque temps dans son hôtel particulier rue des Saints-Pères. On devait jouer le rôle de deux flics pour une caméra cachée. Il s'est dégonflé quelques jours après la rencontre. Je le cherche des yeux dans la foule, mais je ne le vois pas. Il n'est sûrement pas là, sinon on ne verrait que lui.

Thierry Mandon est là aussi, je fais mine de lui serrer la main mais je m'aperçois avec étonnement que je ne peux pas, mes mains semblent attachées dans mon dos. Quelques souvenirs de boîte de nuit avec ce ministre de la simplification me remontent maintenant à l'esprit. Justement à cette époque lointaine, tout était simple avec lui. Il ne se tient pas loin de **Manuel Valls** dont j'ai été l'adjoint durant quelques années à la mairie d'Évry. Il était sympa, au début. Puis à mesure de son ascension, sa parole s'est durcie, son attitude a changé. Il riait de moins en moins, hurlait de plus en plus. Plus il prenait de la hauteur dans sa tête, plus mon estime pour lui descendait. J'ai vu la cohorte de plus en plus nombreuse de courtisans et

Avant-propos d'échafaud

« d'aides de camp » qui petit à petit l'ont séparé des vraies gens. Puis un jour où nous étions dans l'ascenseur tous les deux, je lui ai demandé ce qu'il voulait faire en politique, il m'a répondu : « Comme l'ascenseur ». Nous montions au dernier étage. J'ai préféré descendre avant et le laisser à la solitude de celui qui cherche à être aimé. Je n'ai pas aimé ce que j'ai vu derrière la façade lisse du bon communicant qu'il est. Un jour, il m'a écrit qu'il m'aimait (un moment de faiblesse de sa part sans doute), je ne sais pas où j'ai foutu ce petit bout de papier, Bof ! De toute manière, les petits bouts de papier avec les hommes politiques, cela n'a jamais valu grand-chose. Il y a, à ses côtés, l'éternel factotum, garde du corps, gardien du temple, **Christian Gravel**, l'homme avec qui j'aurais pu, j'aurais dû être ami. Toujours aussi interrogatif le Manu ! Il me regarde à nouveau au fond des yeux, cherche, soupèse, calcule en une fraction de seconde s'il peut savoir comment me prendre, me manipuler comme il sait si bien faire pour acheter sa conscience. Mais il n'y arrive pas avec moi, comme d'habitude.

Dommage, il aurait pu faire un bon président de la République. Pas sûr qu'il n'en fasse pas un mauvais. Un de plus.

Quand Manuel s'écarte pour rejoindre son petit groupe de courtisans, je vois devant moi, comme seule possibilité d'avancer, des marches en bois que je dois monter et qui mènent vers un ciel bleu qui sera aussi le bout de mon chemin. Je viens de comprendre que ce qui m'attend en haut ne va pas être agréable. À vrai dire, je ne suis toujours pas étonné, même pas en colère. Je savais qu'un jour, il faudrait que je paye cash l'addition du dérangement causé à « l'establishment ». La machine finit toujours par broyer le petit grain de sable qui l'empêche de tourner. Mon grain de sable a tenu durant plus de trente ans, un beau record dont je peux m'enorgueillir sans rougir.

Il faut maintenant que je monte ces marches dignement comme il sied au saltimbanque iconoclaste que je suis.

Je jette un dernier regard circulaire autour de moi. Il y a dans la cour, en plus des élus, des fonctionnaires, des chargés de mission, des chefs de cabinet, des « secrétaires particulières », tous des faux-culs de première. Ils sont derrière les élus – au fond, comme il se doit. Tout ce petit monde que j'ai vu s'agiter autour de leur dieu et maître, obéissant au doigt et à l'œil, anticipant même pour les plus aguerris le moindre désir de leur seigneur « l'élu ». Qu'ils soient « alimentaires » ou convaincus, j'en ai vu très peu dire à leurs gourous qu'ils se trompaient ou qu'ils dépassaient la ligne jaune. Je ne suis pas dupe, ils ne sont pas là pour moi mais parce que c'est l'endroit où il faut être pour ne pas perdre son job.

Je suis en bas du podium et, tout à côté des marches, j'aperçois deux vieux briscards de la politique que j'appréciais beaucoup pour leur non-conformisme d'élus, leur prise de position décalée et sincère aux services des autres. Des mecs hors norme eux aussi, que l'on a régulièrement essayé d'assassiner : **Christian Schoettl,** maire de Janvry et conseiller général, et **Paul Loridant,** sénateur et ex-maire des Ulis.

Je monte les marches de l'escalier, une à une, lentement, appréciant chaque pas, embrassant du regard la foule d'hommes et de femmes politiques qui sont là dans cette cour de la République et que je ne peux tous citer. Un salut à **Anne Hidalgo**, toujours courtoise et simple comme quand elle venait dans la commission que je présidais à la Région. Un petit coucou à **Robert Hue,** toujours jovial et barbu ; **Laurent Fabius** est là, son petit sourire diplomatique au coin des lèvres. À mesure que je monte les marches, je vois les regards de cette multitude d'hommes et de femmes qui s'abaissent vers le sol, honteux d'avoir participé à l'hallali mais conscients de l'avoir fait pour ce qu'ils pensent être le bien de la nation ou pour que l'ordre soit respecté. Après tout, c'est ma faute, pensent-ils sans doute tous et toutes. Je n'avais pas à remuer l'eau d'apparence si claire du fonctionnement de la politique française et de ceux qui la font. Le peuple n'a pas besoin de savoir ce qui se passe sous les dorures et les oripeaux du drapeau. Le peuple n'est pas assez intelligent pour comprendre que ceux qui font les lois ne peuvent quand même pas se les appliquer. Il faut que ceux qui sont en bas restent en bas et que ceux qui sont en haut continuent à rester en haut.

Je fais encore un pas, tout va très vite, d'un seul coup tout bascule, il n'y aura pas de… Le couperet tombe… Je voulais juste… Clac !

Rappel

Tout mis en examen ou non condamné définitivement a le droit d'être présumé innocent tant qu'il n'est pas déclaré coupable, conformément à la loi, par un tribunal indépendant et impartial à l'issue d'un procès public et équitable. Mon but est juste d'informer le lecteur, qui est aussi un électeur, pour qu'il puisse en toute responsabilité participer éventuellement à l'assainissement de la classe politique que, par ailleurs, il décrie de plus en plus chaque jour.

Ce rappel n'a logiquement pas lieu d'être car ce livre traite des abus – et des systèmes mis en place qui les favorisent grandement –, et non des délits d'élus.

Néanmoins, je trouve parfois très ténue la frontière entre le délit et l'abus dont l'élu peut être coutumier…

INTRODUCTION

Les abus d'élus se ramassent à la pelle

J'ai découvert avec effarement qu'en dehors des délits référencés dans le Code pénal et justifiant d'une procédure judiciaire – délits qui m'ont permis de coécrire un premier tome il y a quelque temps[1] –, il y a aussi, avant, après ou concomitamment aux délits dont les élus se rendent coupables, une multitude d'abus commis joyeusement dans une opacité savamment distillée et autoentretenue, toutes tendances politiques confondues.

Ces abus, privilèges, passe-droits, avantages, selon le nom qu'on peut leur donner, me laissent pantois et désespéré sur le genre humain. Le pire, c'est que la plupart de ces « abus » sont revêtus d'une légalité de façade permettant aux élus d'échapper à toute poursuite pénale et de se draper en conséquence dans une innocence de circonstance qui m'enveloppe de beaucoup plus qu'un doute sur l'éthique et la probité de ceux qui en profitent.

La liste, les détails ou les noms que vous allez découvrir dans les pages qui suivent ne sont, j'en suis maintenant persuadé, que le dessus de l'iceberg du monde politique d'aujourd'hui. Bien sûr, il y a, çà et là, quelques taches sombres en surface. Mais, nous dit-on, ce ne

---

1. Graziella Riou Harchaoui et Philippe Pascot, *Délits d'élus : 400 politiques aux prises avec la justice*, tome 1, Paris, Max Milo, 2014.

sont que des petites salissures qui ne remettent pas en cause la vision majestueuse et respectable de ce bloc de glace que forment la politique et ses élus. Toutefois la blancheur, ou la transparence apparente, disparaît rapidement dès que l'on essaie, pour comprendre ou savoir, de descendre en dessous de la surface visible par tout un chacun.

Il faut creuser, recreuser patiemment l'iceberg pour réussir à entrevoir ce que cache le vernis superbe que l'on voulait bien nous montrer. Et plus l'on creuse, plus l'étonnement, l'incrédulité et la colère vous étreignent, tant tout ce que l'on découvre comme avantages, privilèges et abus souille la devise républicaine inscrite au fronton de nos édifices publics : liberté, égalité, fraternité. Car peut-on parler de liberté quand des élus chargés de la défendre la bafouent régulièrement dès lors qu'il s'agit de divulguer les privilèges qu'ils se sont autoattribués ? Parle-t-on d'égalité quand on découvre qu'ils profitent allégrement de passe-droits réservés uniquement à leur « caste » d'élus ? Et est-ce vraiment de la fraternité que de les voir abuser régulièrement de privilèges qu'ils refusent avec force à tous les autres ?

Tous les faits rapportés dans cet ouvrage sont malheureusement réels, même si parfois le lecteur se surprendra à douter, tant le passe-droit ou l'avantage acquis par l'élu paraît irréel par rapport aux valeurs simples qu'ils sont censés défendre ou qu'ils nous demandent de respecter. J'ai moi-même, lors de la découverte de certains « abus », dû m'y reprendre à trois ou quatre vérifications pour être bien sûr que ce que j'écrivais ne tenait pas du fantasme populaire ou de la rumeur malveillante.

Dans un sondage mis en ligne par Transparency France et réalisé entre le 2 octobre et le 2 novembre 2014, à une des questions posées dans le cadre d'un engagement citoyen prioritaire, 62 % des avis exprimés souhaitaient que les élus locaux soient exemplaires. Même si les élus « profiteurs » ne sont qu'une minorité, et ceux « profiteurs jusqu'à l'os » une minorité de la minorité (mais couverte et protégée par la majorité), l'impression globale qui en résulte pour la population n'est qu'un dégoût profond et grandissant pour le monde de la politique et de ses élus.

Il ne s'agit pas à travers ce livre, comme on nous en a accusés quelquefois depuis la parution de *Délits d'élus*, de favoriser les extrêmes en reprenant la sempiternelle et galvaudée expression du « tous pourris ». Cette expression tient lieu, d'ailleurs, de message politique fourre-tout pour quelques partis politiques en mal de reconnaissance. Elle sert aussi d'excuses (bien pratiques) pour d'autres qui n'ont, en réalité, que l'aspiration de remplacer ceux qu'ils dénoncent.

Il ne s'agit pas non plus d'accentuer le rejet de toute la classe politique, ou comme je l'ai déjà entendu, de précipiter les électeurs dans les bras des extrémistes, voire de mettre (et j'en tremble encore…) en péril la démocratie en osant interroger la probité d'une frange d'élus.

Mais force est de constater que des élus, loin de se serrer la ceinture, comme chacun d'entre nous est appelé à le faire (et pour quelques années encore selon les déclarations d'un de nos Premiers ministres faites récemment au journal espagnol *El Mundo*…), bénéficient dans bien des cas et dans beaucoup de domaines de « traitements privilégiés » qui font qu'ils doivent discrètement rajouter, eux, des trous à leur ceinture déjà bien longue.

Il faut aussi savoir que ces abus, avantages, privilèges et autres, sont souvent la conséquence d'un système de fonctionnement politique qui les engendre et les facilite.

Les élus sont donc coupables des abus et responsables du système.

Pas facile dans ces cas-là de crier à l'innocence.

J'ai donc ramassé des abus d'élus à la pelle et, très honnêtement, à la relecture de mes découvertes, au vu du système mis en place qui les engendre et/ou les favorise, dans le brouillard savamment entretenu, au regard de la désinformation parfois orchestrée, il y a vraiment des coups de pelle qui se perdent…

PREMIÈRE PARTIE

Un système qui produit des abus...
et inversement

1- L'ABSTENTION : AU SERVICE D'UN SYSTÈME POLITIQUE INÉGALITAIRE

Un système qui arrange surtout les élus

Régulièrement on aborde le sujet, des chiffres et des courbes viennent nous interpeller par écrans interposés. Puis, l'élection passée, le soufflé et la culpabilisation du devoir non accompli retombent vite et l'on se donne toutes les excuses, éculées mais tenaces, pour se justifier.

D'un côté, les abstentionnistes qui sont persuadés que voter, « de toute manière, cela ne sert à rien » parce qu'« à quoi bon, ils sont tous pareils » ; de l'autre, les votants, qui accusent les non-votants de plomber la démocratie, persuadés qu'il faut s'exprimer même si on sait que cela ne changera pas grand-chose et que le choix est parfois limité, voire identique.

Au milieu, il y a l'élu pour qui l'abstention n'est pas un travers mais une chance. Moins il y a de monde, plus c'est facile d'être élu et surtout réélu.

Laisser l'abstention se répandre et gagner un terrain de plus en plus important à mesure des élections, c'est donc, à terme, favoriser l'émergence de deux catégories d'individus qui ne pourront que s'éloigner les uns des autres et creuser le fossé, toujours plus profond, de ceux qui seront en bas dans la pénombre (les classes populaires) et ceux qui seront en haut à la lumière (les élites).

À titre d'exemple, aujourd'hui 82 % des sénateurs et députés sont des cadres ou exercent des professions intellectuelles alors que cette catégorie ne représente que 13 % de la population active.

Par ailleurs, peut-on sérieusement dire qu'un élu, s'il peut susurrer qu'il est élu démocratiquement, est légitime et représentatif quand, à quelques exceptions près, il est élu avec une moyenne de moins de trois électeurs pour dix inscrits ?

Où s'arrêta l'abstention ?

Toutes les études le montrent : l'abstention est toujours plus forte en France depuis 1958, et ce, pour toutes les élections (à une ou deux près en soixante ans de vote). Et ceux qui ne vont pas voter, nombre qui va en augmentant, appartiennent aux classes populaires. Les catégories défavorisées ne se reconnaissent pas dans la classe politique censée les représenter ; comme leurs intérêts ne sont pas pris en compte, elles ne votent plus, et comme elles ne votent plus, leurs intérêts sont de moins en moins pris en compte par les élus.

Si on ne met pas un coup d'arrêt brutal à ce fleuve abstentionniste au débit de plus en plus grand, on renforcera un peu plus à chaque élection la dichotomie entre l'élu et la population qu'il représente.

Il y aura ceux qui iront encore voter, certes de moins en moins nombreux, mais qui voteront de plus en plus pour des candidats à leur image (la couleur politique ne jouera plus qu'à la marge pour le choix du candidat) et de l'autre, les classes populaires (de plus en plus nombreuses) qui ne se reconnaîtront pas (et de moins en moins) dans ces « élites » de plus en plus éloignées de leur préoccupations quotidiennes. Aujourd'hui, 52 % des Français sont employés ou ouvriers, contre 3 % des députés[2] ; et l'écart ne peut que s'agrandir.

---

2. Chiffres de l'Observatoire des inégalités, tirés d'une étude du Cevipof, juillet 2012.

Par voie de conséquence et n'ayant d'autre choix que l'abstention, les classes populaires iront de moins en moins voter (pour qui ? pourquoi ?, « bonnet blanc et blanc bonnet ! », « peste ou choléra ! ») et le piège se refermera de plus en plus fort autour du cou de la représentativité réelle des élus de la République.

Cette distorsion qui ne pourra que s'accentuer entraînera une incompréhension de fait entre l'élu et une majorité grandissante des citoyens (dont l'élu pourtant s'évertuera à dire qu'il en tire sa légitimité).

Si on prend quelques-unes des dernières élections qui se sont déroulées en France il y a quelques mois, ce n'est plus une sonnette d'alarme qu'il faut tirer mais la sirène des pompiers qu'il faut actionner, voire déclencher le plan ORSEC tant les faits constatés deviennent un déni de la démocratie.

Ainsi, au premier tour d'une élection législative partielle dans l'Aube (décembre 2014), il y a eu **75 % d'abstention :** sur 65 758 inscrits il n'y a eu que 24,63 % de votants pour huit candidats en lice. Le candidat arrivé en tête a obtenu 40,76 % des voix, soit 6 601 voix. Si on rapporte ce chiffre au nombre d'électeurs, cela signifie que le candidat ayant eu le plus de voix lors de ce premier tour a recueilli en termes de légitimité et de représentativité le vote de **un électeur sur dix**. Le deuxième, lui, dépasse tout juste le demi-électeur sur dix.

De même à l'élection partielle de la 21e circonscription du Nord qui s'est déroulée en juin 2014 : au premier tour, neuf candidats et **74,16 % d'abstention.** Pire, au deuxième tour, et malgré « l'appel républicain » habituel, il y a eu 76,21 % d'abstention. La légitimité du nouveau député **Laurent Degallaix,** dont tous les médias ont proclamé l'élection avec un score de 72,14 % des voix, ne représente en réalité que l'expression d'un peu plus d'un électeur et demi sur dix.

Si l'on considère les dernières élections municipales, dans les 30 plus grandes villes de France en nombre d'habitants[3] (donc, logiquement, le plus grand nombre d'électeurs inscrits sur les listes électorales), on s'aperçoit que dans seulement quatre villes les listes arrivées en tête des suffrages sont élues avec un peu plus de trois électeurs sur dix : Bordeaux (33,12 %), Toulon (30,33 %), Angers (31,67 %) et Saint-Denis (33,55 %). Quand on sait que les élections municipales sont les élections où le taux d'abstention est le plus faible, je vous laisse imaginer la représentativité réelle des autres élus de la République... sans compter que le taux de votants n'est jamais qu'une moyenne nationale.

Si l'on prend les villes au cas par cas, on se rend bien compte que la légitimité des élus est contestable. Ainsi, Roubaix, Villiers-le-Bel, Vaux-en-Velin et Évry font partie des municipalités qui ne représentent même pas 20 % de la population dont les élus sont censés être les représentants, tandis qu'il n'y a même pas trois électeurs sur dix inscrits qui ont voté à Toulouse, Nantes, Rennes, Reims, Saint-Étienne, Dijon, Brest, Clermont-Ferrand, Amiens, Aix-en-Provence, Limoges, Nîmes, Tours, Besançon, Lille, Le Havre, Metz, Le Mans, Grenoble, Nice ou Villeurbanne.

Pourquoi ne pas inscrire tous les résultats électoraux en pourcentage de votes exprimés (les votants) mais accompagnés du pourcentage en vote des inscrits ?

Une proposition simple à mettre en place ne nécessitant aucune loi, juste une volonté des politiques pour renforcer la légitimité de leur élection.

Ne pas tenir compte de cette situation qu'on retrouve sur l'ensemble du territoire, c'est comme être un médecin (l'élu) qui laisse une gangrène (l'abstention) s'étendre sur tout le corps du patient (les électeurs). Le médecin sait que le patient va mourir s'il ne

---

3. http://www.francetvinfo.fr/elections/municipales/municipales-le-classement-des-50-villes-ou-l-on-s-est-le-plus-abstenu_559743.html

coupe pas le bras mais il laisse faire. Après tout, il y aura d'autres patients, et lui sera toujours médecin…

Un jeu gagnant pour les élus « roublards »

Si vous savez cajoler l'électeur qui a voté pour vous, le brosser dans le sens du poil, vous êtes quasiment sûr d'être réélu à vie. Après tout, il n'y a que quelques mains à serrer (une sur dix), des chocolats à offrir, un bon repas au club des anciens. Mieux encore : on peut imiter la mairie de Puteaux et acheter pour 220 000 euros d'aspirateurs de marque, soit entre 3 000 et 3 500 appareils, que l'on offre ensuite gracieusement aux seniors de la ville ; ou bien une cafetière à dosettes. De quoi récupérer un certain nombre de voix aux municipales[4]… Ailleurs, on distribue des logements ou des emplois communaux, on verrouille un petit groupe d'individus de son parti d'une poigne de fer. On ajoute à tout cela un peu de gouaille et de repartie et tant pis si on ne satisfait pas la quasi-majorité des électeurs ; ils n'iront pas voter.

Un bonheur pour une réélection !

---

4. http://www.lefigaro.fr/politique/le-scan/insolites/2014/12/19/25007-20141219ART-FIG00054-la-mairie-de-puteaux-distribue-des-aspirateurs-aux-electeurs-pour-les-noel.php#xtor=AL-201

II - L'ABSTENTION DES PARLEMENTAIRES : PLUS IMPORTANTE QUE CELLE DES ÉLECTEURS !

Ou l'art de ne pas être là, tout en faisant croire qu'on y est !

Face à cette situation d'absentéisme, nous avons droit à chaque fois au couplet des ténors de la politique qui viennent à tour de rôle et à grand renfort de médias accuser le peuple de favoriser les extrêmes en ne votant pas. Ils ont raison sur le fond : quand on voit la méfiance et la désaffection accrues des électeurs vis-à-vis des blocs politiques « sédentaires et inamovibles », il est quasiment évident que le risque d'un glissement de l'électorat vers des extrêmes, plus vierges et neufs à ses yeux, va se renforcer pour les élections futures.

Les personnalités les plus en vue des partis « traditionnels » mènent donc de grandes campagnes pour éveiller les consciences et faire en sorte que les électeurs reprennent le chemin des urnes. On les voit aussi régulièrement sur les plateaux de télévision commenter les résultats électoraux et se lamenter du taux d'abstention qui ne cesse de grimper à cause, bien entendu, de « l'autre », celui d'en face qui n'a pas fait son travail d'élu. Pourtant eux-mêmes, et ce, malgré l'indemnité qu'ils touchent pour leur fonction, ne votent pas davantage que le commun des mortels !

Il est stipulé dans le règlement de l'Assemblée nationale, conformément à un principe républicain, que « l'Assemblée est toujours en nombre pour délibérer et pour régler son ordre du jour ». Ce qui veut dire que quel que soit le nombre de présents, un vote dans l'hémicycle est toujours valable. Donc, en théorie, si un jour un seul député est dans l'hémicycle pour adopter une loi, il peut le faire. Son vote sera valable et la loi sera adoptée. On comprend mieux pourquoi l'hémicycle est souvent à moitié vide…

Pour les sénateurs, bien que cela soit anticonstitutionnel et interdit par leur propre règlement, il leur suffit d'être quatre pour voter valablement pour l'ensemble du Sénat (348 sénateurs) puisque chaque sénateur peut voter par procuration au nom de 100 de ses collègues, pour chaque scrutin.

Dès qu'il s'agit d'un vote public télévisé, on peut constater que les parlementaires sont tous là pour voter selon les consignes de leur groupe ou de leur leader. Mais dès qu'il s'agit de voter des amendements censés rectifier une loi, l'améliorer ou, pour l'opposition parlementaire, tenter de diminuer les effets d'une loi qu'elle n'approuve pas, les abstentions de nos députés atteignent des sommets himalayesques. Ainsi, la moyenne d'absence globale non pondérée sur les amendements votés sur deux ans (2013-2015) est d'environ 465 députés sur 577[5].

Ce chiffre est d'autant plus alarmant quand il s'agit de votes de lois générales impactant nos vies futures pour les trente ans à venir ou concernant nos acquis sociaux (soit dans un souci de les protéger, ou au contraire dans le but de les diminuer) : ainsi, le **17 décembre 2014**, 415 députés étaient absents lors du vote de l'ensemble du projet de loi relatif à la délimitation des régions, aux élections régionales, aux départementales et à la modification du calendrier électoral ; le **26 novembre 2014,** lors du vote de la proposition de résolution visant à réaffirmer le droit fondamental à l'IVG en France et en Europe, il manquait 426 députés. Le **18 février 2014,** 438 députés ne se sont pas déplacés pour le vote

---

5.   http://www2.assembleenationale.fr/scrutins/liste/%28offset%29/200/%28
legislature%29/14/%28type%29/TOUS/%28idDossier%29/TOUS

de la proposition de résolution mémorielle relative aux enfants réunionnais – abandonnés ou non – déplacés arbitrairement (ou plus exactement déportés) en métropole pour repeupler des départements victimes de l'exode rural (Creuse, Tarn, Gers, Lozère…) dans les années 1960 et 1970. Mieux encore : **le 26 janvier 2012,** 504 députés ont boudé l'ensemble de la proposition de loi tendant à prévenir le surendettement.

Les beaux jours des lobbys

Quand on voit que pour faire adopter un amendement qui peut modifier fondamentalement une loi, il ne faut dans l'hémicycle qu'une vingtaine de députés, on comprend que certains amendements passent totalement inaperçus, ce qui en arrange plus d'un lorsqu'il s'agit de minimiser la portée d'une loi par rapport à une avancée sociétale ou de décider le rabotage d'un « privilège » accordé à un groupe social, à une entreprise…

Les lobbys l'ont bien compris et ils sont même bien souvent les seuls rédacteurs d'un amendement à une loi que l'élu n'a plus qu'à présenter devant un parterre clairsemé pour qu'il soit adopté. Les exemples sont nombreux d'amendements que les parlementaires présentent (parfois de toute bonne foi) et qui ne sont qu'un simple copier-coller d'un texte fourni par un lobby. Il faut toute la vigilance des uns et des autres pour réussir à contrer ces méthodes iniques et déloyales.

Par ailleurs, ces amendements « félons » sont souvent présentés à des heures tardives, au milieu de la nuit, si bien que même les parlementaires qui ont fourni l'effort d'être présents en séance de très longues heures sont finalement déjà repartis vers leurs pénates ou dans les bras de Morphée.

L'abstention, là aussi, a du bon… Toujours pour quelques-uns seulement !

Du mieux et du bof

En 2014, sous la férule du président de l'époque Jean-Pierre Bel, le bureau du Sénat avait voté la mise en place de petites sanctions financières en cas d'absence en commission. À ma connaissance, elles n'ont jamais été appliquées.

En mars 2015, son successeur, Gérard Larcher[6], en remet pourtant une couche et étend les sanctions financières à l'absence aux séances : si un sénateur sèche sur un trimestre plus de la moitié des votes solennels en séance, il perdra la moitié de son indemnité de fonction (1400 euros brut par mois). Autrement dit, non pas sur son salaire, mais sur son argent de poche ! Il paraît que la loi organique de 1958 n'autorise pas qu'on touche à l'indemnité des parlementaires. Ceci explique sans doute cela…

Nous verrons si cette mesure est appliquée ou si, comme souvent, elle n'est qu'un effet d'annonce destiné à tomber dans les oubliettes des « inapplicables », comme on les appelle dans le jargon.

Un sénateur préférant garder l'anonymat assure que ceux qui connaissent la musique viendront pointer puis repartiront, ni vu ni connu. « Officiellement », ils seront là !

Le vote obligatoire : une solution

Plusieurs élus isolés l'ont proposé, plusieurs fois. À chaque fois la question a été évacuée, enterrée, dénaturée sous des prétextes surannés et désuets.

Bien entendu, il ne s'agit pas de prôner la solution miracle, celle qui va résoudre tous les problèmes de corruption ou autres dont le monde politique se rend coupable, emportant toujours

---

6. http://www.publicsenat.fr/lcp/politique/reforme-senat-va-annoncer-gerard-larcher-841879

davantage de mépris par les citoyens. Il s'agit juste d'essayer d'endiguer une désaffection de l'électeur de plus en plus évidente et générale pour le monde politique.

Rendre le vote obligatoire laissera toujours la porte ouverte aux aigrefins, mais l'entrebâillement pour qu'ils la franchissent sera beaucoup plus étroit, et il apportera un peu d'air frais permettant de se débarrasser de « vieilles poussières d'élus » qui ne tiennent aux murs que par le clientélisme et la grâce d'obligés reconnaissants. On a par ailleurs la preuve que le vote obligatoire a porté ses fruits dans les pays où il a été institué.

Depuis 1893 le vote est obligatoire en Belgique[7]. Il est même assorti, en cas d'abstention, d'une amende de 27 à 55 euros la première fois et jusqu'à 140 euros en cas de récidive. Si un électeur ne vote pas au moins quatre fois en quinze ans sans justification, il est rayé des listes électorales pour une période de dix ans. En outre, il ne peut plus recevoir aucune nomination, promotion ou distinction d'une autorité publique. Le vote obligatoire existe également en Australie, au Luxembourg, en Turquie, en Grèce, en Autriche et dans le canton suisse de Schaffhausen (SH – Schaffhouse), ainsi que dans certains pays d'Amérique latine tels le Costa Rica et le Brésil.

Et cela marche. En Australie, lors de l'instauration du vote obligatoire en 1924, l'abstention a été divisée par cinq. Aux dernières élections en Belgique et au Luxembourg, le taux d'abstention a été inférieur à 10 %.

Cela ne veut pas dire bien entendu que la corruption ou les malversations imputables à des politiques seront éradiquées. Il serait illusoire et contre-productif de le clamer. Mais, et en tenant compte du vote blanc comme élément réel de vote, on assainirait certainement la classe politique française tout en responsabilisant

---

7. http://www.vie-publique.fr/decouverte-institutions/citoyen/approfondissements/droit-vote-obligation-pour-certains-pays.html

L'abstention des parlementaires : plus importante que celle des électeurs !

les électeurs qui n'auraient plus aucune excuse pour ne pas aller voter et participer ainsi à « l'électorat-fonction », théorie défendue par le constitutionnaliste Raymond Carré de Malberg qui préconisait déjà dans les années 1920 le vote obligatoire.

On l'oublie par ailleurs trop souvent, mais le vote est déjà obligatoire en France pour les grands électeurs qui participent aux élections sénatoriales. En effet, ceux-ci, en cas d'abstention, peuvent se voir infliger par le tribunal de grande instance une amende de 100 euros. Certes, à ma connaissance aucune amende n'a jamais été réclamée, mais il est indéniable que pour cette élection, le taux d'abstention est plus que minimum.

Ce qui est faisable pour les sénatoriales (qui sont un peu des élections en vase clos : des élus votent pour des élus), pourquoi ne le serait-il pas pour l'ensemble des élections ?

D'ailleurs, de droite comme de gauche ou du centre, plusieurs parlementaires ont déposé des propositions de loi visant à rendre le vote obligatoire. Une des dernières en date provient du Sénat (enregistrée le 6 juin 2014, n° 591). Elle était cosignée par dix sénateurs dont **Christian Poncelet**, ancien président du Sénat. D'autres soutiennent le vote obligatoire dans les journaux comme le député du Nord **Thierry Lazaro** en mars 2014[8].

Même **Laurent Fabius**[9] avait déposé en son temps (en janvier 2003, n° 547), en cosignature avec **Jean-Marc Ayrault** et **Manuel Valls**, une proposition de loi en ce sens. On y trouvait le souhait que des bulletins blancs soient mis à disposition des électeurs dans les bureaux de vote et qu'il soit procédé à un décompte différencié des bulletins blancs et des bulletins nuls. Dans la proposition de loi, les bulletins blancs n'étaient en

---

8. http://france3-regions.francetvinfo.fr/nord-pas-de-calais/2014/03/28/le-combat-d-un-depute-du-nord-pour-le-vote-obligatoire-444597.html
9. http://tempsreel.nouvelobs.com/politique/20031109.OBS9446/fabius-veut-rendre-le-vote-obligatoire.html

revanche pas encore comptés comme des votes exprimés (on ne peut pas tout avoir).

À la redécouverte de la proposition Fabius – signée par trois élus qui ont tous été Premier ministre –, on ne pourra pas dire que le vote obligatoire n'est pas possible ou trop compliqué à mettre en place... Néanmoins, notons que déposée et enregistrée sous le numéro 547 à la présidence de l'Assemblée le 16 janvier 2003, la proposition de loi n'a jamais été mise à l'ordre du jour de l'Assemblée nationale. Elle attend elle aussi, bien sagement, qu'un homme politique courageux et conscient de la déliquescence de la légitimité d'un élu par les urnes ait le courage de la sortir du tiroir où elle repose, de la dépoussiérer et de la faire voter par l'ensemble de ses confrères parlementaires.

Le député **François de Rugy** et 14 de ses collègues viennent de le faire en déposant une proposition de loi (18 mars 2015 n° 2661) visant à imposer le vote obligatoire, l'inscription automatique sur les listes électorales et une amende pour les abstentionnistes.

À ce jour aucun de ces projets de loi sur le vote obligatoire n'a franchi l'étape de la commission des lois. Pourquoi ne pas essayer encore ? Ce serait un petit pas pour les élus mais un grand pas pour la démocratie.

La prise en considération du vote blanc : c'est bidon !

Dans le sens de cette proposition de loi, rappelons que le 21 février 2014[10], une loi prévoyant la séparation du bulletin nul et du bulletin blanc est votée. On parle alors d'une avancée démocratique, d'une réponse concrète au vœu de l'électeur. Elle a été adoptée définitivement par le Sénat le 12 février 2014 et,

---

10. http://www.vie-publique.fr/actualite/panorama/texte-discussion/proposition-loi-visant-reconnaitre-vote-blanc-aux-elections.html

L'abstention des parlementaires : plus importante que celle des électeurs !

fort à propos le jour même, plusieurs médias comme *Le Nouvel Observateur* ou Lefigaro.fr titraient : « Le vote blanc des électeurs français sera désormais reconnu », ce qui entraîna de facto l'impression auprès des électeurs que le vote blanc faisait maintenant partie du paysage politique français[11].

Initialement, le texte proposait que le vote blanc soit pris en compte dans les suffrages exprimés, ce qui était logique et répondait à la demande des électeurs, lassés de ne pouvoir exprimer leur mécontentement à l'égard de tous les élus. Mais ceux-ci ont vite compris le piège et les soucis qu'une telle disposition engendrerait pour certains d'entre eux lors des prochaines élections et l'ont vite fait retirer des textes dans un consensus global mou, tous partis politiques confondus. Quelques élus ont bien essayé de déposer des amendements pour réintroduire cette notion de suffrage exprimé pour les bulletins blancs mais tous ont été rejetés ou « amicalement » retirés.

La plus grosse des discussions entre élus a été de savoir si une enveloppe vide ou contenant un papier blanc devait être considérée comme un bulletin blanc ou comme un bulletin nul. Lors de la séance de la Commission des lois constitutionnelles, de la législation et de l'administration générale de la République en date du 20 novembre 2013[12], la discussion fut rude et les échanges nombreux sur le sujet. Finalement, un consensus se dégagea et on accepta comme avancée démocratique que l'enveloppe vide ou le papier blanc dans l'enveloppe soient considérés comme des bulletins blancs.

Un des élus a judicieusement précisé que l'électeur se devait d'amener avec lui son bulletin blanc... Si on réfléchit bien, accepter de fournir des bulletins « standards » que l'électeur aurait

---

11. http://www.lexpress.fr/actualite/politique/elections/elections-voter-blanc-ca-ne-compte-presque-plus-pour-des-prunes_1501416.html#dBm0VzCX43xeVCVV.99
12. http://www.assemblee-nationale.fr/14/cr-cloi/13-14/c1314020.asp

pu prendre en même temps que les bulletins des candidats amenait immanquablement la reconnaissance dudit bulletin comme suffrage exprimé… « Trop compliqué » ont préféré conclure les députés, ajoutant lors des débats que « mettre des bulletins blancs à la disposition des électeurs serait coûteux et inciterait à voter blanc ». On les comprend !

Un parlementaire, ex-ministre, a déposé un amendement[13], accepté sans véritable discussion, proposant le report de l'entrée en vigueur de cette loi (déjà vidée de sa substance) après les élections municipales de mars 2014. Tout le monde avait bien compris qu'ouvrir la porte aux bulletins blancs, et pour la première fois lors de ces élections, aurait donné des résultats encore plus catastrophiques.

Notons que reconnaître que le bulletin blanc est une expression du vote d'un électeur et refuser en même temps d'en tenir compte dans les suffrages exprimés est, pour le moins, un tour de passe-passe qui, une fois de plus, ne fait qu'accroître la méfiance envers les élus de la République. Le ministre des Relations avec le Parlement de l'époque avait pourtant déclaré à propos du texte de loi : « Les électeurs assez sophistiqués pour voter blanc ne doivent pas être comptabilisés en vrac avec les paresseux ou les imbéciles. » Ni sophistiqués, ni paresseux, ni imbéciles, juste un peu cocus, une fois de plus !

Dernière minute

L'idée semble quand même faire son chemin car il vient de sortir en librairie un essai du sénateur **Luc Carvounas**, proche du Premier ministre, *La politique autrement. Réinventons nos institutions* (Paris, Fondation Jean-Jaurès, 2014). On y lit que la pratique

---

13. http://www.assemblee-nationale.fr/14/amendements/0768/CION_LOIS/CL4.asp

L'abstention des parlementaires : plus importante que celle des électeurs !

du vote est à réinventer et que le droit de vote est un devoir avant d'être un droit.

Petite conclusion

L'abstention ne favorise pas l'expression d'une démocratie réelle. Il est néanmoins amusant de constater que la désaffectation grandissante des électeurs pour le monde politique est inversement proportionnelle à la propension de ces mêmes électeurs à vouloir devenir « élus ».

III- Une particularité politique française : le nombre abusif d'élus

En France, on ne peut pas réduire le nombre d'élus sinon quels noms mettrions-nous sur les plaques, au coin des rues ?

Le 14 décembre 1789, l'Assemblée constituante[14] instaure la décentralisation administrative et crée avec les communes un système unique sur tout le territoire français, imposant des règles de fonctionnement uniformes en matière de perception et de répartition des impôts, d'exécution des lois, de services de police et d'assistance, de gestion des biens publics…

L'organisation du territoire

À l'époque, les communes furent définies en fonction des paroisses existantes. Il y eut donc 44 000 communes puisqu'on dénombrait 44 000 églises sur le territoire. Puis, au gré des fusions, disparitions et/ou agrandissements, le nombre de communes se stabilisent aujourd'hui (D.O.M. compris) à 36 681, soit presque

---

14. http://revuesshs.u-bourgogne.fr/societe_francaise/docannexe.php?id=853
http://www.emploi-2017.org/remuneration-des-elus-locaux-le-dessous-des-cartes,a0216.html

la moitié des communes de toute l'Union européenne[15]. Pour comparaison, selon les derniers chiffres consultables, il y a 12 291 communes en Allemagne réunifiée, 8 100 en Italie et 2 478 en Pologne.

Dans la foulée de celle du 14 décembre, la loi du 22 décembre 1789 créa 83 départements à peu près égaux en superficie, puisque le principe plus ou moins respecté et défendu par les députés était qu'on pût parcourir ce nouveau territoire à cheval de long en large en une seule journée pour pouvoir se rendre au chef-lieu du département et en revenir. Les départements passèrent de 83 en 1789 à 98 sous le Directoire, puis à 103 sous l'Empire. Aujourd'hui, nous comptons 101 départements avec Mayotte, officiellement département français depuis le 31 mars 2011.

Depuis la Révolution, on n'a cessé, sous le prétexte de simplifications, de rajouter des strates et des strates administratives, censées participer aussi à une meilleure gestion des deniers publics mais qui, dans la réalité, n'ont fait qu'accroître les dépenses de fonctionnement... le nombre et les émoluments des élus.

La France, numéro un mondial du nombre d'élus par habitant

Le nombre d'élus en France ne cesse d'augmenter depuis 1789. À tel point qu'il est par exemple difficile d'obtenir le chiffre exact d'élus intercommunaux. Il semble même que la Direction générale des collectivités territoriales (DGCT) du ministère de l'Intérieur est incapable d'en fournir un état précis.

Le chiffre officiel, et donc approximatif, tourne au début de 2014 autour de 38 000 élus intercommunaux, à plusieurs centaines près, paraît-il...

---

15. Selon les chiffres de 2003, France comprise, on dénombre 75 000 communes dans l'Union européenne.

Il en est de même des conseillers municipaux dont le même ministère n'a pas non plus le chiffre exact…

Un candidat à l'élection municipale pour 48 électeurs[16]

En revanche, on connaît le nombre d'électeurs français inscrits sur les listes électorales : 44,6 millions au 1er mars 2014 selon l'INSEE. On connaît également le nombre de candidats déclarés aux dernières municipales : au 6 mars 2014, selon les chiffres émanant du ministère de l'Intérieur, ils étaient presque un million de candidats (926 068). Soit une personne candidate pour un peu plus de 48 électeurs.

Il y a, dernier chiffre connu (à quelques centaines près, car personne ne connaît exactement le nombre réel de conseillers intercommunautaires), 668 384 mandats électifs en France, soit un mandat pour 121 électeurs. Nous comptons (à quelques dizaines ou centaines près) 573 204 conseillers municipaux (maires compris), ce qui fait qu'en France, un électeur sur 77 fait partie d'un conseil municipal.

Partant de ces chiffres, et en tenant compte de la superficie du territoire couplée au nombre d'habitants, la France est proportionnellement le pays au monde ayant le plus d'élus quels que soient les mandats.

En ce qui concerne le nombre de parlementaires, nous sommes (toujours proportionnellement) numéro un mondial avec 577 députés et 348 sénateurs. Le ratio est donc d'un parlementaire pour 49 000 électeurs (un pour 70 000 habitants). Si on compare avec les États-Unis (qui ont cinq fois plus d'habitants) et leur Chambre des représentants, qui dispose de beaucoup plus de pouvoir que notre Assemblée nationale, les Américains ont

16. http://www.ifrap.org/etat-et-collectivites/nombre-delus-lautre-mille-feuille-francais

Une particularité politique française : le nombre abusif d'élus

proportionnellement six fois moins d'élus que nous. Nous avons 30 % de parlementaires de plus que l'Allemagne, qui a pourtant elle aussi plus d'habitants que nous. Nous dépassons aussi largement le Royaume- Uni, l'Espagne, etc. Quant aux sénateurs, nous en possédons presque autant que les États-Unis et l'Allemagne réunis.

Nous avons aussi 78 députés européens auxquels il faut rajouter 2 040 conseillers régionaux, sans compter les 182 élus de l'Assemblée territoriale de Corse, de la Nouvelle-Calédonie, de la Polynésie et de Wallis et Futuna.

N'oublions pas non plus les 4 054 conseillers généraux (départementaux depuis mars 2015), les 36 785 maires de France avec leurs 536 519 conseillers municipaux et les quelque 38 000 élus intercommunaux…

Pas étonnant que les chiffres officiels soient, pour certains mandats, approximatifs.

Nous sommes ainsi en présence d'un conglomérat de plus en plus disparate, d'une véritable superposition d'élus, en strates empilées les unes sur les autres, qui ne servent parfois qu'à légitimer les décisions prises par quelques-uns ou, plus pernicieusement, qu'à encaisser des indemnités, émoluments ou avantages supplémentaires pour quelques élus peu scrupuleux des deniers publics.

Un nombre d'élus en constante augmentation

Tout le monde est d'accord pour reconnaître que nous avons trop d'élus en France, pourtant, bizarrement, leur nombre ne cesse de croître. De 301 en 1958, les sénateurs sont passés à 348 en 2004. De même, les députés sont passés de 482 en 1962 à 487 en 1966 pour arriver aujourd'hui au nombre de 577.

Les élus eux-mêmes trouvent toujours de bonnes excuses pour augmenter leur nombre : ils mettent en avant, par exemple, l'augmentation de la population pour justifier celui des élus de la République.

C'est cette excuse que l'on avance en 1986 pour ajouter une petite couche de députés dans l'hémicycle de l'Assemblée. Or ce que j'ai découvert en fouillant un peu, c'est qu'au même moment, plusieurs départements ont vu leur population décroître de façon significative ; bizarrement, on n'a même pas rencontré l'ombre d'une proposition pour y réduire le nombre d'élus. Allez comprendre pourquoi !

D'ailleurs, si nous avons aujourd'hui 577 députés dans l'hémicycle, ce n'est pas pour suivre l'augmentation démographique du pays, mais parce qu'à l'époque, le gouvernement avait souhaité mettre en place la proportionnelle dans le mode de scrutin de 1985. La conjoncture donnait en effet l'estimation d'une descente en flammes du nombre de députés de gauche. Cette part de proportionnelle et l'augmentation du nombre de députés permit de sauver plus d'une centaine de places de députés favorables au gouvernement d'alors. Peu après, avec l'alternance en 1986, le nouveau gouvernement supprima la part de proportionnelle… et se garda bien de réduire le nombre de députés.

L'Assemblée nationale a quand même décidé en 2008 d'inscrire dans la Constitution le nombre plafond de 577 députés. Donc logiquement, aucune augmentation du nombre de députés n'est plus possible en France. Peut-être une diminution ? (Je blague !)

Les sénateurs ont, quant à eux, employé une autre méthode : en 2004, ne pouvant résister à une demande légitime de la société d'abaisser la durée de leur mandat de neuf à six ans, ils négocient en échange l'augmentation de leur nombre de 321 à 348.

L'avantage de la parité

La parité a également permis un joli tour de passe-passe malgré le redécoupage géographique mené tambour battant. En effet, les conseils généraux ont été réduits pour les élections de mars 2015, passant d'environ 4 054 à 2 054, mais les conseillers départementaux, eux, sont restés aussi nombreux, afin de garantir une représentation équitable des sexes a-t-on annoncé à grand renfort de médias.

Donc, deux fois moins de cantons aujourd'hui donne autant d'élus qu'hier, voire un peu plus. C'est ça les économies et la rationalisation ! À défaut d'économie et de rationalisation, de réduction, notons néanmoins que la parité a été cette fois-ci respectée : nous sommes passés de 16 à 50% de conseillères !

Du moins jusqu'au vote des présidences de conseil : sur les 98 conseils départementaux, seuls 8 sont dirigés par une femme[17] (auxquelles nous pouvons ajouter **Anne Hidalgo** pour Paris et **Josette Manin** pour la Martinique). Il y a encore du chemin à parcourir pour que la parité ne soit pas qu'une façade.

En sus, avec la loi sur le non-cumul des mandats qui va logiquement s'appliquer en 2017, un certain nombre de « nouveaux élus » vont venir s'ajouter à ceux existants. Si cela ne va pas ostensiblement augmenter le nombre de mandats électifs, cela va augmenter considérablement le nombre d'élus et la facture des indemnités à verser.

Et c'est bien là que le bât blesse.

Tout ce petit monde a en effet besoin d'argent pour mener à bien les « missions » au service du peuple. Il faut qu'un élu, pour ne pas succomber à la tentation de la corruption, puisse être indépendant financièrement. Intention louable mais dévoyée au cours du temps. Je note que la terminologie dialectique du monde politique emploie parfois des connotations très financières. Ne dit-on pas « être aux affaires » ou « avoir un portefeuille ».

En politique, on abuse souvent du terme « servir ». On dit « servir son pays », « servir la nation ». Mais quelques-uns apprennent plutôt à « se servir » et la politique de la main tendue prônée par certains élus n'est souvent redirigée que vers leur poche.

---

17. http://www.lesnouvellesnews.fr/index.php/civilisation-articles-section/parite/4314-pas-plus-de-10-presidentes-de-departements

IV - L'ATTRACTION DE L'ARGENT

De tout temps, la relation de l'élu à l'argent a été comme
avoir une relation extraconjugale dont on aime profiter
mais sans l'ébruiter, ni en parler. Et Dieu sait si les élus ont
des occasions extraconjugales !

C'est le 17 juin 1789 que, bravant l'opposition du roi et des ordres privilégiés, les députés du Tiers État aux États Généraux, auxquels s'étaient joints quelques curés, s'attribuent le nom d'*Assemblée nationale* ainsi que le consentement de l'impôt. Le 20 juin, trouvant fermée la salle où se réunissaient les États, dans l'Hôtel des Menus-Plaisirs à Versailles, ils prêtent serment, dans la célèbre salle du Jeu de Paume (immortalisée par le non moins célèbre tableau de David) de ne pas se séparer avant d'avoir établi une constitution.

Mais pressés de dépenses à Versailles, où les logeurs profitaient de l'aubaine « les délégués aux États Généraux », qui n'avaient pas prévu de quitter leurs provinces pour longtemps, puis bientôt bloqués à Paris en Assemblée nationale constituante, se trouvèrent en difficultés financières plus ou moins rapidement en fonction de leur condition sociale. Aussi, le 1er septembre 1789, l'Assemblée vota, en catimini, une indemnité parlementaire de 18 livres par jour.

Ce détail amusant et peu connu de l'histoire préfigure sans doute déjà les habitudes néfastes de nos parlementaires d'aujourd'hui, car le vote de ces premières indemnités pour les élus n'eut même pas les honneurs d'être inscrit d'être enregistré dans le procès-verbal de séance, pourtant très complet en général, à la virgule près, sur tout ce qui se disait et se décidait.

Une espèce de culpabilité vis-à-vis du peuple exsangue sans doute ! On s'aperçoit donc, que les premiers élus du peuple ont déjà du mal à être totalement transparents avec leurs électeurs dès qu'il s'agit de leur train de vie. Deux cent vingt-cinq ans plus tard, les choses n'ont pas beaucoup changé. Du moins, c'est mon impression, et malheureusement pas que mon impression !

Une activité gratuite et bénévole ?

C'est en Grèce ancienne que, pour la première fois, fut inventée la rétribution des charges électives. En France, les fonctions électives sont gratuites (sur le papier), la gratuité reposant sur une tradition romaine, confirmée dans une loi du 21 mars 1831 qui énonçait que « *les fonctions de maire, d'adjoint et de membre du corps municipal* [sont] *essentiellement gratuites et ne donnent lieu à aucune indemnité ni frais de représentation* ».

Le but initial et louable était que la charge de l'élu était valorisée au travers de son dévouement désintéressé et tout entier consacré à l'amélioration de la vie de la cité. Dans l'esprit de la loi, ne pouvaient donc prétendre aux fonctions électives que des hommes (pas encore des femmes) peu enclins à s'enrichir sur le dos de la société qu'ils acceptaient de servir « gratuitement ». Mais on s'est vite aperçu que ne pouvaient se consacrer aux fonctions électives bénévoles que les riches, c'est-à-dire ceux qui ont de l'argent ou des rentes et donc du temps à consacrer à la politique.

En avril 1884, tout en confirmant la gratuité de la fonction, on autorise par la loi les remboursements de frais sous certaines conditions. Ce qui ne change rien au fait que ce sont les nantis qui continuent à pouvoir prendre le temps d'être élus. Il faudra attendre les ordonnances de 1944 et de 1945 qui institueront la possibilité pour les communes de verser, sur le budget communal, des indemnités de fonction aux maires et aux adjoints pour que la population des élus se démocratise.

En février 1992, on crée un « statut » juridique de l'élu local. La loi consacre le droit pour les élus de prétendre à des indemnités en rapport avec la fonction. Mais tous ces aménagements ne sont toujours pas reconnus comme des salaires ou des rémunérations. D'ailleurs l'article L. 2123-17 du Code général des collectivités territoriales prévoit encore actuellement que « *les fonctions de maire, d'adjoint et de conseiller municipal sont gratuites* ».

Pour une minorité d'élus, c'est aussi une véritable rente « professionnelle » qu'ils touchent, et ceux-là se défendent bec et ongles pour que rien ne change, pour qu'ils puissent continuer en toute légalité à bénéficier de la manne financière et des privilèges afférents à leurs fonctions.

Pourtant, au départ, rétribuer les élus partait d'un bon sentiment. Il s'agissait de permettre au peuple et aux plus modestes de faire de la politique. C'était aussi un complément de rétribution pour celui ou celle qui était obligé de réduire son temps de travail (et donc son salaire) pour remplir son rôle d'élu. D'un système garantissant à la base l'égal accès de tous à la fonction politique, on est passé à un système dévoyé au sein duquel il semble bien qu'une partie de la classe politique ne remplit pas ses devoirs envers le peuple mais se remplit les poches. C'est un des effets pervers que n'avaient pas prévu les législateurs en voulant donner une indépendance financière aux élus pour garantir leur liberté d'action.

Beaucoup d'élus touchent peu, et peu d'élus touchent beaucoup

En 2003, la rétribution globale des élus locaux était de 987 millions d'euros. Huit ans après, selon les seuls chiffres fournis par le ministère de l'Intérieur et publiés par le député **René Dosière** sur son blog en 2013, l'ensemble des élus municipaux aurait coûté en 2011 la somme de 1,2 milliard d'euros[18]. Un chiffre qui ne cesse de monter en flèche depuis.

Au 31 décembre 2013, d'après les chiffres de l'INSEE, il y a 26 930 communes de moins de 1 000 habitants[19] (indemnité mensuelle de 1 178,46 euros brut par maire) dont 19 917 communes de moins de 500 habitants (indemnité mensuelle de 646,25 euros brut par maire)[20]. Il y a environ 100 000 maires adjoints auxquels s'ajoutent les 36 681 maires de France. Ce sont eux qui empochent la plus grande partie du 1,2 milliard cité plus haut. On peut raisonnablement dire que la quasi-totalité de ces élus ruraux fait un travail exemplaire au service de la cité, sans que ceux-ci comptent leurs heures et pour une rétribution qui peut paraître dérisoire face à la charge de travail et aux responsabilités qui augmentent chaque jour un peu plus, d'autant que la plupart de ces petites communes n'ont pas la chance ni la possibilité financière d'embaucher du personnel.

Ce sont donc les petits maires et conseillers municipaux qui sont la grande base de la pyramide des élus de la République. Ces hommes et ces femmes ne font pas partie des élus qui abusent mais plutôt de ceux dont on abuse tant leur abnégation est grande et peu récompensée. Ils ont souvent un travail à côté

---

18. http://www.emploi-2017.org/remuneration-des-elus-locaux-le-dessous-des-cartes,a0216.html

19. http://www.insee.fr/fr/ppp/comm_presse/comm/cp_pop_legales_2011.pdf

20. http://www.courrierdesmaires.fr/7474/indemnites-des-elus-quelles-sont-les-pratiques/

(bien obligé !) et passent la quasi-majorité de leur temps libre à gérer leur commune du mieux qu'ils peuvent. Ces élus de terrain sont tout à la fois secrétaire de mairie, garde champêtre ou assistante sociale de la commune quand un habitant vient les voir avec ses problèmes. On retrouve ces élus municipaux à la caisse de la fête du village, gérant du matin jusqu'au soir le stand des sandwichs, assisté de leur conjoint, lui (elle) aussi bénévole et réquisitionné(e) pour l'occasion. Ils sont encore là pour ranger le matériel municipal après la manifestation dans le hangar qui sert également de salle des fêtes. Ce sont des élus que l'on connaît, qui sont du pays, qui y habitent et qui donnent leur temps sans le compter pour que la commune tourne et se développe avec le moins de soucis possible pour l'ensemble des habitants.

Malheureusement, dès que l'on commence à remonter cette pyramide, il y a de moins en moins d'élus « bénévoles », défrayés chichement, mais de plus en plus de professionnels de la politique qui ont de grosses indemnités. Ces derniers, en tant que gestionnaires de leur carrière, n'ont bientôt plus d'autre but que de durer et donc de faire fructifier leur « capital mandat » qui est la seule marque de leur existence sociale et professionnelle.

De plus, le cumul des mandats tel qu'il est instauré en France permet à un nombre plus qu'important d'élus de toucher des indemnités diverses et (surtout) « empilables ». Le tout, bien entendu, hors des petits avantages nombreux qu'ils se sont accordés au fur et à mesure des législatures.

Dans les faits, la plupart des élus « importants » sont au plafond de rémunération (8 220 euros net par mois), sauf pour les petites collectivités citées précédemment, constate le député **René Dosière**. Auteur d'une étude sur les indemnités des élus locaux, il écrit : « Les faibles indemnités pour les élus des communes rurales poussent au cumul au niveau de l'intercommunalité et sont notamment à l'origine de l'inflation du nombre de vice-présidences dans les EPCI (Établissements publics de coopération intercommunale)[21]. »

En clair, cela veut dire que l'on ajoute encore des strates supplémentaires d'élus dans des organismes plus ou moins utiles uniquement pour améliorer l'ordinaire d'élus se considérant mal rémunérés.

Il est aussi amusant de constater que ceux qui se plaignent le plus d'être mal payés sont justement les élus que l'on rencontre en haut de la pyramide ; ceux dont la politique est devenue le métier et qui cumulent le plus de mandats. Sans doute pour être encore plus « utiles et efficaces » à la société selon le discours officiel, mais en réalité, c'est bien souvent pour « accrocher » des indemnités ou des avantages supplémentaires.

« Pas assez d'argent, trop de travail »

Ainsi le « Pas assez d'argent, trop de travail » est souvent la ritournelle que l'on entend de la part de certains élus en mal de rémunération.

Dans le cadre du rapport d'information d'un sénateur de l'Aveyron, **Jean Puech**[22], déposé au Sénat le 21 février 2007, 453 maires, 41 présidents de conseils généraux et 11 présidents de conseils régionaux ont été interrogés par téléphone. Les élus se plaignaient que leur indemnisation ne suivait pas l'évolution de leur charge de travail. Si les conseillers municipaux, qui sont le plus grand nombre, ne touchent que 228 euros par mois d'indemnité maximum, dès que l'on monte dans la hiérarchie électorale on

---

21. http://www.courrierdesmaires.fr/7474/indemnites-des-elus-quelles-sont-les-pratiques/
22. Rapport d'information de M. Jean Puech, fait au nom de l'Observatoire de la décentralisation n° 256 (2006-2007) – 21 février 2007. Url : http://www.senat.fr/notice-rapport/2006/r06-256-notice.html

s'aperçoit qu'être élu devient vite une affaire très rentable. Mais, tant qu'on les plaint, on ne regarde pas combien ils touchent.

Malheureusement pour eux, un chargé de recherche au CNRS, Patrick Le Lidec[23], fait judicieusement remarquer qu'entre 2000 et 2003, les indemnités pour les élus municipaux ont progressé de 35,8 %. Pour les présidents et vice-présidents d'intercommunalités, ces indemnités ont fait un bond de 137 %. Pour finir, **Michèle Alliot-Marie**, alors ministre de l'Intérieur, a précisé dans un de ses discours que les sommes versées aux maires et présidents d'autres assemblées locales ont augmenté en moyenne de 55 % entre 2002 et 2007.

Selon une réponse faite à la suite d'une question écrite du député **René Dosière**, celui-ci mentionne dans un billet de son blog, le 11 juillet 2011 que les indemnités versées aux élus intercommunaux sont passées de 54,7 millions d'euros en 2000 à 162,5 millions d'euros en 2007.

Je n'ai pas trouvé les chiffres d'augmentation des indemnités pour les élus municipaux de 2007 à aujourd'hui, mais on peut raisonnablement penser que l'augmentation a été beaucoup plus importante que celle des salaires des fonctionnaires, gelés pendant presque dix ans…

Trop d'argent, pas assez de travail !

A contrario, un élu parmi quelques autres affirme qu'il touche trop pour le travail qu'il fournit. **Yann Wehrling**, élu du XVe arrondissement et conseiller de Paris[24] confie que ses indemnités d'élu se montent à 2 700 euros net par mois :

23. http://www.ruedelachouette.org/143/
24. 1.http://www.lefigaro.fr/politique/le-scan/insolites/2015/04/08/25007-20150408ARTFIG00247-un-elu-modem-de-paris-juge-qu-il-est-trop-paye.php

L'attraction de l'argent

1 100 euros en tant que conseiller du XVe arrondissement et 1 600 euros en tant que conseiller de Paris. À cette somme s'ajoutent 2 000 euros annuels en jetons de présence dans une Société d'économie mixte (SEM). Selon l'élu, un conseil d'arrondissement ne lui prend que trois heures par mois, un conseil de Paris deux à trois jours et une réunion de commission deux heures. Enfin, sa présence dans la SEM se réduit à quatre réunions annuelles qui n'excèdent pas une demi-journée. « En faisant très bien son travail, cela nous prend une semaine de travail par mois : cela ne justifie pas de gagner 3 000 euros par mois», dira l'élu lui-même.

Deux partis politique ont d'ailleurs plusieurs fois proposés d'en finir avec les « jetons de présence » qui peuvent, pour Paris par exemple, atteindre les 15 000 euros par an pour quelques réunions.

On se demande bien pourquoi, mais ces propositions n'ont jamais abouti.

Robert Cabé : comment un « bon » élu local arrive à plus ou moins 10 000 euros brut mensuel

Prenons par exemple le cas de **Robert Cabé**[25], élu des Landes. Selon un journal régional, sa situation fin 2013 était la suivante : il touchait 2 400 euros par mois en tant que premier vice-président du conseil général, 800 euros en tant que président du SDIS (service départemental d'incendie et de secours), 2 300 euros comme maire d'Aire-sur-l'Adour, 1 500 euros car il assure la présidence de la Communauté

---

25. Sud-Ouest du 29 septembre 2013, site Web news numéro :20130929·SOE·072, art. signé Y.S.-S et Sud-Ouest du 28 avril 2014, news numéro :20140428·SO·280 414aP1755746, art. de Jean-François Renaut.

de communes d'Aire-sur-l'Adour (récemment élargie à deux cantons du Gers), 1 700 euros provenant du surplus des indemnités du président Emmanuelli (supprimé en 2014) et 1 200 euros de retraite parlementaire. Ces deux derniers revenus échappent bien entendu au plafonnement.

Il est aussi P.-D.G. de deux sociétés d'économie mixte dont la puissante SATEL (en charge de l'aménagement), vice-président d'une autre, sans oublier une trentaine d'autres fonctions, divers sièges au sein d'associations, commissions, syndicats mixtes découlant plus ou moins directement de ses mandats exécutifs.

Tout ceci n'est que le dessus de l'iceberg : il faut y rajouter tous les avantages liés aux fonctions, qui peuvent largement représenter un salaire complet. Robert Cabé dispose par exemple d'une voiture aimablement mise à sa disposition par le conseil général. M. Cabé interrogé sur le sujet déclarera : « Je suis bien payé, mais je trouve malsain de parler de ça. »

C'est vrai quoi ! De quoi on se mêle ! D'autant plus que depuis cette mise sur la place publique de la plus grande partie des émoluments de Robert Cabé, celui-ci a perdu la mairie d'Aire-sur-l'Adour, sur laquelle il avait la main depuis 1989, et donc les indemnités qui vont avec.

Par vengeance, peut-être, il s'est d'ailleurs dernièrement épanché auprès du journal *Sud-Ouest* en faisant remarquer perfidement qu'il touchait maintenant moins que **Geneviève Darrieussecq**, femme politique d'un autre parti que le sien.

Et c'est vrai, Mme Darrieussecq touche 2 756 euros en tant que maire de Mont-de-Marsan, 2 585 euros en tant que présidente du Marsan Agglomération et 2 927 euros en tant que conseillère régionale. Ce qui nous donne un total de 8 268 euros (à quelques centaines d'euros près…)

En 2014 donc, l'une touche plus que l'autre.

L'attraction de l'argent

Beaucoup d'entre nous aimerait bien se chipoter sur ces chiffres, non ?

Pendant ce temps-là, en Europe

Nos élus ont beau jeu de pleurer sur leur sort : la France est le pays d'Europe où le député reçoit personnellement le plus d'indemnités différentes pour un montant annuel plus élevé : 162 146 euros contre 139 644 euros pour un député allemand et 105 188 euros pour leur homologue britannique[26].

Par ailleurs, les Allemands ont réduit le nombre de leurs communes de 35 000 à 12 291. Les élus municipaux n'y sont pas rémunérés, à part dans les communes importantes, où la charge de maire est trop lourde et nécessite obligatoirement un travail à plein temps. Et cela fonctionne très bien, contrairement à ce que voudrait nous faire croire la rengaine française selon laquelle « pour qu'un élu travaille bien il faut qu'il soit libre et indépendant financièrement ».

Une suppression des « majorations » d'indemnités pour les élus qui ne se fera pas

C'est encore une petite niche « financière » dont personne ne parle. Une exception à la française, qui permet à quelques-uns de se mettre du beurre sur la tartine en augmentant discrètement leurs indemnités de fonction[27].

---

26. http://dejudasatartuffelettresaumonde.hautetfort.com/tag/retraites http://www.lemonde.fr/idees/article/2012/06/20/a-quand-la-transparence-sur-les-remunerations-a-l-assemblee-nationale_1721772_3232.html et http://www.ifrap.org/Assemblee-nationale-la-mandature-de-la-transparence,12759.html
27. http://www.collectivites-locales.gouv.fr/regime-indemnitaire

Les conseils municipaux ont la possibilité de majorer les indemnités de fonction des maires, adjoints et conseillers municipaux. Ces majorations, facultatives et cumulables, ont été créées pour tenir compte de certaines situations particulières occasionnant un surcroît de travail. Elles s'appliquent sur la base des taux fixés par le conseil municipal et concernent :

a) les communes chefs-lieux de département (majoration fixée à 25 %) ; b) les communes chefs-lieux d'arrondissement (majoration fixée à 20 %) ; c) les communes chefs-lieux de canton (majoration fixée à 15 %) ; d) les communes sinistrées ; e) les villes classées stations hydrominérales, climatiques, balnéaires, touristiques ou rurales, ainsi que les villes classées stations de sports d'hiver ou d'alpinisme ; f) les communes dont la population totale depuis le dernier recensement a augmenté après la mise en route de travaux publics d'intérêt national ; dans les deux cas e) et f) ci-dessus, les majorations sont égales à 50 % pour les commune dont la population totale est inférieure à 5 000 habitants, et à 25 % pour celles dont la population totale est supérieure à 5 000 habitants ; g) les communes ayant été, au cours de l'un au moins des trois exercices précédents, attributaires de la dotation de solidarité urbaine ; pour ces communes, les indemnités de fonction peuvent être votées dans la limite de la strate démographique supérieure.

Réflexion

Quelque 25 % ou 50 % d'augmentation, il est sûr que plus d'un ouvrier ou d'un cadre moyen serait content d'obtenir cette gratification qu'on lui accorderait par dérogation s'il travaillait à côté d'une autoroute en construction, dans une station thermale ou un site touristique, voire un chef-lieu de département. Mais, on se calme, cette petite gratification n'est réservée qu'à l'élu et non au simple locdu que nous sommes.

Je n'ai pas réussi à obtenir le chiffre exact des communes de France bénéficiant de ces particularités, mais je me doute bien qu'il ne doit pas y avoir qu'une seule mairie qui profite de ces petites majorations sympathiques d'indemnités pour les élus, dont les médias ne parlent jamais parce qu'ils ne se réfèrent qu'à la note « officielle » distribuée.

Ces majorations auraient par ailleurs dû disparaître : le 17 mai 2013 est adoptée la loi n° 2013-403 qui modifie l'élection des conseillers départementaux, municipaux et communautaires. Dans cette loi, la notion de chef-lieu, qui ne cadrera plus avec les nouveaux bureaux centralisateurs à compter du renouvellement de mars 2015, devrait rendre impossible la majoration des indemnités de fonction des élus locaux après cette date. Sur le papier. Car aux dernières nouvelles, à l'heure où j'écris ces lignes, le gouvernement prépare discrètement une disposition législative pour maintenir au profit des élus ces droits à majoration de leurs indemnités[28].

Dernière minute

Quand je vous le disais :
Source : *La Gazette des communes* du 18 mars 2015, « Bureaux centralisateurs de canton : les indemnités pour les élus fixées », par Ugo Chauvin.

« Le décret n° 2015-297 du 16 mars 2015 relatif à la majoration des indemnités de fonction des élus municipaux au titre des communes anciennement chefs-lieux de canton et au titre des communes sièges des bureaux centralisateurs de canton a été publié ce jour [18 mars].

---

28. http://www.senat.fr/rap/r11-318/r11-3183.html

Ce décret fait suite à la modification territoriale du canton, introduite par la loi n° 2013-403 du 17 mai 2013 (JO du 18 mai) relative à l'élection des conseillers départementaux, des conseillers municipaux et des conseillers communautaires.

Cette loi a modifié le calendrier électoral et a eu pour conséquence la disparition des chefs-lieux de canton.

Des 4 055 chefs-lieux de canton, la loi a défini 2054 bureaux centralisateurs de canton. La majoration d'indemnité de fonction des élus des communes sièges de ces bureaux centralisateurs se substitue à la majoration d'indemnité de fonction des élus des anciennes communes chefs-lieux de canton.

La majoration d'indemnité de fonction est également maintenue pour les élus des communes perdant la qualité de chef-lieu de canton et ne devenant pas siège d'un bureau centralisateur.

Le décret n° 2015-297 du 16 mars 2015 fixe ce taux de majoration à 15 % pour les communes anciennement chefs-lieux de canton et pour les communes sièges des bureaux centralisateurs. Ce taux est identique au précédent.

Ces modifications sont inscrites au deuxième alinéa de l'article R. 2123-23 du Code général des collectivités territoriales. »

Ce décret est entré en vigueur à l'occasion des élections départementales des 22 et 29 mars 2015. C'est-à-dire pile-poil pour les nouveaux élus des dernières élections de mars 2015 ! Ils peuvent respirer, tout est pour le mieux dans le meilleur des mondes : la suppression du petit bonus financier est donc annulée.

Petite conclusion en forme de réflexion

Suite à la nouvelle loi sur le non-cumul des mandats qui va entrer en application en 2017, nous avons vu que beaucoup d'élus allaient perdre un ou plusieurs des petits « à-cotés financiers » que le cumul leur procurait.

Les nouveaux élus ne pouvant plus cumuler plusieurs mandats pour arrondir leurs fins de mois et les anciens perdant par là même une partie de leur « appointements subalternes », il y a fort à parier que nous allons assister à une jérémiade médiatique sur l'impossibilité qu'ils ont de pouvoir travailler à plein temps, faute d'indemnités suffisantes. Nous aurons droit au discours sur la précarité du statut d'élu. Nous entendrons les sirènes de la nécessaire autonomie financière des élus pour qu'ils puissent travailler en toute indépendance et sans pressions extérieures. Nous lirons dans la presse l'énormité du travail à fournir par l'élu qui n'est absolument pas en rapport avec ce qu'il touche, et nous n'échapperons pas à la comparaison avec ce que l'élu toucherait s'il était resté dans le privé… Bref, toute une litanie d'excuses en tout genre, éculées et fallacieuses de surcroît, qui n'auront d'autre but que de nous faire accepter socialement l'augmentation des indemnités de chaque élu privé de cumul.

J'en mange mon chapeau sans sel si cela ne vient pas sur la table juste au moment de l'application de la loi sur le non-cumul des mandats !

Nous voyons ainsi comment les élus « rentabilisent » leur fonction au maximum de ce qu'ils peuvent s'octroyer. La suite logique, c'est que les places sont chères et dès qu'un élu a réussi à s'attribuer une part du gâteau, à se ménager une petite place au soleil, il fait tout pour les garder. Cela passe par une professionnalisation à outrance des postes d'élus les plus élevés et par un ego démesuré. L'élu a d'ailleurs inconsciemment bien compris que pour durer, il faut aussi que l'on croie à sa suprématie sur le citoyen lambda. Un élu de qualité est un élu « professionnel », c'est plus facile pour verrouiller l'accès aux fonctions électives et ainsi garder le pouvoir.

Sources complémentaires :

http://renedosiere.over-blog.com/article-clarifier-la-retraite-des-deputes-120535055.html

http://www.journaldunet.com/economie/magazine/le-salaire-des-politiques-et-des-elus/

http://politique.blogs.ouest-france.fr/archive/2013/02/25/argent-elus-maires-indemnites-salaires-avantages.html

V - La maladie de la carrière politique

Des parlementaires qui n'ont plus les pieds sur terre

Souvent, dès qu'un homme ou une femme met un costume d'élu dont il ne devrait être que le locataire, il se met à croire qu'il lui est fait sur mesure et qu'il ne peut être que le seul propriétaire à le porter.

Le titre est volontairement provocateur et ne veut pas dire que nos élus sont dans les étoiles, mais il est quand même l'expression d'un ressenti populaire. Selon ce ressenti, la classe politique est de plus en plus éloignée des préoccupations de ceux qu'elle est censée représenter. Aujourd'hui, toutes les analyses et études montrent que les parlementaires issus du monde ouvrier sont en nombre infinitésimal au Parlement. Les employés et les ouvriers représentent en France la moitié (à peu près) de la population active, mais ils ne représentent aujourd'hui que 3 % à peine des députés. Et c'est à 81,5 % que les cadres et professions intellectuelles supérieures posent leurs derrières sur les bancs des deux hémicycles.

De porte-serviette à portefeuille

C'est un fait indéniable qu'un nombre de plus en plus important d'élus de grandes villes ou de parlementaires n'ont jamais connu autre chose que la politique dans le cadre de leur existence professionnelle[29]. Ils sortent de l'école, deviennent chargés de mission ou assistants parlementaires d'un élu qui va devenir leur mentor. Au contact de cet élu, ils nouent des relations, apprennent le métier en côtoyant leur patron quasiment sept jours sur sept. Mal payés, corvéables à merci pour les plus malchanceux, ils ont tous un point commun : ils sont dans le sillage et le cercle des élus qui les ont embauchés. Un jour, l'élu patron, pour augmenter son réseau et son influence, va placer le petit dans une ville ou un fief pour qu'il démarre une carrière dont il espère qu'il saura lui être redevable. Parfois, l'assistant ou le chargé de mission s'en va de lui-même à la conquête du Graal et commence sa carrière comme maire adjoint auprès d'un maire vieillissant et/ou bienveillant. Plus prudent, on le retrouve sur une liste régionale, ce qui lui permet d'attendre la bonne opportunité tout en continuant à être dans le cercle étroit des prétendants aux mandats. Cercle dont il ne faut surtout pas sortir avant d'avoir décroché le sésame pour la bonne assise de son pouvoir et marquera sa naissance politique : le premier bon mandat.

La maladie incurable du surhomme

C'est l'ancienne ministre **Michèle Delaunay,** députée de Gironde, qui a très bien décrit le phénomène sur son blog en septembre 2014[30]. Elle y décrit le parcours carriériste de nombre de ses collègues qui suivent tous à peu près le même chemin, certains allant juste plus vite que d'autres. Elle constate aussi que les élus (de plus en plus nombreux) et les parlementaires ne savent rien de la vraie vie, celle des fins de mois difficiles, des courses à

---

29. http://www.ruedelachouette.org/2008/07/
30. http://www.michele-delaunay.net/delaunay/blog/le-tunnel-ou-comment-faire-carriere-sans-mettre-un-pied-dans-la-vraie-vie

faire pour la semaine, des repas à préparer pour les enfants, de la voiture qui tombe en panne au mauvais moment, des transports en commun bondés et toujours en retard. De tous ces petits détails, qui empoisonnent la vie quotidienne de tout un chacun, ils n'ont jamais connu l'ombre d'une miette. De la vie, ils ne connaissent que celle qu'ils se sont bâtie en consacrant l'essentiel de leur temps à atteindre le seul objectif qu'ils se sont fixé : être élu. Et comme le dit très justement Mme Delaunay, le virus sympathique du départ, cette envie de transformer le monde, d'aider son prochain, se mue en maladie incurable de celui qui sait tout, dont la parole devient d'évangile, la volonté de puissance remplace celle de bien faire : le surhomme vient au monde. Celui qui, parce que le système le veut, perd toute spontanéité et se met à calculer ce que veut voir l'électeur et non ce qu'il faut faire en réalité pour l'intérêt général.

Car à ce stade de la carrière naissante de l'élu, celui-ci prend goût au pouvoir et à tout ce qu'il représente. Du jour au lendemain, son statut change, il cesse de faire partie du commun des mortels, il devient un personnage, un notable, quelqu'un de respectable et de respecté.

Je l'ai moi-même vécu après mon élection en tant que conseiller régional d'Île-de-France, puis de président de la commission de la formation professionnelle et de l'apprentissage de la Région Île-de-France. D'un coup d'un seul, je suis devenu quelqu'un d'autre. On aurait pu croire qu'une fée s'était penchée soudainement sur mon berceau d'élu et, d'un coup de baguette magique, m'avait rendu immédiatement beau et intelligent… Du jour au lendemain, un certain nombre de courtisans administratifs, souvent des chefs de service qui hument la possibilité d'une promotion, venaient me voir, l'échine courbée, me serinant de façon obséquieuse du « Le président veut-il… » ou du « Si le président pense… » à chaque phrase requérant mon attention.

À l'époque, ce tumulte soudain m'avait tellement perturbé que j'ai mis une bonne journée à comprendre que le président dont

La maladie de la carrière politique

parlaient sans arrêt ces gens, et qui paraissait si important à leurs yeux, eh bien c'était moi ! Et non **Jean-Paul Huchon**, le président de Région, comme je l'ai cru toute la journée.

Cela crée un choc et vous propulse vite, si on n'y prend pas garde, sur un nuage où on se laisse vite bercer.

Le pouvoir que l'on vous octroie procure les avantages qui en sont l'accessoire (téléphone, Internet, frais de représentation, invitations diverses et variées...), eux-mêmes doublés d'un soupçon de privilèges et d'un zeste de passe-droits qui font que très vite, de tout là-haut sur le petit nuage, les vraies gens deviennent tout petits, voire insignifiants. Vous venez de toucher le gros lot et plus rien ne compte vraiment que la contemplation de ce que vous êtes devenu.

Une fois bien installé, l'élu, prenant goût à la fonction, commence à réfléchir et se demande comment faire pour que de locataire de son mandat, il en devienne propriétaire. Sans s'en rendre compte ou par calcul (pour toujours davantage d'élus), l'élu fait ce qu'on appelle « un plan de carrière ». Il commence alors à cumuler : un mandat pour la soif, un autre au cas où, une vice-présidence par-ci, un petit mandat local comme base de repli par-là, un territoire à garder pour avoir sa base arrière...

Le formatage des élus : un frein à la diversité, la créativité et la prise de risques

On entre maintenant en politique, toutes tendances confondues, avec un plan de carrière préétabli. On va essayer dans un premier temps de gagner sa place au soleil, puis de la garder et d'agrandir à mesure son terrain de jeu. Le tout entre gens du même monde, de la même corporation, qui se serrent les coudes quand on essaye de toucher à leurs prérogatives. Certes, de temps en temps, ces gens se donnent quelques coups de griffes, mais en général ce sont plutôt des coups de pattes, comme le ferait une portée de chatons joueurs entre eux, juste pour désigner celui qui sera le dominant de la tribu.

Comme de plus en plus d'élus à responsabilités multiples ont quasiment le même parcours pour arriver au pouvoir, qu'ils sont tous issus à peu près des mêmes couches sociales (à quelques rares exceptions près), qu'ils ne travaillent, vivent, respirent quasiment qu'en vase clos, il tombe sous le sens que la compréhension de la vie au quotidien leur échappe. Dans le même moule de fonctionnement, ne vivant que pour et par leur carrière emportée de haute lutte, entourés d'une foule d'assistants courtisans qui les conseillent tout en montant autour d'eux un cordon sanitaire infranchissable pour celui qui n'est pas coopté par le « sérail », ces élus parlementaires aux mandats multiples ne peuvent plus comprendre et sentir les besoins d'une population dont ils ne font plus partie car ils n'en partagent plus rien (si ce n'est les petits fours lors des inaugurations, des comices agricoles et pince-fesses nombreux).

Ils décident, peaufinent, détaillent, inventent des règles et des lois qui sont à 100 000 lieues des préoccupations quotidiennes de la population. Comment des parlementaires peuvent-ils comprendre qu'il est difficile de vivre avec un revenu de 500 euros par mois alors que tous sont plus que largement à l'abri du besoin ? En 2012, il ne restait au sein du Palais-Bourbon qu'un seul député ouvrier. Depuis cette date, légère amélioration, il y a 11 députés ouvriers et employés, soit environ 3 % de l'ensemble de l'Assemblée[31].

Si on ne doit pas tomber dans les clichés simplistes et stériles, on est quand même obligé de constater que nos parlementaires ne sont plus à l'image de leurs mandants. La fracture entre ceux « d'en haut » et ceux « d'en bas » s'agrandit d'année en année.

Dans un rapport du Centre de recherches politiques de Sciences Po (Cevipof) de 2012[32], on constate qu'il n'y a quasiment

31. http://alternatives-economiques.fr/blogs/raveaud/2013/12/09/de-quel-milieu-social-viennent-nos-deputes/
32. http://www.cevipof.com/fr/les-publications/notes-de-recherche/bdd/publication/980

La maladie de la carrière politique

plus aucun parlementaire qui le devient au titre d'un premier mandat. Quasiment tous ont déjà une longue carrière politique ou d'appareil derrière eux. La plupart ayant commencé leur parcours avant 25 ans dans des instances politiques soit comme assistants parlementaires, soit comme conseillers municipaux ou régionaux.

La politique n'est plus vue comme un sacerdoce dans lequel on s'engage pour défendre la veuve et l'orphelin mais comme une carrière au long cours. Il faut la gérer avec prudence au sein d'un groupe qui vous protégera, et sa continuité passera, pour beaucoup, par une soumission profonde sous des dehors de liberté apparente.

Sans soutien, sans appui, sans argent, il est quasiment impossible aujourd'hui de gagner une élection parlementaire. Le trublion qui vient déranger la machine bien huilée du parcours obligatoire du candidat programmé ne passe plus que très rarement la barre du premier tour. Il faut être du « sérail ».

Tous ces élus forment un conglomérat bien tassé dont les couleurs politiques se distinguent de moins en moins, tant le fonctionnement interne de ce bloc uniformisé procède d'un immobilisme prudent nécessaire pour conforter un parcours politique qu'ils veulent sans risque.

Les parlementaires se gardent bien de s'aventurer dans des réformes profondes de la société en évolution ou sur des terrains trop voyants qui les exposeraient à la critique ou pire, à la vindicte populaire.

La prise de risque altruiste s'amoindrit pour faire place à une prise de risque calculée qui n'entachera pas leur plan de carrière.

Vingt ans de réflexion pour les décisions trop importantes

Trop ou très occupés à la gestion de « la carrière », la plupart des parlementaires, élus multicartes, ne veulent et/ou ne peuvent surtout pas prendre le risque de déplaire et d'anéantir leurs carrières prometteuses ou grandissantes. Autrement dit, ils prennent très peu de décisions politiques…

Pour tout ce qui est ou a été important et inévitable à traiter comme les retraites, le déclin des chantiers navals, la sidérurgie, l'immigration, l'écologie, l'égalité homme/femme, le nucléaire, l'éducation, l'explosion du chômage, le logement (j'en oublie…), on se contente d'ouvrir le dossier, comme il est de bon ton de le déclarer *urbi et orbi*, puis on s'empresse de l'enterrer discrètement et doucettement pour mieux le laisser aux générations suivantes d'élus. Si bien que les vrais changements importants, les avancées démocratiques, les prises de décisions qui pourraient impacter la vie future de la population ne se font plus qu'à la marge de la réalité du besoin de celle-ci. On légifère prudemment, on réforme à petits pas, on change par petites touches pour préserver « l'unité nationale » et surtout éviter de soulever de trop grandes vagues qui pourraient emporter les élus.

Mais, au bout de vingt ou trente ans, la pression populaire ou médiatique du moment monte en puissance, les problèmes non traités remontent à la surface, jaillissent dans le paysage et obscurcissent l'espace serein dans lequel les élus s'étaient réfugiés. La bouilloire des « réformes à faire en priorité » que l'on a sciemment laissée sur le feu commence à siffler de façon stridente aux oreilles des élus. Ceux-ci se mettent aussitôt frénétiquement à presser l'Administration pour qu'elle leur trouve des solutions. On ressort donc très vite les dossiers poussiéreux que l'on avait soigneusement rangés dans un coin sombre. On les secoue un peu pour leur donner une petite virginité apparente et, rapidement, ce qui aurait pu être simple au début se transforme au fil du temps et des élus successifs en contraintes de gestion au plus pressé souvent détestables et inacceptables par le plus grand nombre des citoyens. Viennent alors les explications pédagogiques. On raconte donc à la population que l'on ne peut faire autrement, que le sacrifice inéluctable permettra de préserver l'essentiel des acquis. Au passage, on rajoute toujours

La maladie de la carrière politique

que le camp d'aujourd'hui répare les erreurs et les lenteurs du camp adverse d'hier qui n'a pas fait son travail.

Puis, une fois la population préparée, on annonce à grands coups de déclarations médiatiques la solution miracle qui, en réalité, n'est souvent qu'un pansement même pas stérile que l'on pose sur une large plaie ouverte, de surcroît douloureuse et purulente ; une plaie que l'on aurait pu cautériser rapidement quand ce n'était encore qu'une petite coupure… il y a vingt ans déjà.

Des sondages en veux-tu en voilà

Cette fracture entre les élus et la société est aggravée par la progression phénoménale des sondages. Quel que soit le gouvernement, le Premier ministre ou les candidats aux hautes fonctions électives, tous ont besoin pour les aider à prendre des décisions de commander, lire, ou s'inspirer du dernier sondage. On ne descend plus au bistrot du coin pour humer l'atmosphère populaire et mesurer le degré de mécontentement du peuple, on commande une enquête. On ne parle plus au peuple pour comprendre ses attentes, on fabrique des questions à poser à un panel représentatif. On ne réfléchit plus par soi-même, on consulte – avant de décider – le dernier sondage élaboré à partir de la réponse que l'on voudrait avoir, mais que l'on ne peut pas apporter tant qu'on n'a pas lu ce qu'on doit répondre (relire lentement pour ceux qui n'ont pas compris). Ce sondage est la plupart du temps réalisé par téléphone à partir d'une plateforme étrangère (question de coût) sur plus ou moins 1 000 personnes soi-disant représentatives de la société, mais pondéré par la variation binaire de la ménagère de plus de 50 ans. Outre le fait que l'on peut répondre n'importe quoi par téléphone, il faut savoir que la prise en compte approximative des marges d'erreurs lors de l'interprétation des échantillonnages et les conclusions hâtives sont malheureusement nombreuses et, surtout, que le résultat est invérifiable. De plus, les réponses peuvent varier en fonction de l'actualité et du moment. Tous ces « détails » faussent du tout au tout l'interprétation des résultats d'un sondage. Et pourtant, les sondages servent de référence et de sésame à la prise de décisions de l'élu.

Ces résultats, ratios, chiffres deviennent le livre de chevet des décideurs élus qui croient ainsi s'appuyer sur la parole et la pensée du peuple. Incapables d'aller chercher par eux-mêmes la réponse ou la décision politique qui s'impose, ils prennent de plus en plus le sens du vent par sondage interposé. On ne décide plus, on hume l'air du temps (sondage) pour savoir quelle veste politique mettre (décision). En cas de changement de temps, on peut ainsi vite la retourner (sa veste). On ne gère plus la nation, on préserve avant tout sa future élection et/ou sa réélection.

Moralité :

Les changements profonds qui pourraient être mis en œuvre ainsi que les vraies réformes nécessaires à la bonne gestion prévoyante d'une nation ne peuvent plus avancer qu'à l'allure d'un vieil escargot perclus de rhumatismes sclérosants et affligé d'une myopie astigmatique et intermittente.

Sources supplémentaires :

http://www.huffingtonpost.fr/2012/06/26/profession-des-deputes-fr_n_1628896.html
http://www.lexpress.fr/actualite/politique/cumul-des-mandats-un-mal-francais_1280041.html

VI - Un élu n'est jamais coupable : il est élu !

L'innocence est dans le bulletin de vote !

Plusieurs études et enquêtes psychologiques démontrent qu'il y a une espèce de phénomène de neutralisation de la faute qui peut être prépondérant chez ceux qui s'estiment appartenir à l'élite, au sein d'une famille ou d'un groupe spécifique qui les valorise. Ils ont toujours une bonne raison qui justifie (absout) la faute commise. La suite logique est un déni total de responsabilité et pour beaucoup d'élus une paranoïa du complot à leur égard. Le petit délinquant ou l'élu suivent parfois le même cheminement dans leur logique personnelle[33].

Le petit délinquant qui vous aura tabassé parce que vous le regardiez (dit-il) de travers, outre qu'il trouvera son geste normal au vu de l'outrage qu'il dira avoir subi, prétextera que vous lui demandez des comptes uniquement à cause de sa « basse extraction sociale » (il ne le dira pas comme ça) ou pire, que vous lui en voulez parce qu'il est *kebla* (à cause de la couleur de sa peau) ou *rebeu* (à cause de sa religion présumée).

Pour l'élu, il sera souvent évident que lui aussi n'aura pas fauté, comment le pourrait-il d'ailleurs, c'est un élu !

---

33. http://www.inegalites.fr/spip.php?page=article&id_article=2021 http://www.les-crises.fr/faute-liberalisme-ou-elites/

Il vous dira que pour lui, ce n'est pas pareil, qu'il n'a rien fait pour son enrichissement personnel (un élu ne s'enrichit pas, il améliore son quotidien pour mieux servir le peuple…). S'il a dérapé, c'est uniquement au bénéfice de la collectivité. En gros, cela ne devrait pas compter.

Enfin viendra la théorie du complot contre sa personne, visant à le détruire et à détruire tout ce qu'il a construit. C'est la seule raison (pour lui) qui fait qu'on lui demande des comptes sur ses malversations ou autres écarts.

Le plus bel exemple de déni d'élu, selon moi, est celui de l'ex-maire de Fontenay-aux-Roses, **Pascal Buchet,** qui a été accusé et condamné pour harcèlement moral envers sa directrice de communication. Malgré les preuves accablantes, les témoignages, les expertises, et surtout le fait que la jeune femme (36 ans) a fini par se suicider en se jetant du septième étage de son immeuble, le maire continuera à clamer haut et fort que tout cela n'était qu'un complot contre lui.

L'élu, que l'on pourrait appeler « le dominant », ne vit que dans un cercle où personne n'ose remettre en cause ce qu'il dit, ni ses actions ou ses demandes, fussent-elles en dehors des clous. Quand vous êtes entouré de « compagnons de route » qui vous doivent, qui son salaire, qui son logement, qui sa place en mairie ou sa place d'élu, il devient difficile de dire non, de prévenir du franchissement d'une ligne jaune quand il s'agit de son patron ou de son mentor. On laisse faire, on regarde ailleurs, on lui trouve des excuses, mais on ne s'interpose pas.

Sans garde-fou, il est de plus en plus difficile pour l'élu qui commence à mettre les doigts dans la confiture de ne pas continuer et, petit à petit, de s'imaginer inconsciemment que pour lui ce n'est pas pareil.

Personnellement, j'ai vu de mes propres yeux, au cours de mon parcours auprès de ces élus, la propension manifeste de leur entourage à l'obséquiosité et à la flagornerie grandissantes à mesure que les élus prenaient du galon.

Avec **Manuel Valls,** candidat à la mairie d'Évry en 2001, petit gars sympa et ambitieux que, lorsqu'il était en campagne, j'avais emmené déjeuner Aux bons amis (un petit resto de Ris-Orangis), j'ai pu remarquer au cours des presque dix années que nous avons parcourues côte à côte que plus il prenait une stature d'homme d'État, moins ses pieds touchaient terre et plus il y avait de monde pour essayer de les lui lécher (les pieds).

Petit à petit, le Catalan spontané et enthousiaste qu'il était et que j'appréciais est devenu calculateur et s'est enfermé dans la tour d'ivoire du pouvoir à tout prix. Cet homme, pourtant animé de bonnes intentions au début, s'est transformé sous mes yeux en une sorte de petit marquis imbu de sa personne, doutant de moins en moins de sa suprématie sur tout ce qui l'entourait, ne faisant preuve de tolérance qu'à la seule condition que l'on soit d'accord avec lui.

Mais j'ai surtout vu autour de lui une kyrielle d'individus (toujours plus imposante à mesure qu'il montait dans la hiérarchie politique) se battre comme des renards pour certains, comme des chacals pour d'autres, dans le seul but de se rapprocher du petit marquis, de le « protéger », de « l'aider » (disaient-ils) ; mais en réalité quasiment tous (sauf **Christian Gravel**) étaient plus préoccupés de rester en cour auprès du maître dont ils dépendaient que de l'inciter à s'occuper des réels besoins de ses concitoyens.

L'élu, pris dans ce carcan dont il ne peut ou ne veut sortir, n'a bientôt plus de notion de la réalité du terrain autre que celle que lui restitue la faible lueur des fiches de synthèse fournies par ses assistants souvent plus courtisans que compétents.

Au milieu de ce cercle de proches qui l'isole sans qu'il s'en rende forcément compte, il ne peut plus comprendre qu'il dépasse les bornes ou outrepasse ses droits.

D'autant plus qu'il rencontre de moins en moins de « contra-dicteurs » dans son ascension carriériste. Il est de plus en plus entouré mais simultanément de plus en plus seul ; ce qui fait qu'il

Un élu n'est jamais coupable : il est élu !

prend progressivement ses décisions tout seul, personne n'osant en contester la légitimité ou la pertinence. Notre élu, même en cas d'abus flagrant dont il profite, est persuadé qu'il agit au nom et pour le bien de l'ensemble de la population.

Si par malheur, à ce stade, vous croisez son chemin en remettant en cause le bien-fondé d'une de ses actions ou d'une de ses décisions, alors qu'il est maintenant un élu « consacré », gare à vous, car de *seigneur* celui-ci devient immédiatement un *saigneur* qui d'un geste dédaigneux ou colérique envoie un signe à la meute qui l'entoure : pour protéger ou pour plaire, elle se jettera sur vous et vous déchirera sans aucun scrupule.

Ce n'est pas une excuse en soi qui explique et absout l'élu de tous les dérapages constatés, mais c'est une des petites circonstances atténuantes qui permettent de comprendre pourquoi certains élus se laissent emporter par la vague de leur propre image glorifiée par tous ceux qui sont collés à ses basques et le servent, et griser par le pouvoir qu'ils ont acquis s'imaginant qu'il leur donne « tous les droits » et que les devoirs, c'est pour les autres.

VII - Les élus au-dessus des lois ?

Quand être entendu par la justice pour un parlementaire peut prendre autant de temps que les dix ans que durera son procès...

Un fonctionnaire indélicat, un policier ripou ou un médecin, davantage boucher que chirurgien, pourront être suspendus à titre conservatoire et dans l'attente que leur innocence soit reconnue[34]. De même pour un animateur, instituteur ou directeur de centre de vacances en cas de soupçon de pédophilie ou pour un comptable qui a tapé dans la caisse de sa société : on leur interdit d'approcher d'un enfant pour les uns et d'exercer le métier des chiffres pour l'autre. Un père ou une mère de famille qui maltraite sa progéniture peut se voir rapidement retirer ses enfants s'il existe un faisceau de présomptions suffisant pour convaincre un juge de la réalité des faits, tandis qu'un dirigeant sportif mis en examen se verra lui aussi interdit de stade le temps de l'enquête.

Pour un parlementaire, seul le bureau de son assemblée est habilité à lever son immunité. Et on s'aperçoit qu'elle le fait rarement.

---

34. https://resistanceinventerre.wordpress.com/2014/11/25/les-parlementaires-au-dessus-des-lois/

L'immunité parlementaire ou le dogme de l'irresponsabilité et de l'inviolabilité de l'élu

En vingt ans, il n'y a eu qu'une vingtaine de demandes acceptées de levée de l'immunité parlementaire d'un député ou d'un sénateur.

En 1959, François Mitterrand fut d'ailleurs le premier député à perdre son immunité sous la Ve République[35].

Selon l'article 26 de la Constitution de 1958, elle se compose de deux principes : l'irresponsabilité et l'inviolabilité[36].

L'**irresponsabilité** couvre les actes du parlementaire dans l'exercice de son mandat (les actions non détachables de sa fonction).

L'**inviolabilité** aménage l'application des actions pénales contre un parlementaire (les actions détachables de sa fonction).

Depuis la réforme constitutionnelle du 4 août 1995, tout parlementaire peut désormais être poursuivi et mis en examen, mais seul le bureau de l'Assemblée pour un député, ou celui du Sénat pour un sénateur, peut autoriser toute mesure privative de liberté comme la détention provisoire, la garde à vue, ou le contrôle judiciaire.

Pour certaines affaires crapuleuses ou de mœurs, les enquêteurs ne pourront donc jamais bénéficier de l'effet de surprise comme, par exemple, une garde a vue inopinée pour obtenir des aveux que l'on obtient souvent dans cette circonstance. La procédure particulière concernant les élus doit être respectée dans ses moindres détails sous peine de nullité des actes judiciaires.

Par ailleurs, les deux chambres ne sont jamais pressées d'accorder la levée immunitaire de l'un des leurs. Il faut également savoir qu'une levée de l'immunité parlementaire d'un élu peut être

---

35. Gilbert Guilleminault, *Le Roman vrai de la Ve République*, chapitre 6, « Le faux attentat de l'Observatoire », Paris, Julliard, 1980, p. 186-198.
36. http://www.toupie.org/Dictionnaire/Immunite.htm

partielle : l'élu(e) peut par exemple être exempté(e) de détention préventive mais pas de garde à vue. Le bureau de l'Assemblée a toute latitude pour accepter la totalité ou une partie de la demande d'un juge.

Écoute téléphonique : une procédure difficile à l'encontre d'un élu, facile à l'encontre du citoyen

Aujourd'hui, selon une loi votée le 24 décembre 2013 (entrée en vigueur en janvier 2015)[37] sous l'impulsion du gouvernement, les services de l'État, via les militaires, autorisent sans contrôle « indépendant » un accès administratif aux télécommunications des Français (téléphone, SMS, Internet, etc.) et à toutes les informations qui transitent par les réseaux sociaux, le tout pour des motifs de sécurité qui nous entraînent doucement vers un panoptisme que ne reniraient pas ses inventeurs, les frères Bentham.

Aucun compte Facebook, aucune conversation téléphonique d'un citoyen de base ne peut plus échapper aux grandes oreilles des autorités françaises. Le tout, sous des prétextes si vagues et flous dans le texte de loi que cela ne pourra, à terme, qu'engendrer un « sentiment d'omniprésence invisible » dans la population. Cela ressemblera fort, malheureusement, à des pays de sinistre mémoire où ces dispositifs de surveillance étaient érigés en méthode de gouvernement.

En 2012, la justice a demandé 350 000 écoutes contre seulement 20 000 en 2006 et 5 845 en 2001[38]. On peut raisonnablement en conclure que les écoutes téléphoniques des citoyens lambda explosent.

---

37. http://www.les-crises.fr/le-cadeau-de-noel-de-manuel-valls-aux-internautes-la-surveillance/
38. http://www.leparisien.fr/espace-premium/actu/350-000-ecoutes-par-an-15-11-2014-4292483.php

Les élus au-dessus des lois ?

Or, cette loi, votée et ratifiée sans qu'on nous demande notre avis, ne s'applique curieusement pas à ceux qui l'ont validée. Encore une fois, la haute fonction de parlementaire de la République permet à un élu d'échapper à des écoutes téléphoniques sur sa personne mais il les trouve normales sur le reste de la population : « Aucune interception ne peut avoir lieu sur la ligne d'un député ou d'un sénateur sans que le président de l'assemblée à laquelle il appartient en soit informé par le juge d'instruction[39]. »

Bien pratique quand le président de l'Assemblée ou du Sénat, ami de vingt ans, que l'on voit quasiment tous les jours et qui n'est tenu par aucun secret professionnel ou autre est averti avant tout le monde d'un branchement d'une « bretelle » sur le téléphone du député ou du sénateur, qui plus est souvent de son propre parti. Beaucoup d'enquêteurs sont très heureux de cette disposition protectrice des élus : elle rallonge un peu certaines investigations de détournement de fonds publics, de marchés publics truqués. Mais c'est ainsi, il faut avertir l'élu, pardon ! son président d'assemblée, avant de l'écouter.

Réflexion

Faire qu'un élu subisse les foudres de la justice quand il a fauté n'est pas dans le « domaine » d'une justice expéditive. Pour dernier exemple, il n'est qu'à voir le procès des époux Tibéri qui vient juste de se terminer après vingt ans de procédures longues et laborieuses.

Quand, en plus, un élu n'a pas à régler ses frais d'avocat, comme c'est le cas dans la plupart des affaires, cela devient pour l'élu aigrefin (celui qui sait prendre le bon avocat et user de toutes les procédures) une partie de plaisir où il n'a plus qu'à attendre tranquillement le délitement de son procès.

---

39. Article 100-7 modifié par la Loi n°2004-204 du 9 mars 2004 - art. 5 JORF 10 mars 2004.

VIII - LA PRISE EN CHARGE DES FRAIS D'AVOCAT DES ÉLUS

Des abus flagrants mais légaux

En France, les élus bénéficient d'un régime de protection particulier. Cette protection juridique répond à trois types de situation : a) quand l'élu est victime d'un accident dans l'exercice de ses fonctions ou que lui ou ses proches subissent des violences ou des outrages dans le cadre de ses fonctions ; b) lorsqu'il fait l'objet de poursuites (civiles ou pénales) pour des faits se rattachant à l'exercice de ses fonctions ; c) lorsque sa gestion est contrôlée par la chambre régionale des comptes. Dans ces hypothèses, la prise en charge de ses frais de justice est totale, y compris ses frais de déplacement ou pour des amendes qu'il a à payer.

S'il est logique qu'un élu soit défendu dans le cadre de ses fonctions, il devient anormal que celui-ci, pour un oui ou pour un non, puisse faire appel sans bourse délier à un service juridique (pourquoi se gêner quand c'est gratuit) pour, parfois, faire taire un gêneur, un opposant (qui eux payent leur frais d'avocat…). Est-ce normal ? Est-ce moral ? Est-ce logique ?

Des frais d'avocats dispendieux

C'est ainsi que des mairies comme Puteaux ou Asnières se sont retrouvées avec des sommes faramineuses en frais d'avocat, (plusieurs millions d'euros à l'année pour l'une d'elles) voire comme à Roquebrune-sur-Argens[40] où le maire en place, condamné en juillet 2014 en première instance, entre autres pour des fraudes à la carte d'essence, demande à la municipalité de prendre en charge les frais de ses procès passés et à venir.

Mieux encore, fin 2011, le maire de L'Haÿ-les-Roses, **Patrick Sève,** demande à son conseil municipal de bien vouloir lui octroyer la protection fonctionnelle dans une affaire où il est mis en examen pour octroi d'avantages injustifiés (soustraction de fonds publics pour environ deux millions d'euros) et pour avoir bénéficié de pots-de-vin dans l'attribution de marchés publics. Le conseil vote la protection et notre élu ne débourse pas un centime en frais d'avocat.

Au vu du dossier, le préfet, début 2012, considère la délibération comme illégale et en demande le retrait pur et simple, puis, en tant que représentant de l'État, attaque la mairie au tribunal administratif car celle-ci refuse le retrait de la délibération.

En juillet 2013, le tribunal confirme la demande du préfet et confirme l'illégalité de la délibération, mais la mairie fait appel du jugement.

Fin 2014, l'ancien maire (démissionnaire en 2012) n'a toujours pas déboursé un centime en frais de justice et 44 000 euros ont déjà été payés par les impôts des habitants de L'Haÿ-les-Roses.

Entre l'appel, la cassation et autres procédures qui prennent énormément de temps avant d'aboutir, la nouvelle municipalité risque d'attendre quelques années un hypothétique et peu probable remboursement.

---

40. http://www.roquebrune-verites.fr/#Justice%206

Quand la mairie, le conseil général ou la Région devraient se porter partie civile !

Le nouveau maire de Clamart[41], **Jean-Didier Berger,** a fait voter en conseil municipal l'abrogation de la protection fonctionnelle dont bénéficiait l'ancien maire **Philippe Kaltenbach**[42]. Celui-ci avait été filmé en vidéo alors qu'il empochait une enveloppe contre la promesse d'un logement. Le nouveau maire a aussi fait remarquer l'utilisation, qu'il estimait abusive, par l'ancien maire, d'un service d'avocat « gratuit » pour des plaintes en diffamation et dénonciation calomnieuse, le tout pour un montant estimé et payé par la commune de presque 90 000 euros.

L'ancien maire a décidé d'attaquer la décision au tribunal administratif qui, en l'état des lois et du droit, lui donnera probablement gain de cause...

On remarquera aussi que pour certains édiles, quand ils fautent au sein de l'organisme où ils sont élus, la municipalité, la Région ne se portent pas partie civile le plus souvent. Ceci a été le cas dans plusieurs affaires importantes de détournement de fonds et autres malversations, comme par exemple l'affaire des ordures ménagères à Rambouillet qui a défrayé la chronique il y a quelques années. Le jugement a été prononcé dernièrement et l'élu mis en cause a été condamné, la justice ayant découvert un déficit de 13 millions d'euros. L'homme faisait partie de la majorité municipale et le maire de Rambouillet, **Gérard Larcher,** par ailleurs président du Sénat, s'est bien gardé de se porter partie civile au nom de la commune. La commune n'a donc rien pu récupérer de l'argent « disparu ». Le déficit constaté a été remboursé par une augmentation des impôts locaux.

---

41.   http://www.leparisien.fr/clamart-92140/clamart-92-la-mairie-ump-refuse-d-assumer-89-000-eur-de-frais-d-avocat-pour-l-ex-maire-ps-01-07-2014-3968017.php
42. Graziella Riou Harchaoui et Philippe Pascot, *Délits d'élus, op. cit.,* p. 260.

La prise en charge des frais d'avocat des élus

Autrement dit, l'argent du contribuable a servi à payer les avocats de l'élu incriminé (protection fonctionnelle) et à rembourser le déficit (pas de partie civile). Une double peine en quelque sorte, mais pour ceux qui n'avaient rien fait !

Un abus en forme d'astuce « légale »

En temps normal et selon les textes, une délibération du conseil municipal (et de lui seul) doit décider de la mise en œuvre de la protection fonctionnelle au profit d'un élu. En effet, même si sur le fond la protection constitue un droit pour l'élu, la collectivité se doit d'examiner le bien-fondé de la demande par un examen particulier de chaque affaire qui lui est présentée. Mais certaines communes font voter une délibération générale en début de mandat pour octroyer, par principe, le bénéfice de la protection fonctionnelle aux élus poursuivis pénalement.

Obtenir un accord préalable du conseil municipal sans être contraint d'entrer dans les détails est bien pratique pour éviter les questions ultérieures !

Quand trois élus de la même ville se font un procès, ce sont les habitants qui payent ?

En 2013, dans la ville de Wingles[43], la première adjointe **Maryse Loup** attaque un élu de l'opposition pour diffamation. Dans le bulletin municipal un article la traite de « Judas ». Comme le maire est le directeur de la publication, il est lui aussi

---

43. http://www.lavoixdunord.fr/region/wingles-au-conseil-municipal-les-demandes-de-protection-ia35b54057n1809041

attaqué pour diffamation en compagnie de l'élu de son opposition municipale.

L'adjointe qui s'estime diffamée fait donc une demande de protection fonctionnelle pour faire face aux frais de justice du procès en diffamation qu'elle entame.

Mais, et c'est là que cela devient cocasse, l'élu mis en cause par la plainte demande lui aussi, et c'est son droit, la même protection fonctionnelle pour le procès qu'on lui fait. Et le maire, ne voulant être en reste, en fait une lui aussi.

Fin décembre 2013, le conseil municipal accorde la protection au maire et à l'élu de l'opposition… mais pas à Maryse Loup qui s'estimait diffamée.

Les voies de la protection fonctionnelle sont impénétrables !

Petite conclusion

Si on comprend bien qu'il est normal qu'un élu ou un fonctionnaire puisse bénéficier d'une protection juridique dans le cadre de son mandat ou de son travail, pourquoi ne met-on pas en place un certain nombre de verrous pour éviter les dérives auxquelles on assiste, d'autant que des pistes peuvent être envisagées.

– Toutes les municipalités et ou collectivités territoriales qui auraient à subir un préjudice du fait d'un de ses élus ne devraient-elles pas se porter partie civile systématiquement en cas de mise en examen dudit élu, ne serait-ce que pour protéger les intérêts de la collectivité ?

– Un élu qui se sert de la protection fonctionnelle ne devrait-il pas systématiquement et sans recours rembourser les frais d'avocat avancés en cas de condamnation définitive ?

– L'accord de la protection juridique pour un élu ne devrait-elle pas être accordée sous réserve de l'analyse du bien-fondé de la demande par un organisme indépendant ?

– Un plafond de dépenses de procédures judiciaires, conseils et frais d'avocat à charge d'une collectivité ne devrait-il pas être défini et une justification détaillée des dépassements soumise à examen et aux votes des assemblées ?

En attendant que quelqu'un daigne explorer ces pistes, un élu peut faire le nombre de procès qu'il veut et abuser des frais d'avocat sans bourse délier.

Il a par ailleurs existé pendant quelques années une autre voie tout aussi sympathique pour l'élu : devenir lui-même avocat.

IX - LE MÉTIER D'AVOCAT : UN BON PLAN POUR L'ÉLU

Pendant deux ans, ce fut la poubelle des élus recyclés

C'est le décret n° 2012-441 du 3 avril 2012 qui crée officiellement une nouvelle dérogation à l'accès de la profession d'avocat sans passer par l'examen professionnel[44]. Les élections approchent et l'on subodore dans les instances politiques que beaucoup vont se retrouver sans mandat. Ce décret permettait donc aux députés, sénateurs, ainsi qu'aux anciens ministres et à leurs collaborateurs de devenir avocats sans autre forme de travail ou d'examen spécifiques, sous réserve d'être titulaires d'une maîtrise en droit et de justifier de huit ans d'exercice de responsabilités publiques ou d'être fonctionnaires de catégorie A.

À l'époque de ce passage en force, quelques voix ont bien essayé de s'élever et de dénoncer ce passe-droit sur mesure pour élu voulant monnayer son carnet d'adresses. Sans succès.

Le Conseil national des barreaux, dès 2011, rejette le projet en assemblée générale. La Fédération de l'Union des jeunes avocats hausse le ton et ne comprend pas que l'on puisse devenir avocat autrement qu'en passant le CAPA (certificat d'aptitude à la profession d'avocat) et

---

44. http://www.rue89strasbourg.com/index.php/2012/04/04/societe/tribune-la-profession-davocat-devient-la-poubelle-du-monde-politique/

trouve qu'il y a une injustice flagrante dans le procédé par rapport aux longs efforts que doivent fournir les étudiants pour accéder à ce métier. Rien n'y fait, le décret sort avec effet immédiat, signé de la main du Premier ministre et du ministre de la Justice de l'époque.

Comment certains parlementaires se sont engouffrés dans la brèche

Le monde parlementaire dans son ensemble n'a pas réagi défavorablement à ce décret inique et parfaitement injuste. En consultant la liste des bénéficiaires, on comprend qu'aucun parti ne se soit élevé contre ce passe-droit dont le but évident était de favoriser les membres d'une caste de privilégiés.

Il y a ceux qui ont bénéficié du décret de 2010 et ceux qui avaient déjà su s'engouffrer dans cette profession grâce aux procédures simplifiées précédentes. Sont donc devenus avocats en raison de leur fonction et non après de longues études (liste non exhaustive)[45] : **Jean-François Copé,** député **; Dominique de Villepin,** ex-Premier ministre **; Noël Mamère,** député **; Frédéric Lefebvre,** conseiller régional d'Île-de-France ; **Jean Glavany,** député ; **Christophe Caresche,** député ; **François Baroin,** ancien ministre ; **Hervé de Charette** ancien ministre **; Manuel Aeschlimann,** maire d'Asnières, député ; **Laurent Hénart,** député, secrétaire d'État ; **Rachida Dati,** députée européenne et ancienne ministre de la Justice ; **Pierre Joxe,** ancien Premier président de la Cour des comptes, ancien ministre, *;* **Dominique Perben,** ancien ministre ; **Dominique Paillé,** ancien ministre ; **Pascal Clément,** ancien ministre...

La liste pourrait être longue mais on se doute bien que les parlementaires eux-mêmes n'ont pas trop clamé sur les toits leur soudaine et pressante envie de prendre des parts dans un cabinet

---

45. http://www.liberation.fr/politiques/2010/12/07/au-barreau-de-paris-des-deputes-un-peu-trop-portes-sur-la-robe_698878

d'avocat. Outre le souci de conflits d'intérêts éventuels qu'un élu avocat peut rencontrer si un de ses client est une entreprise (ou une filiale) à propos de laquelle il est possible qu'il doive ultérieurement légiférer, on ne peut que se poser la question légitime, une fois de plus, d'un « régime spécial » supplémentaire que se sont arrogé les parlementaires.

Le seul, à ma connaissance, qui a essuyé un refus est **Julien Dray**, lequel n'a pu bénéficier d'un « arrangement » sur son CV. Règlement de comptes ou exemple ? On ne le saura jamais.

Ce que le Code électoral interdit à un élu tout court, l'élu avocat le peut !

On pourrait croire que ces élus ont décidé de prendre la robe pour défendre la veuve et l'orphelin ou par amour de la justice. Mais la réalité est moins idyllique : la totalité (à quelques exceptions près) sont devenus des avocats d'affaires qui monnayent grassement leur conseil et leur carnet d'adresses. C'est une des premières astuces dont les parlementaires ont su profiter : le Code électoral interdit en effet à un député en exercice d'avoir des activités de conseil à ses heures perdues car il pourrait y avoir conflit d'intérêts ; en revanche, si ce même député est avocat rien ne lui interdit de proposer les mêmes services : cela devient légal. Ainsi, **Dominique de Villepin**, grâce à son cabinet d'avocat, Villepin international, a gagné 4,6 millions d'euros d'honoraires entre 2008 et 2010[46].

Un des autres avantages non négligeable pour un parlementaire d'être aussi avocat, c'est qu'il peut, avec sa robe noire, évoquer le secret professionnel à propos des conseils qu'il peut donner à telle

---

46. http://www.marianne.net/De-ministre-a-avocat-un-juteux-business-en-vue_a216901.html

Le métier d'avocat : un bon plan pour l'élu

ou telle entreprise qui se trouve être sa cliente. Bien pratique pour éviter des questions qui pourraient être gênantes dans certaines affaires, non ?

Dernier avantage : les honoraires que peuvent toucher les élus n'entrent pas dans le calcul du plafond de l'écrêtement des rémunérations qu'un élu se doit de respecter…

La formule « travailler moins pour gagner plus » est celle que s'applique les parlementaires pour ces cas-là.

La fête se termine

En décembre 2010, le député **Lionel Tardy** avait tenté de mettre fin à cette exception. Mais il s'était heurté à ses petits camarades qui lui avaient signifié une fin de non-recevoir. Il faudra attendre début 2014 et la garde des Sceaux **Christiane Taubira** pour voir enfin ce décret abrogé[47], donnant ainsi satisfaction aux associations d'avocats qui commençaient à désespérer de cette injustice manifeste.

Les anciens ministres et parlementaires ne peuvent plus aujourd'hui accéder à la profession d'avocat d'un simple claquement de doigts.

Suggestion de piste de travail « moralisateur »

On ne peut pas interdire à un élu d'être ou de devenir avocat (ou consultant) lors de son mandat. Après tout, si celui-ci veut suivre des cours du soir ou ménager son temps pour suivre un cursus d'apprentissage, pourquoi pas. Par contre, au même titre

---

47. http://www.lemonde.fr/societe/article/2013/04/17/les-parlementaires-et-anciens-ministres-ne-pourront-plus-devenir-avocats_3161198_3224.html

qu'un représentant ou un laborantin qui signe une clause de non-concurrence pendant et lorsqu'il quitte son emploi, ne peut-on pas interdire simplement à un parlementaire de toucher le moindre émolument, honoraire, ou dividende d'actions d'un cabinet d'avocat pendant ou après son mandat selon des clauses à définir ? Dans le but, comme pour les salariés du privé, d'éviter tout conflit d'intérêts ou concurrence déloyale.

En bloquant la presse à billets facilement gagnés (grâce au carnet d'adresses), on peut être sûr que le métier d'avocat devrait devenir beaucoup moins attractif pour certains élus.

Je sais bien que cette proposition de simple bon sens à autant de chance d'aboutir que le soleil de rejoindre la lune, mais elle aura au moins eu le mérite d'être écrite.

X - Des lois de plus en plus mal faites, inutiles et inintelligibles

Des lois ou plus on en met, moins on comprend !

Non seulement il y a trop d'élus, qui pour certains s'en mettent plein les poches et s'accordent des vacances au-delà de la mesure, mais, preuves à l'appui, il est aujourd'hui démontré que les lois sont de plus en plus mal fagotées et rédigées à la va-vite. Un à-peu-près érigé en système qui ne peut que générer des injustices et des abus flagrants[48].

Dans un ouvrage intitulé *Ubu loi, trop de lois tue la loi !*, le journaliste Philippe Sassier et l'universitaire Dominique Lansoy ont constaté une inflation législative en France[49]. Ils ont recensé près de 10 500 lois, 127 000 décrets, 7 400 traités et 17 000 textes communautaires en vigueur. Et pourtant nul n'est censé ignorer la loi, même quand elle devient inintelligible. Selon Jean-Louis Debré, dans un article paru en janvier 2014 dans l'hebdomadaire *Le Point*, « en 1959 le *Recueil des lois et des résolutions de l'Assemblée nationale* pesait 500 grammes, il atteindra les 10 kilos dans

---

48. *Le Canard enchaîné*, janvier 2015, art. d'Hervé Martin.
49. Philippe Sassier et Dominique Lansoy, *Ubu loi, trop de lois tue la loi!*, Paris, Fayard, 2008.

une paire d'années. Le *Journal officiel* qui comportait 10 000 pages dans les années 1990 en contient plus de 25 000 en 2014. »

En 2013, un rapport (un de plus) intitulé *L'inflation normative*, coécrit par le député **Alain Lambert**[50] et remis au Premier ministre, à défaut d'apporter des solutions (comme tout bon rapport qui se respecte) donnait quelques chiffres intéressants sur la normalisation à la Française. On y apprenait que nous possédons un florilège de 400 000 normes qui paralysent complètement l'action des collectivités locales. Il citait comme exemple (cocasse) 80 pages de normes (pensées, rédigées et à mettre en application) concernant la restauration dans les cantines scolaires : on y trouvait le nombre de saucisses à servir, leur poids, leur taille, leur nombre selon l'âge de l'enfant… ou de la saucisse ! Dans le même ordre d'idée on y retrouve un lexique complet sur la normalisation de l'air dans une maison d'habitation : normes obligatoires, seuil de CO_2 à ne pas dépasser, matériel recommandé, contrôle obligatoire ; sauf qu'à aucun moment ni à une seule ligne il n'est recommandé (simplement) d'ouvrir sa fenêtre de temps en temps. La quantité remplace la qualité de la norme.

Là où il ne fallait que quelques articles même pour une loi complexe il y a quelques années, rendant par là même son application claire et simple, il n'existe désormais quasiment plus un seul texte de loi qui n'a pas ses 100 pages minimum : 169 pages pour la loi Duflot sur le logement ; 185 pages pour la loi Macron, et pour la loi dite « Grenelle II », jusqu'à 284 pages[51].

---

50. http://www.liberation.fr/economie/2013/03/27/inflation-des-normes-les-experts-ont-remplace-les-juristes_891674
51. http://www.lemonde.fr/economie-francaise/article/2015/01/26/loi-macron-un-texte-qui-bat-plusieurs-records_4563389_1656968.html

Un mal du siècle : la confusion entre précipitation et précision

Il fut un temps (lointain) où les parlementaires prenaient leur temps pour examiner et peaufiner une loi. Depuis quelques années, la précipitation remplace la précision, il devient quasiment impossible aux parlementaires de « prendre le temps » car les gouvernants successifs ont de plus en plus recours à ce qu'on appelle « la procédure d'urgence » (ou « accélérée »). Sous l'ère de **Jacques Chirac,** c'est un quart des lois qui avaient eu droit à cette procédure dite « accélérée » ; la moitié pendant le quinquennat de **Nicolas Sarkozy** et, depuis l'avènement de **François Hollande,** c'est quasiment près des deux tiers des lois qui ont été examinées dans l'urgence. « On ne réformerait plus le pays si on ne passait que par la procédure normale. Il faut deux mois pour adopter une loi contre seulement deux à trois semaines en urgence » disait, il n'y a pas si longtemps, l'ancien secrétaire d'État **Roger Karoutchi[52].**

Deux à trois semaines pour examiner des lois qui font plusieurs centaines de pages, des centaines d'articles, un nombre impressionnant d'amendements pour certaines (5 000 pour la loi sur l'adoption, 1 600 pour la loi Macron ou 137 537 amendements déposés en 2006 pour le projet de loi sur la transition énergétique) : n'importe quel individu sensé comprendra qu'il est impossible aujourd'hui pour un parlementaire d'approfondir et d'appréhender le bien-fondé réel d'un projet de loi.

D'ailleurs en a-t-il l'envie ? Sans doute non tant ce système, mis en place par les élus eux-mêmes, dure depuis longtemps. À croire que les parlementaires y trouvent sans doute leur compte.

En 1991, dans son *Rapport* public, le Conseil d'État se chagrinait déjà de « la logorrhée législative et réglementaire » et de l'instabilité

---

52. http://www.lemonde.fr/politique/article/2009/03/04/assemblee-le-gouvernement-abuse-t-il-de-la-procedure-d-urgence_1163251_823448.html#qitvZwsrRuOUGoYr.99

Des lois de plus en plus mal faites, inutiles et inintelligibles

« incessante et parfois sans cause » des normes. Le 21 janvier 2001, dans le *Journal du Dimanche,* **Renaud Denoix de Saint Marc,** membre actuel du Conseil constitutionnel, ancien secrétaire général du gouvernement, ancien vice-président du Conseil d'État, se plaignait en ces termes : « Pour frapper l'opinion ou répondre aux sollicitations des différents groupes sociaux, l'action politique a pris la forme d'une gesticulation législative. »

En 2005, **Pierre Mazeaud,** alors président du Conseil constitutionnel dans les *Cahiers du Conseil constitutionnel*[53] dénonçait à son tour « l'encombrement du Parlement, l'inflation normative, la complexité des textes qui provoquent la dégénérescence de la loi ».

En 2010, dans le journal *Le Monde,* **Lionnel Luca,** député des Alpes-Maritimes, estime pour sa part en parlant des textes de loi : « On a l'impression de bricolage afin de satisfaire l'ogre médiatique. Comme si la politique avait pour fonction de mettre le café du commerce en ordre juridique. »

En 2013 apparemment rien n'a changé puisque le député des Hautes-Pyrénées, **Jean Glavany**[54] tempêtait en ces termes : « On légifère trop et, quand on légifère trop, on légifère mal, trop de lois tue la loi ! L'inexpérience des ministres qui veulent chacun donner leur nom à une loi mais aussi le défaut d'arbitrage [...], l'inconstitutionnalité, la mise en minorité en séance [...], l'accident de la route n'est pas loin [...]. »

En janvier 2014[55], à l'occasion de la cérémonie des vœux du président de la République, **Jean-Louis Debré,** président du Conseil constitutionnel, émettait dans son discours public plus que des réserves, fustigeant des « dispositions incohérentes et mal coordonnées [...], des bégaiements et malfaçons législatives ».

---

53. *Les Cahiers du Conseil constitutionnel*, n° 18, juillet 2005.
54. http://www.leparisien.fr/espace-premium/actu/trop-de-lois-tue-la-loi-02-07-2013-2946287.php
55. http://www.lemonde.fr/idees/article/2014/01/08/trop-de-lois-mal-ficelees-tuent-la-loi_4344548_3232.html#UiGeFyJF7YtHfmQG.99

Toutes ces lois deviennent donc une vaste foire à la brocante ou l'on trouve tout et n'importe quoi, à boire et à manger. Outre le fait qu'elles sont écrites la plupart du temps dans la précipitation, elles sont régulièrement mal rédigées. Il est loin le temps de la clarté de style du Code civil dont Stendhal, quand il écrivait *La Chartreuse de Parme*, « lisait chaque matin deux ou trois pages afin d'être toujours naturel ». L'inintelligibilité des lois actuelles et leur complexification à l'extrême entraînent inexorablement une inégalité de fait des citoyens devant la loi.

Une justice en fonction des citoyens

Il y a ceux qui savent, qui ont les moyens et la compréhension du texte, qui peuvent s'entourer d'assistants dévoués ou d'avocats spécialisés et les autres ; il y a le citoyen lambda qui ne peut que se perdre dans les méandres de textes abscons, qui ne peut pas se permettre le luxe de la longueur des procédures coûteuses pour un résultat incertain du fait de la complexité des textes. Cette complexité ouvrent en grand les portes de l'incertitude et de l'interprétation des faits au profit de celui qui sait lire entre les lignes. Une justice à deux vitesses qui transforme la loi en mascarade juridique dont seule l'élite peut accessoirement profiter (ou la détourner).

Mais le pire reste à venir : la rédaction de ces projets de loi dans ces conditions douteuses permet souvent à des lobbys peu scrupuleux d'introduire subrepticement des amendements avec la bénédiction des parlementaires. On peut se demander si ces derniers sont inconscients, incompétents, fainéants ou actionnaires, tant quasiment le copier-coller qu'ils présentent à leurs pairs n'est qu'un succédané des volontés d'entreprises ou autres qui ne prennent en compte que la protection de leurs intérêts au détriment des populations que les élus

Des lois de plus en plus mal faites, inutiles et inintelligibles sont censés protéger. C'est ainsi que dernièrement on a pu découvrir à temps des amendements proposés (et défendus) par une quarantaine d'élus[56], qui émanaient directement du cigarettier Philip Morris. Ces amendements visaient uniquement à modifier le mode de calcul du prix du tabac au profit des fabricants. Plus près de nous, l'émission *L'Œil du 20 Heures* a révélé que 174 députés (majorité et opposition confondues) avaient purement et simplement reproduits in extenso les propositions du Conseil supérieur du notariat, fortement opposé à la modification projetée de l'exercice de la profession.

L'association Regards citoyens[57] a mis en place un outil pour repérer ces « amendements félons » qui n'ont d'autre but dans la majorité des cas que servir des intérêts privés.

Des lois « émotion »

Je ne peux clore ce chapitre sans aborder les propositions de loi qui ne sont déposées que dans l'intention de faire mousser leur auteur. Guy Carcassonne, le constitutionaliste le dit : « Tout sujet d'un "vingt heures" est virtuellement une loi. »

Il suffit en effet qu'un événement, petit ou grand, pourvu qu'il soit « médiatique », soit commenté en boucle par les télés pour qu'une frénésie législative s'empare soudainement de nos parlementaires. C'est à qui dénoncera le plus fort l'ignominie devant tous les micros qui se présentent à lui. Pendant ce temps-là, en coulisse, s'active une cohorte d'assistant(e)s qui ont ordre de pondre à la va-comme-je-te-pousse une proposition de

---

56. http://rue89.nouvelobs.com/2014/12/05/ca-va-devenir-trop-facile-reperer-les-amendements-dictes-les-lobbies-256409
57. Idem.

loi pour répondre au problème médiatique soulevé et dont l'élu a un besoin urgent pour continuer a exister par médias interposés. Non seulement les assistants doivent faire fissa pour ne pas se faire griller par un collègue mais en plus, en général, quand le sujet est très porteur (enfants, sécurité, mœurs, animaux...) tout le monde s'y met.

On l'a vu en 2007, quand cinq propositions de loi ont été déposées à l'Assemblée nationale et une au Sénat, avant que le gouvernement ne dépose à son tour un projet de loi, à la suite du décès d'une fillette de 18 mois qui a succombé aux morsures d'un staffordshire bull terrier :

– le 18 septembre 2007, une proposition de loi n° 444 au Sénat visant à renforcer les conditions de détention de chiens dangereux,

– le 10 octobre 2007 un projet de loi présenté en Conseil des ministres visant à soumettre les propriétaires de chiens dangereux à l'obtention d'un permis et à en interdire la détention par des personnes non titulaires de ce permis,

– le 11 octobre 2007, une proposition de loi n° 213 relative à la détention d'animaux dangereux, présentée par 42 députés,

– le 11 octobre 2007, un projet de loi n° 29 visant à renforcer les mesures de prévention et de protection des personnes contre les chiens dangereux,

– le 22 novembre 2007, une proposition de loi n° 235 visant à interdire la détention des chiens d'attaque et à renforcer les règles qui s'appliquent aux chiens de garde et de défense.

Détail amusant à propos de cette multiplication de propositions et de projets de loi : ces lois existaient déjà pour la plupart : depuis 1999 pour la loi relative aux chiens dangereux, depuis 2001 pour la loi relative à la sécurité quotidienne et depuis 2007 pour la loi sur la prévention de la délinquance qui ont eu pour but de normaliser la détention, le contrôle de l'utilisation, la limitation du nombre de chiens potentiellement dangereux et les règles de sécurité applicables à la circulation des animaux.

Mais pourquoi parfaire quand on peut refaire ?

Petite conclusion

Tout ces éléments réunis font que ces textes mal fagotés, mal écrits, adoptés dans l'urgence en raison de l'émotion médiatique sont le plus souvent retoqués par le Conseil constitutionnel à cause de leur inintelligibilité. Il y a quinze ans, le Conseil constitutionnel s'emparait d'une ou deux lois pour ce motif. En 2010, il a eu à se prononcer 14 fois et en 2014 plus de 35 fois.

Tout ça pour ça ? Eh bien non, car le système est ainsi fait que les médias et la population ne retiennent que l'annonce du dépôt de la proposition ou du projet de loi, un peu moins sa discussion et encore moins son approbation dans l'hémicycle. Quand la loi est retoquée, peu de médias s'en préoccupent, peu d'oreilles écoutent. Le parlementaire est content, on ne retiendra que son combat pour la justice.

C'est ainsi que l'inceste avait été brièvement inséré dans le Code pénal en 2010[58]. Car ce n'était toujours pas le cas et cette perversion n'était donc pas reconnue comme un crime. Mais comme le texte avait été mal et trop vite rédigé, le Conseil constitutionnel l'avait retoqué un an après au motif qu'on ne précisait pas assez les contours de la notion de « famille ». La conséquence de cette négligence est qu'en mars 2015, le Sénat, s'appuyant sur la décision du Conseil constitutionnel, a rejeté de nouveau un

---

58. http://www.metronews.fr/info/pourquoi-l-inceste-n-est-toujours-pas-inscrit-dans-le-code-penal/mock!kHqbBOSizxIUk

article de loi[59] qui réintroduisait la pénalisation de l'inceste dans le droit français.

Une conséquence directe de l'inconséquence de certains élus.

59. Article 22 de la proposition de loi sur la protection de l'enfance, enregistré à la Présidence du Sénat le 11 septembre 2014.

DEUXIÈME PARTIE

Cachez ce cumul que je ne saurais voir

1- L'ÉCRÊTEMENT ET LE CUMUL TOUS AZIMUTS DES ÉLUS

Des omissions légales qui faussent les chiffres annoncés

Rappelons que selon la loi un député ne peut cumuler son indemnité parlementaire et les indemnités d'autres mandats électifs que dans la limite d'une fois et demie le montant de l'indemnité parlementaire de base, soit 8 272,02 euros. Un parlementaire ne peut donc percevoir plus de 2 757,34 euros au titre de ses mandats locaux.

83 % des parlementaires sont des « cumulards » : 476 députés sur 577 et 267 sénateurs sur 348 ont, en plus d'être parlementaires, un mandat exécutif local. En général, ils atteignent presque tous la limite « officielle » de 8 272,02 euros de revenus, ce qui est déjà une belle somme, il faut quand même l'avouer, laquelle par ailleurs ne prend pas en compte l'indemnité de résidence (3 % de l'indemnité de base, soit 165 euros), l'indemnité de fonction (25 % de l'indemnité de base, soit 1 420 euros) et l'indemnité représentative de frais de mandat (IRFM). D'autre part, il est à noter que les mandats intercommunaux ne sont pas pris en compte dans le cumul des mandats ; en revanche les indemnités intercommunales sont intégrées dans le cumul des indemnités[60].

---

60. http://www.politiquemania.com/salaire-elus.html

L'écrêtement et le cumul tous azimuts des élus

Ce qui ouvre déjà bien des possibilités lucratives qui viennent s'ajouter discrètement à ce fameux écrêtement.

Si on relit bien le texte, on s'aperçoit aussi que cette limite financière ne concerne que les mandats électifs et ne prend pas en compte un certain nombre d'autres possibilités, de petites niches où nos parlementaires peuvent allègrement se faufiler pour améliorer leur ordinaire déjà bien copieux.

Voici ci-dessous un petit tour d'horizon que j'ai effectué sur les différentes formes de cumuls « annexes » et lucratifs des élus.

Les cumulards dans l'enseignement

Un parlementaire a le droit d'être en même temps professeur dans l'enseignement supérieur. Il s'agit en effet de l'une des exceptions prévues aux règles d'incompatibilité s'appliquant aux députés et sénateurs.

J'en ai déniché au moins une trentaine qui ne doivent pas trouver trop longues les sessions à l'Assemblée puisqu'ils font quasiment un autre temps plein dans l'enseignement, du moins nous l'espérons au vu des salaires qu'ils touchent.

Mais si c'est un temps plein dans l'enseignement, comment font-ils pour faire un plein temps comme parlementaires ? Et que touchent ces élus ?

Esther Benbassa, *sénatrice du Val-de-Marne*
Environ 16.401,62 euros net par mois.

Dont environ 65 800 euros par an en 2013 en tant que directrice à l'École pratique des hautes études (EPHE) à Paris. Sont également inclus quelques émoluments d'auteur dans cette somme globale (un peu plus de 1 000 euros en 2013).

Jean-Louis Touraine, *député du Rhône*[61]

18 905,17 euros net par mois.

Il exerce un temps plein comme professeur de médecine praticien à Lyon pour un salaire de 7 987 euros par mois auquel il faut rajouter son salaire de député et l'indemnité représentative de frais de mandat (IRFM).

Christophe Borgel, *député de la Haute-Garonne*

16 830,70 euros net par mois.

Il est inspecteur de l'académie de Paris, chargé d'une mission d'inspection générale pour laquelle il perçoit, selon sa propre déclaration, 4 350 euros par mois, auxquels s'ajoutent 1 412 euros net mensuel pour une présidence dans une société d'économie mixte (SEM). Il aurait fallu y ajouter trois mois de salaire au conseil régional en 2013 à 2 039,99 euros net mensuel, mais ne soyons pas mesquins.

Patrick Hetzel, *député du Bas-Rhin*[62]

16 817,02 euros net par mois.

En tant que professeur de droit à l'université Paris 2 Panthéon Assas, il a touché 65 667 euros en 2013, avec un petit bonus de 5 112 euros « d'indemnité de performance » ; toujours en 2013, mais en tant que directeur général de l'enseignement supérieur, il a gagné 70 779 euros. Tout ça venant en supplément de son indemnité de député (5 898,25 euros net par mois). J'oubliais : en 2012, ses deux boulots supplémentaires lui avaient rapporté 102 071 euros.

Ça laisse rêveur !

---

61. http://tempsreel.nouvelobs.com/education/20140905.OBS8300/les-discrets-cumulards-de-la-fac.html
62. http://www.letudiant.fr/educpros/enquetes/parlementaire-et-prof-dans-l-enseigne-ment-superieur-ils-cumulent.html

L'écrêtement et le cumul tous azimuts des élus

Hugues Portelli, *sénateur du Val-d'Oise*

18 757,90 euros net par mois.

Ce député fait encore mieux que ses confrères, il a quasiment trois « emplois » à plein temps.

Il est professeur de droit public à l'université Paris 2 Panthéon Assas pour un salaire mensuel de 5 121,29 euros net. Maire d'Ermont pour 2 007,73 euros net par mois et sénateur, fonction pour laquelle il touche 5 388,72 euros net mensuel. Revenus auxquels s'ajoutent 6 037,23 euros par mois d'IRFM.

Sachant qu'Ermont a 27 000 habitants et qu'elle est l'une des villes les plus peuplées du Val-d'Oise, on se demande vraiment comment cet homme arrive à tout faire ! D'autant plus qu'il a aussi eu le temps (quand ?) d'écrire une douzaine d'ouvrages.

D'ailleurs, pas de droits d'auteur dans sa déclaration d'intérêts de parlementaire ? Un oubli sans doute.

Sophie Dion, *députée de Haute-Savoie*

19 247,95 euros net par mois

Pas mal aussi dans son genre : **Sophie Dion**, en 2013, est maître de conférences à l'université Paris 1 Panthéon Sorbonne, ce qui lui rapporte 3 329,18 euros net par mois. Elle déclare aussi être avocate pour 3 000 euros net par mois et a été conseillère régionale jusqu'en juillet 2013, soit 2 000 euros supplémentaires par mois.

Et pour se donner bonne conscience malgré ses multiples occupations rémunérées, elle interpelle le Conseil constitutionnel en décembre 2013 pour savoir si son activité de maître de conférences est compatible avec un mandat de député comme l'est celle de professeur d'université reconnue « exceptionnellement » au titre des missions compatibles avec celle de parlementaire. Le Conseil constitutionnel approuve.

Cela tombe bien, Sophie Dion est maître de conférences.

Les cumulards ministres et langue de bois

Lors de son anaphore télévisuelle du 2 mai 2012 devant un peu moins de 18 millions de téléspectateurs, le futur président de la République déclarait solennellement : « Moi, président de la République, les ministres ne pourront pas cumuler leur fonction avec un mandat local, parce que je considère qu'ils devraient se consacrer pleinement à leur tâche. »

On sait bien que, selon un ancien président de la République, les promesses ne valent que pour ceux qui y croient, mais que dire quand des ministres eux-mêmes ignorent superbement les consignes et directives politiques dont ils exigent le respect par les autres. Comment peut-on croire que les parlementaires n'aient pas la tentation de reproduire les écarts du monarque républicain, leur chef à tous, quand celui-ci, ouvertement et sans aucun scrupule, ne respecte même pas les promesses faites devant 18 millions de téléspectateurs ?

Najat Vallaud-Belkacem : une ministre langue de bois [63]

C'est la promotion qu'elle a eue pour, entre autres, ses déclarations médiatiques d'abandon de mandats afin de se conformer à l'esprit de la loi organique n° 2014-125 du 14 février 2014 sur le non-cumul des mandats, dont l'entrée en vigueur est prévue pour 2017, et aux directives de son parti et du président de la République.

En février 2014, elle annonce en effet à la presse qu'elle a abandonné ses mandats de conseillère municipale de Lyon et de conseillère communautaire du Grand Lyon. Elle ajoute qu'elle le fait « pour porter plus aisément cette réforme à laquelle je crois beaucoup et dans la clarté la plus grande, c'était bien à moi-même de clarifier les choses ».

---

63. http://tempsreel.nouvelobs.com/les-offpolitiques/20130214.OBS8982/najat-vallaud-belkacem-lache-des-mandats-pas-ses-indemnites.html

L'écrêtement et le cumul tous azimuts des élus

Or, elle avait le record du cumul de mandats en tant que ministre. Elle atteignait donc le plafond légal du cumul d'indemnités (2 800 euros) qui s'ajoutaient bien entendu à son salaire de ministre.

Par ailleurs, quand elle fait sa jolie déclaration de « démission » pour respecter les engagements pris, elle se garde bien de préciser qu'elle garde son mandat de conseillère générale et l'indemnité qui va avec. Ce qui fait qu'elle ne perd quasiment pas un centime de son plafond d'indemnité… toujours en plus de son salaire de ministre.

Prise en défaut, en septembre 2014, lors d'une émission de télévision du samedi soir, *On n'est pas couché*, elle répond à un des animateurs qui soulevait le problème qu'il serait idiot pour elle de démissionner en septembre alors que son mandat de conseillère générale se terminait en décembre. De plus, comble de suffisance, elle avoue qu'elle ne consacre que le week-end à son mandat de conseillère générale. Autrement dit, cette fonction ne serait vraiment utile que deux jours par semaine… pour 3 000 euros par mois !

Frédéric Cuvillier : un secrétaire d'État qui renie sa propre signature[64]

Lors de sa première nomination en tant que ministre délégué aux Transports, à la Mer et à la Pêche, **Frédéric Cuvillier** signe des deux mains, comme tous ses collègues, la charte de déontologie des membres du gouvernement qui édicte qu'un ministre doit être là à plein temps et renoncer à ses mandats locaux. Il cède donc son poste de maire de Boulogne-sur- Mer et reste simple conseiller municipal. Jusque-là, les apparences sont sauves.

En mars 2014, il est tête de liste aux municipales de Boulogne-sur-Mer et devient maire au deuxième tour d'une triangulaire

---

64. http://www.lopinion.fr/10-juin-2014/discretes-entorses-a-republique-exemplaire-13188

difficile. Le 9 avril 2014, il est à nouveau membre du gouvernement mais reste maire. Il quittera son poste ministériel lors du remaniement du 25 août 2014 pour redevenir député... tout en restant maire de Boulogne-sur-Mer.

Malheureusement, même la signature d'un homme politique important ne vaut plus grand-chose, ce qui est bien triste pour la démocratie. L'excuse invoquée par Frédéric Cuvillier pour se maintenir au gouvernement pendant quatre mois après sa réélection à la mairie de Boulogne-sur-Mer a été qu'il était le seul ministre à ne pas avoir été battu lors de ces municipales où 16 ministres du gouvernement s'étaient présentés.

Les cumulards « absents »

Il n'est pas rare de lire dans la presse que le métier de parlementaire est difficile, que députés et sénateurs sont surchargés de travail, que les séances de nuit sont épuisantes, les sessions trop longues ; bref être parlementaire ne serait pas une sinécure pour nombre d'entre eux. Il y a peu de temps d'ailleurs, lors d'un déjeuner avec la presse, le député **Henri Guaino** se plaignait de ses conditions de travail et de la modestie de ses émoluments. Le sénateur **Gérard Longuet**, lui aussi, dans un article publié par le site publicsenat.fr trouve qu'il est très mal payé et qu'il n'arrive pas, le pauvre !, à joindre les deux bouts. Sans doute est-ce pour ça qu'ils cumulent et qu'on ne voit jamais ces deux-là à l'Assemblée et au Sénat ?

Les parlementaires : plus ils cumulent moins ils en foutent

Plus un parlementaire cumule de mandats locaux, moins il bosse en commission et vient aux séances publiques.

Un universitaire, Laurent Bach[65], a d'ailleurs démontré de façon magistrale dans une étude très documentée et réalisée sur une période de six ans que l'absence d'un parlementaire qui cumule avec des mandats d'élu local importants est flagrante ; plus encore, lors de ses rares présences au Parlement, il ne travaille que et uniquement pour son fief électoral, sa commune ou son territoire local.

L'Express a d'ailleurs réalisé en 2013 une enquête approfondie sur les cumulards de la République et a répertorié le cumul des mandats de plus de 1 500 élus d'importance (ministres, députés, sénateurs, députés européens, les présidents des conseils régionaux, les présidents des conseils généraux ou des collectivités d'outre-mer, les maires de villes de plus de 20 000 habitants et les présidents d'intercommunalités qui dépassent 50 000 habitants en 2013).

On y apprend que le sénateur du Nord **Michel Delebarre** cumule jusqu'à 26 mandats et/ou fonctions. Ses collègues comme **Jean Germain** sénateur d'Indre-et-Loire (qui s'est suicidé à Tours le 7 avril 2015 avant sa comparution devant le tribunal correctionnel dans le cadre du procès dit « des mariages chinois »[66]), **Jean-Michel Baylet** sénateur de Tarn-et-Garonne, **Jean-Louis Fousseret,** maire de Besançon, député du Doubs (jusqu'en 2002), ou **Christian Estrosi** député **des Alpes-Maritimes** cumulent chacun plus de dix mandats et/ou fonctions.

Sur les 1 500 élus répertoriés dans l'article, environ 1 400 ont un autre mandat ou une autre fonction au minimum. Si pour certains (très peu) il s'agit simplement d'une fonction honorifique

---

65. http://www.lefigaro.fr/politique/le-scan/couacs/2014/06/24/25005-20140624ART-FIG00350-frederic-cuvillier-dernier-ministre-a-deroger-a-la-regle-du-non-cumul. php ; http://www.lexpress.fr/actualite/politique/cumul-des-mandats-un-mal-francais_1280041.html#gu2DqJC8iTb82uI2.99
66. Voir Graziella Riou Harchaoui et Philippe Pascot, *Délits d'élus : 400 politiques aux prises avec la justice,* tome 1, *op. cit.,* p. 226-227.

de président du club de pétanque local, la plupart des parlementaires cumulent des fonctions d'élu : maire, maire adjoint, président d'intercommunalité qui, en temps normal et si on fait bien le travail pour lequel on est élu, nécessite un investissement plus près des 60 heures par semaine que du travail à mi-temps.

Comme il n'existe pas encore la possibilité du dédoublement de l'individu ou de la téléportation immédiate d'un point à un autre, ces élus sont bien obligés de procéder à des priorités dans leur emploi du temps déjà chargé en inaugurations diverses et représentations variées. Ils vont donc à l'endroit où leur absence se voit le moins : dans les hémicycles nationaux et/ou régionaux.

Comme ils doivent aussi dans le même temps se faire pardonner leurs absences un peu trop voyantes sur leur terrain d'élus locaux, ils compensent quand ils « montent à Paris » en défendant surtout les besoins particuliers de leur ville ou région, plutôt que de se battre pour des dossiers nationaux.

En septembre 2013, *Le Point* publie un article qui, en relevant les données réunies par l'Observatoire citoyen de l'activité parlementaire[67], démontre que les élus qui cumulent le plus sont ceux qui sont les plus absents au sein de leur assemblée.

On y retrouve ainsi **Bernard Brochand** (député des Alpes-Maritimes, maire de Cannes jusqu'au 4 avril 2014), **Hubert Falco** (sénateur du Var et maire de Toulon), **Jean-Paul Fournier** (sénateur du Gard et maire de Nîmes), **Luc Chatel** (qui vient de quitter la mairie de Chaumont mais garde la tête de la communauté d'agglomération), **André Santini** (député des Hauts-de-Seine et maire d'Issy-les-Moulineaux) ou **Laurent Cathala** (député du Val-de-Marne et maire de Créteil), **Jean-Noël Guérini** (président du conseil général jusqu'au 1er avril 2015 et sénateur des Bouches-du-Rhône) ou **Philippe Madrelle** (président du conseil général de la Gironde jusqu'au 1er avril 2015 et sénateur de la Gironde).

---

67. nosdeputes.fr, nossenateur.fr

L'écrêtement et le cumul tous azimuts des élus

Chaque fois que l'on évoque l'absentéisme des parlementaires, l'excuse largement reprise par les élus « cumulards » et largement diffusée par les médias est qu'ils ne sont pas toujours présents dans l'hémicycle car ils travaillent beaucoup dans les commissions. Pas de chance, l'étude de Laurent Bach[68] démontre que les élus cumulards ne sont pas plus actifs en commissions que dans l'hémicycle. Son analyse démontre que ce type d'élus passe plus de temps à s'occuper de leurs intérêts locaux, « leur fief » qu'ils protègent comme la prunelle de leur yeux plutôt que de l'intérêt général à l'Assemblée ou au Sénat. Pour asseoir sa démonstration, il a collecté des données sur une période allant de 1988 à 2011.

Imparable !

Une autre forme de cumul

On parle souvent de l'abus du cumul des mandats ou du cumul des revenus à propos des élus, mais il en est un autre dont on ne parle pas souvent mais qui a aussi des conséquences sur les avantages accordés : c'est le cumul des années de mandats.

La loi n° 2012-1404 du 17 décembre 2012 sur le financement de la Sécurité sociale a affilié au régime général les élus des communes, départements et régions dans lesquels s'applique ce régime de droit commun, ainsi que les délégués des collectivités territoriales membres d'un établissement public de coopération intercommunale (EPCI).

C'est ainsi qu'un élu qui possède plusieurs mandats peut cotiser sur chacun de ses mandats et le faire en simultané. Par exemple : si l'élu est maire et conseiller général en même temps, il peut cotiser sur le montant des deux mandats et se constituer

---

68. Laurent Bach, *Faut-il abolir le cumul des mandats ?*, Paris, collection du CEPREMAP n° 27, Éditions Rue d'Ulm/Presses de l'École normale supérieure, 2012.

une rente (article 18 de la loi précitée du 17 décembre 2012). Ce qui change tout pour certains calculs de reversement de pension à taux plein puisqu'un élu n'est pas soumis au plafonnement et peut cumuler jusqu'à cinq retraites. Et comme ils multiplient les années de cotisation…

Ainsi, fin 2013, un Web journal a calculé le nombre d'années de mandats électifs cumulés par l'ancien président du Sénat **Christian Poncelet**[69] depuis 1962. Député pendant dix ans, conseiller général pendant cinquante ans, conseiller municipal et maire pendant trente-six ans, conseiller régional quatorze ans, député européen durant un an, sénateur depuis trente-six ans… Son dernier mandat se terminant en mars 2015, il aura cumulé à lui tout seul **149 années de mandats**. Si, avec intelligence, il a bien cotisé aux taux maximum de 8 % à la Caisse autonome des élus locaux (CAREL) et au Fonds de pension des élus locaux (FONPEL), il devrait toucher une très bonne retraite grâce au nombre d'années cotisées.

Pas mal pour un seul homme ; que dis-je ? Un surhomme.

Notons néanmoins une petite avancée que j'ai trouvée au cours des mes recherches. C'est certes une goutte d'eau reversée, mais à mettre quand même au crédit des élus qui ont accepté de corriger l'inégalité de traitement en leur faveur dont ils bénéficiaient avant le 1er janvier 2013 quant aux cotisations sociales pesant sur les rémunérations et salaires, la charge étant bien moins lourde pour eux que pour les salariés ordinaires relevant du régime général.

En effet, avant le 1er janvier 2013 un maire qui était aussi conseiller général ne relevait du régime général que sur ses indemnités de maire. Désormais l'indemnité de conseiller général est prise en compte dans le calcul de cotisations de l'élu. L'augmentation des charges à payer par l'élu a été décidée aux fins de le faire participer un peu mieux

---

69. http://www.lemonde.fr/politique/article/2013/07/02/christian-poncelet-147-ans-de-mandats-electifs_3440319_823448.html

L'écrêtement et le cumul tous azimuts des élus

au comblement du déficit de la Sécurité sociale. Toutefois on notera que l'augmentation des cotisations est supportée pour une grande part par la collectivité (au moyen de nos impôts) et beaucoup plus modestement par l'élu lui-même.

Exemple de coût mensuel avant et après le 1ᵉʳ janvier 2013 pour une mairie et un élu[70] :

– Pour une mairie dans l'hypothèse d'un élu ayant une indemnité de 2 000 euros par mois :

a) avant le 1ᵉʳ janvier 2013 :

uniquement Ircantec : 3,68 %, soit 2 000 euros x 3,68 % = 73,60 euros.

b) à compter du 1ᵉʳ janvier 2013 :

Ircantec + cotisation SS (3,68 % + 30,30 %), soit 2 000 euros x 33,98 % = 679,60 euros.

– Pour un élu percevant par hypothèse une indemnité de 2 000 euros par mois :

a) avant le 1ᵉʳ janvier 2013 :

Ircantec + CSG/CRDS (2,45 % + 8 %), soit 2 000 euros x 10,45 % = 209 euros.

b) à compter du 1ᵉʳ janvier 2013 :

Ircantec + cotisation SS + CSG/CRDS (2,45 % + 7,60 % + 8 %), soit 2 000 euros x 18,05 % = 361,80 euros.

Soit 679,60 euros – 73,60 euros = 606 euros de cotisations sociales de plus à la charge de la collectivité et 361,80 euros – 209 euros = 152,80 euros de cotisations de plus à la charge de l'élu.

Il y a encore d'autres cumuls, d'autres possibilités pour l'élu de se remplir les poches sur le dos de la collectivité. En se faisant par exemple, nommer inspecteur au tour extérieur…

---

70. http://www.cdg29.fr/NI_couverture_sociale_elus_locaux_01_01_2013.pdf

II - Le « tour extérieur »

Le Graal financier pour des élus ou avoir un autre boulot sans bosser !

L'inspection générale de l'Éducation nationale (IGEN) est un corps placé sous l'autorité directe du ministre de l'Éducation nationale. Composée de 14 groupes disciplinaires et de spécialités, elle assure une mission permanente de contrôle, d'étude, d'information, de conseil et d'évaluation.

Les inspecteurs généraux de l'Éducation nationale sont recrutés parmi les fonctionnaires de catégorie A. Les candidats doivent justifier de dix années de service dans l'Éducation nationale, dont cinq d'enseignement, être titulaires d'un doctorat, d'une habilitation à diriger des recherches, d'une agrégation et avoir atteint au moins l'indice brut 901 dans l'échelonnement de leur corps d'origine.

On le voit, être membre de l'IGEN est réservé à des fonctionnaires méritants et hautement qualifiés. Ils participent au contrôle des personnels d'inspection, de direction, d'enseignement, d'éducation et d'orientation. ils prennent part à leur recrutement et à l'évaluation de leur activité. Ils jouent aussi un rôle important dans la réflexion sur les programmes scolaires, dans l'observation, l'évaluation et la diffusion des pratiques pédagogiques. Un organisme reconnu dans lequel viennent se glisser régulièrement quelques élus.

La loi n° 84-834 du 13 septembre 1984[71] a institué un recrutement dit « au tour extérieur ». Cette loi donne la possibilité au gouvernement, et à sa discrétion, de nommer des inspecteurs généraux de l'Éducation nationale sur proposition d'un ministre entérinée par un décret signé du président de la République, dans une proportion de un poste sur cinq mis en concours, sans autre condition que celle de l'âge des candidats, 45 ans au minimum.

On compte ainsi parmi eux : **Jean-François Raynal**, vice-président du conseil général des Yvelines, **Jean-Luc Miraux,** ancien sénateur de l'Eure, **Juliana Rimane,** ex-députée de Guyane, **Léon Bertrand,** ancien ministre, **Emmanuel Hamelin,** ex-député du Rhône, **Arnaud Teullé,** ancien candidat à la mairie de Neuilly-sur-Seine, **Christian Demuynck,** sénateur de la Seine-Saint-Denis, **Jean Germain**, sénateur d'Indre-et-Loire, ex-maire de Tours, décédé le 7 avril 2015 (voir *supra*), entre autres, ont tous été nommés IGEN (inspecteur général de l'Éducation nationale) au tour extérieur.

Le salaire moyen net d'un IGEN au tour extérieur est de 3 800 euros par mois[72] ; il grimpe à 6 000 euros en fin de carrière. Les contraintes pour ces heureux « nommés » par le fait du prince sont très élastiques, aussi bien sur le temps passé que sur la masse de travail à fournir.

À tel point qu'en 2011, un courrier de trois pages émanant du Premier président de la Cour des comptes, **Didier Migaud**, est envoyé au Premier ministre **François Fillon** afin de dénoncer les dérives constatées au sein des nominations et de pointer quelques exemples : **Jean Germain et Léon Bertrand,** le premier nommé par **François Mitterrand** et le second par **Jacques Chirac**. De

---

71. http://sudeducation84.org/spip.php?article1929
72. http://www.journaldunet.com/economie/magazine/enquete/les-postes-les-plus-envies-de-la-republique/inspecteur-d-administration-nomme-au-tour-exterieur-3-800-euros-par-mois.shtml

l'ensemble des éléments réunis au cours de l'instruction, il ressort que l'on ne trouve pas beaucoup de traces du travail effectué par ces deux élus. **Jean Germain** n'a ainsi fourni que quelques feuillets en dix-huit ans de « travail » tandis que **Léon Bertrand** ne comptabilise que quelques réunions… et toutes à partir du moment où il a eu vent d'une enquête sur le sujet. Bizarrement d'ailleurs, ces deux élus ont fait valoir leur droit à la retraite dès que la Cour des comptes a envoyé son rapport[73].

On relève aussi, noir sur blanc, dans ces trois pages alarmistes, que sur 12 IGEN nommés au tour extérieur entre 2002 et 2008, cinq d'entre eux font preuve « d'insuffisances professionnelles telles qu'ils ne sont pas en mesure d'acquérir les compétences nécessaires au bon accomplissement des taches techniques confiées aux inspecteurs généraux de l'Éducation nationale ».

Manière élégante pour ajouter l'incompétence à des emplois (presque) fictifs et très bien payés.

Pour habiller ces « nominations » on a pourtant pris la précaution de demander l'avis d'une commission qui doit apprécier et statuer sur leur pertinence. Mais l'avis n'est que consultatif et le rapport de la Cour des comptes remarque que lorsqu'elle émet des réserves justifiées sur l'aptitude de deux candidats à exercer les fonctions d'inspecteur général (**Juliana Rimane et Abderrahmane Dahmane),** la commission n'est pas suivie et les candidats sont tout de même nommés…

D'autres placards dorés

Il n'y a pas que l'IGEN pour améliorer l'ordinaire d'élus déjà bien lotis ; on nomme ainsi à tout-va et à vie par le même procédé

---

73. http://973.snuipp.fr/spip.php?article816; http://www.neoprofs.org/t82578-l-ex-inspecteur-general-leon-bertrand-condamne-a-16-mois-de-prison

des inspecteurs des finances, des inspecteurs aux affaires sociales (IGAS), des inspecteurs de l'Administration (IGA), des conseillers à la Cour des comptes, des conseillers au Conseil d'État, etc. Un tas d'endroits de renom où des élus et des « bien en cour » peuvent finir une carrière tranquillement ou attendre des jours électoraux meilleurs, ou simplement pantoufler tel **Arno Klarsfeld** nommé au Conseil d'État grâce à Nicolas Sarkozy. À la Cour des comptes[74] on peut aussi rencontrer **Jean-Louis Bourlanges** (ancien député européen) ou **Alain Lambert** qui cumule avec la fonction de président du conseil général de l'Orne.

Notons cependant que certains sont recalés : **Dominique Tibéri,** fils de l'ancien maire de Paris, s'est ainsi vu refuser sa nomination au contrôle général économique et financier par le Conseil d'État pour « compétence insuffisante ».

Petite conclusion

Toutes les tendances politiques confondues ont croqué dans ce gâteau financier indéniable et font peu de cas de tous ces inspecteurs, les vrais, qui, eux, ont gravi les échelons un à un grâce à leur mérite et à leurs qualités professionnelles. Ces nominations hautement politiques sont souvent des « remerciements pour services rendus », ou un excellent moyen de s'attacher la servilité du bénéficiaire à qui on saura rappeler à qui il doit ce matelas douillet. Cependant, comme on ne peut pas mettre tout le monde au même endroit et selon le caractère, l'envie ou le profil de celui (celle) qu'on veut avantager, on a trouvé d'autres postes tout aussi rémunérateurs et souvent pas plus contraignants. Les préfets « hors cadre » en font partie.

---

74. http://www.challenges.fr/economie/20130214.CHA6220/de-grands-corps-malades-des-amis-a-recaser.html

Préfet hors cadre : un p'tit casse-croûte à 6 000 euros mensuel

À consommer en cas de disette électorale !

Les fonctions de préfet et de sous-préfet ont été créées par Napoléon Bonaparte, alors Premier consul, le 17 février 1800 (loi du 28 pluviôse an VIII). Le « faux préfet », autrement dit, le préfet hors cadre existe depuis cette date.

En son temps et tant qu'il fut chef de l'État, Charles de Gaulle a mis fin à cette pratique des « préfets fantômes » : un décret du 29 juillet 1964 disposait que « les nominations préfectorales impliqu[ai]ent une affectation sur un poste territorial ».

Mais le système redémarre avec l'arrivée au pouvoir de François Mitterrand qui en use régulièrement sur le fondement, notamment, du décret du 23 décembre 1982 qui autorise la nomination de préfets en mission de service public relevant du gouvernement, à hauteur de 5 % de l'effectif budgétaire de ce corps ; les intéressés sont alors placés sur un emploi de préfet hors cadre. Il n'est pas besoin de diplôme ou de titre pour être nommé. C'est au bon vouloir discrétionnaire du gouvernement qui les nomme en Conseil des ministres.

Les successeurs de Mitterrand, Jacques Chirac et Nicolas Sarkozy ne sont pas en reste. François Hollande, malgré de grandes déclarations sur le sujet a continué également à s'en servir allègrement.

125

Il faut savoir que ces « préfets », sans affectation territoriale, perçoivent en moyenne une rémunération mensuelle brut de 6 000 euros. S'ils retrouvent un poste d'élu, ils sont dits « en détachement » car officiellement les deux fonctions sont incompatibles. On a donc trouvé une petite astuce pour qu'ils puissent garder un pied dans la préfectorale et assurer leurs vieux jours. Lorsque des bras cassés du suffrage universel, nommés préfets hors cadre pour les aider à surmonter leur frustration de mandats électifs, récupèrent un mandat de député, de sénateur, ou de maire d'une grande ville, l'État continue cependant à leur verser un petit salaire de préfet qui ne se cumule plus qu'à hauteur des cotisations à verser pour la retraite de préfet. En gros, cela veut dire qu'ils continuent à recevoir une part de salaire d'un boulot qu'ils ne font pas. Et ça jusqu'à leur retraite.

Et si par un malheureux hasard électoral, ils se prennent une nouvelle veste à une élection suivante, ils peuvent redevenir préfets hors cadre et toucher leurs 6 000 euros mensuel en attendant des jours meilleurs. Plus prosaïquement : ils peuvent se faire virer ou licencier d'un travail, ils sont sûrs de toucher malgré tout un salaire…

Traduisons une même situation en bas de l'échelle sociale : un ouvrier qui se fait virer, licencier de chez Peugeot toucherait automatiquement et en restant chez lui un salaire offert gracieusement par PSA.

C'est Pôle emploi et l'assurance chômage qui seraient contents !

Une retraite généreuse

Par ailleurs, pour ces préfets fantômes, la fête continue quand l'heure de la retraite arrive : comme ils ont cotisé pour leurs vieux jours grâce à un « salaire minimum » royalement versé par l'État, ils peuvent prétendre à 4 000 euros de retraite en moyenne. Ils peuvent, en sus, cumuler cette retraite avec différents autres émoluments comme des indemnités d'élus, voire d'autres retraites, etc.

De quoi faire rougir de colère tous les salariés qui ont trimé pendant plus de quarante ans pour toucher une petite retraite rognée chaque année un peu plus par de nouvelles pressions fiscales et autres idées pour réduire, nous dit-on, le déficit des finances publiques.

Quelques exemples (parmi beaucoup d'autres)

Michel Vauzelle et Michel Delebarre

Nommés dans les années 1980, ils touchent aujourd'hui, chacun, une pension de retraite mensuelle de 4 000 euros brut en tant que préfets fantômes[75] qui vient s'ajouter à leurs indemnités de parlementaires et d'élus locaux, soit 15 124 euros brut mensuel (**Michel Delebarre**) et 9 760 euros brut mensuel (**Michel Vauzelle**). Sans compter pour chacun une indemnité (forfaitaire) représentative de frais de mandat de député de 6 000 euros net mensuel. Lorsqu'ils décideront d'abandonner leurs mandats, ces deux parlementaires pourront cumuler la totalité de leurs retraites de préfet, de parlementaire et d'élu local ! Soit en tout, de l'ordre de 12 000 euros brut mensuel pour Michel Delebarre et 10 000 euros brut mensuel pour Michel Vauzelle. **Brice Hortefeux** et **Michel Roussin** bénéficient du même type d'avantages.

Jean-Charles Marchiani

Député européen, il est nommé préfet hors cadre pendant son séjour à la prison des Baumettes à Marseille !…

---

75. http://www.francesoir.fr/actualite/politique/scandale-ils-n-ont-jamais-ete-prefets-mais-ils-en-touchent-retraite-98391.html

Christian Gaudin

Le sénateur de Maine-et-Loire a été nommé, en 2010, préfet administrateur des Terres australes et antarctiques françaises. Cerise sur le gâteau, avec une résidence dans l'île de la Réunion. Il avait alors 60 ans, de quoi bien préparer sa retraite naissante.

Jean-Yves Caullet

Préfet hors cadre mis à la disposition de la Direction générale de la modernisation de l'État (DGME). Il inscrit d'ailleurs dans sa déclaration d'intérêts et d'activités 2013, à la rubrique profession : « préfet (détachement spécial comme député) ». Une conception « très détachée » du mandat de député, sans doute...

Claude Guéant

Début 2010, celui-ci fait valoir ses droits à la retraite en tant que préfet hors classe tout en touchant son salaire de secrétaire général de la présidence de la République. Il cumule donc allègrement son traitement avec sa retraite de préfet.

Ce ne sont que quelques exemples parmi beaucoup d'autres : en 2011, on estimait ces préfets fantômes à 17 sur 236 élus occupant cette fonction. En 2012, Claude Guéant, ministre, l'estimait à 66.

Le chiffre exact est très difficile à trouver... On se demande bien pourquoi ? il est vrai qu'il est toujours très difficile de compter des fantômes.

Une façon de remercier les bons serviteurs

Ces petits arrangements entre amis sont aussi valables pour ceux qui ont bien servi. C'est ainsi – mais ce n'est qu'un exemple parmi d'autres – que le Conseil des ministres du mercredi 16 janvier 2013 a décidé de nommer préfets hors cadre, chargés d'une mission de service public pour le gouvernement, deux membres de cabinets ministériels : **Yves Colmou**[76], conseiller auprès de Manuel Valls, place Beauvau, et **Pierre Besnard**, chef de cabinet (2012-2013) de François Hollande à l'Élysée (nommé depuis le 20 juin 2013 préfet des Hautes-Alpes). Ce doit être une méthode que **Manuel Valls** apprécie particulièrement puisqu'il vient de nommer, en février 2015, son chef de cabinet **Sébastien Gros**[77], ex-candidat malheureux dans une ville du Sud, préfet hors cadre chargé d'une mission dont on ne retiendra que la vacuité tant elle n'est apparemment là que pour habiller le titre. Autant dire un bon plan pour celui qui passe de contractuel à fonctionnaire par le fait du prince. Outre l'assurance d'une retraite confortable et d'un salaire assuré en cas de disette électorale, Sébastien Gros avec cette nomination qui tombe à pic, ne se retrouvera pas au bas de l'échelle avec l'obligation de passer des concours de la fonction publique.

Salaire assuré, retraite garantie et pas de concours à passer : tranquille quoi !

---

76. http://allaingraux.over-blog.com/billet-de-mauvaise-humeur%E2%80%A6
77. http://www.objectifgard.com/2015/02/12/nimes-sebastien-gros-abandonne-siege-conseil-municipal-devenir-prefet/

IV - Blanchiment d'argent, emplois fictifs, salaire au black, chômage : le cercle vertueux du travail en politique

La tentation du beurre dans les épinards

On pourrait croire qu'un élu est un homme comme tout le monde, simple et de proximité. On aimerait qu'il mette toute son énergie au service des autres. On souhaiterait que ce soit fait avec une abnégation totale et reconnue de tous. On constate malheureusement qu'un parlementaire s'octroie des avantages sociaux et financiers, des « facilités de gestion », qui, s'ils étaient appliqués à l'ensemble de la population, seraient une gabegie sans nom et nous entraîneraient immanquablement dans un gouffre financier impossible à combler. C'est sans doute pour ça qu'ils préfèrent dans leur majorité se les garder uniquement pour eux-mêmes !

Mais à quoi sert l'argent de l'enveloppe parlementaire dite « crédit de collaborateur » ?

C'est dans le nord de la France que la « magouille » a été éventée depuis peu. Depuis de nombreuses années, chacun des parlementaires du Nord reversait environ 2 000 euros sur son enveloppe parlementaire dite « crédit de collaborateur » à la fédération départementale de son parti. Autant dire que ce reversement était « illégal » puisque normalement, selon les textes, ce surplus artificiellement constitué ne pouvait atterrir que sur les comptes IRFM de chacun ou à son groupe politique de l'Assemblée ou du Sénat pour embaucher du personnel supplémentaire.

Quoi qu'il en soit, et bien que je sois très étonné là aussi qu'aucun organisme de contrôle n'ait découvert le pot aux roses ou les mouvements d'argent qui devaient bien transiter par une banque au moyen de virements ou de versements réguliers, tout ce petit trafic passait inaperçu. Du moins jusqu'à ce que les parlementaires en question soient obligés de mentionner dans leurs déclarations d'intérêts l'identité de leurs collaborateurs.

Une fois l'argent versé, celui-ci était dispatché pour rétribuer différents militants en mal de revenus. C'est ainsi que, selon *Le Canard enchaîné*, plusieurs élus percevaient en sus ce que l'on pourrait appeler un complément de salaire via la fédération locale du parti.

Le Canard enchaîné, toujours bien informé, a pu cibler quelques élus : le maire d'Hellemmes, **Frédéric Marchand**, qui touchait (en sus de ses indemnités de maire et de conseiller général) un « financement » prélevé pour partie sur l'enveloppe du député **Yves Durand** et pour partie sur celle du sénateur du Nord et maire d'Orchies **Dominique Bailly ;** de son côté, le maire adjoint de Lomme, **Rachid Lounici,** touchait ce complément de la députée du Nord et maire de Denain **Anne-Lise Dufour Tonini** et de (encore lui !) **Dominique Bailly.**

On peut y ajouter quelques autres « militants élus » qui se répartissaient en sus d'un travail à temps plein très prenant d'autres emplois à temps plein (moins prenants sans doute…) comme collaborateurs de parlementaires dont la liste et les noms sont je l'espère entre les mains de la justice. Si, pour cause de transparence accrue, le système a dû s'arrêter, on devrait quand même statuer sur la légalité de ces emplois « rémunérés » via un circuit financier opaque et irrégulier. En d'autres circonstances, n'appellerait-on pas ça du blanchiment d'argent ?

Chacun de ces heureux gratifiés atteignait la somme de 4 000 à 5 000 euros par mois, équivalente à au moins trois emplois temps plein rétribués ! Quelle prouesse de travail ! Pour un salaire très éloigné du SMIC (ou moins) que touchent la plupart des électeurs du nord de la France, qui comptaient naïvement sur leurs élus pour améliorer leur quotidien. En réalité, ces élus ont surtout amélioré leur train de vie personnel.

Des collaborateurs fantômes mais néanmoins déclarés

Le Canard enchaîné ne s'est arrêté dans ses investigations que dans le nord de la France, mais il y a fort à parier que d'autres « collaborateurs » fictifs répartis sur tout le territoire figurent sur les déclarations des uns et des autres. En d'autres circonstances, ce genre d'arrangements avec la loi s'appellent des « emplois fictifs » et sont répréhensibles…

On se pose quand même plusieurs questions. Puisque tout ceci était illégal et que cela durait depuis de nombreuses années, on devrait logiquement appeler ça du détournement de fonds publics, non ?

Et dans ces cas-là, comme dans d'autres, qu'attend la justice pour poursuivre les auteurs de ces méfaits ? Le détournement de fonds publics, prévu et réprimé par l'article 432-15 du Code pénal n'est-il pas applicable à ces cas de figure ? Les bénéficiaires de ces emplois fictifs rétribués sur fonds publics ne sont-ils pas des receleurs selon la même loi ?

Fin 2014, un ministre demande à Pôle emploi de renforcer les contrôles sur les chômeurs, arguant que certains d'entre eux ne cherchaient pas vraiment de travail. À quand les contrôles sur ceux qui se font payer pour un travail qu'ils ne font pas ?

Blanchiment d'argent, emplois fictifs, salaire au black, chômage

Ils ne sont pas difficiles à trouver, juste sous le nez des deux assemblées. Mais cela les forcerait sans doute à remettre en cause l'ensemble de leur système, comme à réfléchir sur l'utilité de la fonction de sénateur.

Un emploi fictif « légal » : le poste de sénateur

On ne peut pas dire que le traitement réservé aux sénateurs soit des plus frugaux. Leur train de vie est opulent. Entre leurs indemnités de fonction et autres émoluments divers et variés venant s'y ajouter, un sénateur touche une rémunération de 11 540 euros net par mois (déduction faite des cotisations sociales obligatoires) dont seulement la moitié est soumise à l'impôt. Un sénateur nous coûte globalement et en moyenne plus de 23 000 euros par mois, et il y en a 348 ! Il faut y rajouter divers avantages dont ils profitent, tels que bureau, téléphone, Internet, transports gratuits, bureau de poste et affranchissement à gogo, salon de coiffure à tarif préférentiel et restaurant du Sénat trois étoiles au prix d'un fast-food, remboursement en cas de besoin des frais d'hôtel (75 euros par jour).

Bref, tout est fait pour que ces « honorables » élus puissent exercer leur mandat dans des conditions financières et de confort de fonctionnement qui feraient pâlir n'importe quel salarié d'usine devant sa pointeuse horaire qui lui déduit de son salaire tous ses retards à la minute près.

Et pourtant, malgré toute les facilités accordées, les cumuls financiers acceptés, les absences non contrôlées, ces braves sénateurs, gardiens et contrôleurs du gouvernement, coauteurs des lois, des hommes et des femmes qui devraient être au-dessus de tout soupçon ont quand même trouvé le moyen de mettre un peu (beaucoup) de beurre dans les épinards que la République leur offre au quotidien avec nos impôts.

C'est **Catherine Tasca,** sénatrice des Yvelines[78], ancienne ministre, qui le déclare en date du 5 novembre 2014 sur la chaîne de télévision Public Sénat : « Il y a à s'attaquer de façon très concrète au problème d'absentéisme. Je dirais que s'est développé au Sénat, j'ose dire, presque une habitude d'emploi fictif pour certains sénateurs, et ça, ça n'est pas acceptable pour l'opinion. »

La moyenne (et on parle bien d'une moyenne) de présence des sénateurs au palais du Luxembourg est de 20 semaines. Quatre mois de présence payés 12, on peut trouver pire comme job, non ? Eh bien, malgré ces chiffres éloquents, un nombre conséquent de sénateurs trouvent encore le moyen de faire moins que la moyenne !

En septembre 2014, le site nossenateurs.fr qui décompte la présence des sénateurs remarque que les sénateurs **Roland Povinelli** et **Jean-Noël Guérini** n'ont jamais été présents en commission ou dans l'hémicycle sur une période de douze mois tandis que **Natacha Bouchart,** maire de Calais et sénatrice du Pas-de-Calais et **Daniel Percheron,** sénateur du Pas-de-Calais lui aussi, mais également président du conseil régional, ont été entraperçus au Sénat quatre semaines pour la première et sept semaines pour le second.

Des chèques ou du liquide au black tous les mois pour les sénateurs

C'est la cellule antiblanchiment d'argent (TRACFIN) qui, trouvant anormaux des mouvements d'argent réguliers entre des associations et le compte en banque d'une centaine de sénateurs,

---

78. http://www.lexpress.fr/actualite/politique/assemblees/une-senatrice-ps-denonce-une-habitude-d-emploi-fictif-chez-certains-senateurs_1618956.html#ffW0EhAt2z016J5B.99.
http://www.publicsenat.fr/lcp/politique/le-senat-sanctionner-financi%C3%A8re-ment-senateurs-absents-commission
http://blog.francetvinfo.fr/oeil-20h/2014/11/18/video-senat-cet-absenteisme-qui-ne-se-voit-pas.html

Blanchiment d'argent, emplois fictifs, salaire au black, chômage

déclenche une enquête préliminaire discrète de plusieurs mois exécutée par la brigade de répression de la délinquance astucieuse (BRDA). Les éléments récoltés par les enquêteurs débouchent sur une information judiciaire prise en charge par le parquet de Paris pour des faits de « détournement de fonds publics », « abus de confiance » et « blanchiment », opérés au profit de plusieurs sénateurs UMP.

Les enquêteurs ont pisté dans le cadre de ces opérations frauduleuses un montant (sur deux ans seulement) qui atteindrait près de 400 000 euros[79] au profit exclusif des poches pourtant déjà bien remplies des sénateurs.

Le tour de passe-passe était d'une simplicité déroutante. Le Cercle de réflexion et d'études sur les problèmes internationaux (Crespi) et l'Union républicaine du Sénat (URS), deux associations de circonstance, recevaient des subventions du Sénat, lesquelles étaient reversées, ni vu ni connu, aux membres adhérents et parlementaires des deux associations.

« Entre les mois de décembre 2009 et mars 2012, l'URS a édité plusieurs chèques à destination d'une trentaine des 130 représentants UMP au Sénat pour un montant avoisinant les 210 000 euros [...]. Les comptes de l'Union républicaine du Sénat ont aussi été débités de près de 113 000 euros en espèces », écrit *Le Parisien*.

On peut ainsi noter que sur trois ans, **Ladislas Poniatowski**, sénateur de l'Eure, aurait reçu 4 000 euros ; **Jean-Claude Carle**, sénateur de la Haute-Savoie et vice-président du Sénat, a reçu 4 200 euros ; **Jean-Pierre Raffarin**, sénateur de la Vienne et ancien Premier ministre, a perçu 2 000 euros, (d'après son entourage pour payer un voyage au Canada…) ; **Jean-Claude Gaudin**, sénateur des Bouches-du-Rhône et maire de Marseille, aurait reçu

---

79. http://www.lemonde.fr/politique/article/2014/05/21/ce-qu-on-sait-des-soupcons-de-detournements-de-fonds-par-les-senateurs-ump_4422876_823448.html

pour 24 000 euros en six chèques ; **Roland du Luard**, sénateur de la Sarthe, vice-président de la commission des finances, aurait reçu 27 000 euros en six chèques également ; enfin (mais la liste n'est pas exhaustive), **Gisèle Gautier,** ex-sénatrice de la Loire-Atlantique, aurait bénéficié de presque 12 000 euros.

Les explications « vaseuses » mais légales de quelques sénateurs

Hubert Falco

Le sénateur du Var et maire de Toulon avoue avoir reçu environ 1 000 euros par mois pendant plusieurs années mais pensait que c'était légal. Il a donc reçu cet argent mensuellement de toute bonne foi.

Henri de Raincourt[80]

L'ancien ministre, sénateur de l'Yonne et ex-maire de Saint-Valérien affirme qu'il n'y avait « rien d'anormal, l'argent provient des crédits servant à rémunérer les assistants parlementaires ». Le sénateur défend ainsi la légalité de cette pratique, affirmant que la Constitution prévoit que les groupes politiques s'administrent librement et qu'ils peuvent « à loisir accorder une subvention à une association composée par des sénateurs ».

Le marquis de Raincourt avoue avoir touché pendant plusieurs années 4 000 euros par mois… en plus du reste.

Gérard Longuet

Ce sénateur, ancien ministre et président du groupe UMP au Sénat de 2009 à 2011, affirme que cette manière d'utiliser les crédits servant à rémunérer les assistants parlementaires n'a

---

80. http://www.lemonde.fr/politique/article/2015/02/10/henri-de-raincourt-ump-admet-avoir-recu-des-fonds-du-senat-lorsqu-il-etait-ministre_4573782_823448.html

Blanchiment d'argent, emplois fictifs, salaire au black, chômage

« plus court ». Mais si elle n'a plus court, c'est qu'elle existait bien avant !…

Il recevait environ 2 000 euros par mois, « en guise de compensation », dira-t-il !

Jean-Jacques Hyest

Ce sénateur de Seine-et-Marne, lui, ne se souvient pas très bien. Il reconnaît néanmoins du bout des lèvres qu'il touchait 4 000 euros chaque année avant l'été. « Comme cet argent provenait des formations politiques, ça n'était pas imposable, nous n'avions donc pas à le déclarer. »

Ce sera l'un des leitmotive de tous ces sénateurs si sourcilleux quand il s'agit d'épingler quelques salariés qui travaillent au noir pour arrondir leurs pauvres fins de mois et si peu regardants quand il s'agit de leur propre argent de poche distribué, en plus, au black.

Déni poli et rapide au Sénat

Le groupe UMP s'empressera de minimiser l'affaire en déclarant immédiatement après la parution des premiers papiers dans un communiqué envoyé à toutes les agences de presse :

« Nous démentons formellement tout détournement de fonds publics » en précisant qu'il se tenait « naturellement à la disposition de la justice afin de fournir toutes informations nécessaires et utiles à la poursuite de l'enquête ».

Ce que semble contredire le sénateur **Jean-Claude Carle**[81], qui était aussi le trésorier du groupe UMP au Sénat, puisqu'il affirmera avoir stoppé ces versements directs aux sénateurs « depuis

---

81. http://www.lyoncapitale.fr/Journal/Lyon/Politique/UMP/Un-elu-de-la-region-vise-par-une-enquete-pour-blanchiment

les articles de presse, sauf pour des frais parfaitement justifiés, avec des factures » d'une part, et ajoutera, d'autre part, qu'il n'a pas à fournir les comptes, se retranchant derrière l'article 4 de la Constitution : « Les partis et groupements politiques concourent à l'expression du suffrage. Ils se forment et exercent leur activité librement. Ils doivent respecter les principes de la souveraineté nationale et de la démocratie. Ils contribuent à la mise en œuvre du principe énoncé au second alinéa de l'article 1er dans les conditions déterminées par la loi. »

Dire que l'on stoppe des versements, c'est reconnaître qu'ils existaient. Ajouter qu'ils ne seront plus effectués que sur justificatifs, c'est aussi avouer qu'on s'en passait auparavant. Et enfin refuser de fournir la comptabilité quand on est pris la main dans le sac, en se réfugiant derrière la Constitution, c'est un mépris absolu de la justice égale pour tous de la part de ceux qui font les lois et qui devraient être les premiers à les appliquer.

Quant au président du Sénat, il a bien appuyé sur le fait que la Haute Assemblée n'avait aucune responsabilité d'aucune sorte dans l'utilisation des dotations attribuées à ses groupes politiques.

Le chômage *too much* des parlementaires

À tous ses petits accommodements s'ajoute la légalité, largement en faveur de nos chers parlementaires, comme on le constate avec la question du chômage. Si on peut comprendre qu'un parlementaire qui perd son mandat ait la possibilité, comme un salarié, de toucher une indemnité de chômage au même titre qu'un salarié, il y a quand même quelques petites différences qui, là aussi, laissent à penser que l'indemnisation d'un parlementaire est beaucoup plus généreuse que celle d'un salarié.

Un parlementaire a droit à trois ans d'allocations chômage, laquelle est dégressive : son montant maximum est égal à 100 %

de l'indemnité parlementaire le 1er semestre (5 514,68 euros), puis à 70 % (3 860,28 euros) le 2e semestre, à 50 % (2 757,34 euros) le 3e semestre, à 40 % (2 205,87 euros) le 4e semestre, à 30 % (1 654,40 euros) le 5e semestre et 20 % (1 102,94 euros) le 6e semestre. Un salarié, lui, n'a droit qu'à deux ans de chômage indemnisé, avant de passer sous le régime de l'ASS (allocation spécifique de solidarité) pour un montant de 483,30 euros par mois. On est loin de la somme mensuelle moyenne que touche comme allocation chômage un député sans revenus pendant trois ans : 102 574,86 euros en tout. On peut vivre !

On pourrait se consoler en considérant qu'un parlementaire doit cotiser plus longtemps qu'un salarié pour toucher son « chômage » : il ne cotise qu'à hauteur de 0,49 % de son indemnité de base. Pour un salarié du privé, le prélèvement sur son bulletin de paye est de 4 %. Mais, et la différence est grande, si la durée de cotisation ouvrant droit au chômage n'est que de quatre mois pour un salarié, celui-ci touche en moyenne, les premiers mois, 980 euros par mois. Un député touche, quant à lui, plus de 5 500 euros par mois pour les mêmes premiers mois.

La différence n'est que d'environ 4 000 euros !

Autre particularité qui ne peut susciter qu'incompréhension de la part du simple citoyen, c'est que les députés peuvent bénéficier pendant trois ans de cette allocation sympathique même s'ils ont démissionné de leur mandat, ou s'ils décident, d'eux-mêmes, de ne pas se représenter à une élection.

Un simple salarié qui décide de quitter un boulot de son propre chef n'a droit à rien, et surtout pas à une allocation chômage.

Tout en ne remettant absolument pas en cause la possibilité d'aider financièrement nos députés à retrouver le chemin d'une vie professionnelle trépidante, on est en droit néanmoins de se demander pourquoi ces derniers ont droit à trois ans d'allocations et pourquoi ils peuvent en bénéficier même lorsqu'ils décident d'eux-mêmes d'interrompre leur mandat (ce qui équivaut à une démission) ? À l'inverse, est-il normal qu'un député ayant un job dans la fonction publique (et ils sont nombreux) le retrouve illico en cas de défaite et de perte de son mandat ? Voit-on souvent un salarié qui quitte son emploi retrouver sans coup férir son poste, gardé bien au chaud, dans son ancienne entreprise ?

Conclusion

Un petit toilettage égalitaire serait le bienvenu pour éviter, là aussi, que l'on puisse croire que même sans emploi un ex-député a plus davantage qu'un simple salarié.

Ce qui, aujourd'hui, est le cas.

Sources

http://www2.assemblee-nationale.fr/decouvrir-l-assemblee/role-et-pouvoirs-de-l-assemblee-nationale/le-depute/la-situation-materielle-du-depute

http://www.ifrap.org/Un-point-sur-l-allocation-chomage-des-deputes,14180.html

V – 2014 : QUAND LES PARLEMENTAIRES BÉNÉFICIENT DE TREIZE SEMAINES DE CONGÉS PAYÉS

Être élu, c'est savoir prendre des congés !

Cinq semaines de congés payés[82] est la durée légale déterminée pour un salarié du privé, à raison de 2,5 jours ouvrables par mois de travail effectif chez le même employeur. Cette durée correspond à 30 jours ouvrables, soit cinq semaines, pour une année complète de travail effectuée durant la période de référence prise en compte. C'est la loi commune et applicable aux salariés français.

Ces congés furent acquis de haute lutte par les travailleurs en 1936, après une longue période de grève générale qui paralysa presque tout le pays à l'époque. Fixés à 15 jours au départ, ils passent à trois semaines en 1956, puis à quatre semaines quelques mois après les événements de Mai 68 et enfin, depuis 1982, à cinq semaines.

La prise de congés d'un salarié doit respecter certaines règles. Ainsi, pendant sa période de congés principale (généralement pendant les vacances d'été), le salarié ne peut pas prendre plus de 24

---

82. http://www.planet.fr/dossiers-de-la-redaction-les-deputes-prolongent-leurs-vacances-dete.226788.1466.html
http://www.mediapart.fr/journal/france/130712/faute-de-textes-le-gouvernement-prolonge-les-vacances-des-deputes

jours ouvrables d'affilée, soit quatre semaines de congés (sauf dérogations particulières justifiées par des contraintes géographiques).

J'ai découvert pour l'année 2014 une corporation bien soudée qui se dit souvent débordée par son travail harassant mais qui a trouvé le temps de prendre cinq semaines de congés d'affilée en sus des deux mois minimum qu'elle s'autorise déjà. Je vous le donne en en mille : il s'agit des parlementaires des deux assemblées !

Cinq semaines supplémentaires pour les élections municipales

Outre les vacances d'été, les vacances de Noël et les jours fériés, nos députés avaient donc besoin, paraît-il, de temps pour se présenter aux élections municipales[83]. C'est donc en toute bonne conscience et sous le prétexte qu'il s'agit d'une tradition parlementaire que les deux assemblées ont fermé les portes de leur hémicycle pour cinq semaines supplémentaires de congés payés.

Pour l'humour de la chose, c'est juste quelques semaines après avoir voté une loi anticumul des mandats (effective en 2017) que 244 des 577 députés, cherchant justement à cumuler, ont battu le pavé lors des élections municipales de 2014.

Cela ressemble quand même, bigrement, à une rupture d'égalité flagrante de traitement entre tous les candidats à ces élections municipales. Il est tout aussi étonnant que personne ne l'ait encore relevé. À ce que je sache, le petit candidat qui n'a pas la chance d'être un député ou un sénateur n'a eu malheureusement que le choix de poser un congé sans solde ou de rogner sur ses congés d'été pour être présent sur le terrain et battre la campagne pour ces élections.

Autre rupture flagrante d'égalité entre les candidats et abus manifeste : la loi dit que la campagne municipale commence trois

---

83. http://www.lopinion.fr/26-fevrier-2014/vacances-parlementaires-bon-vieux-temps-cumul-9679

semaines avant le scrutin. Pourquoi accorder deux semaines de plus aux parlementaires ? Est-ce dû à l'âge certain de nos sénateurs qui ont besoin de plus de temps pour arpenter leur territoire ?

Petite conclusion

Pour clore ce petit chapitre sur un abus « légal » et à la justification douteuse, il est quand même amusant de constater qu'un député sur deux environ a essayé de « cumuler » avec un mandat qui l'emmène jusqu'en 2020, mais qu'il devra logiquement rendre en 2017 (date de l'entrée en vigueur de la loi anticumul). Encore une fois, ceux-là même qui nous abreuvent d'une loi qu'ils disent rédemptrice des dérives du monde politique sont les premiers à la transgresser plutôt que de l'anticiper. Il y a fort à parier que cette loi anticumul que les parlementaires n'ont apparemment acceptée que sous la pression de l'opinion va nous réserver quelques surprises dans son application.

Détail de ministres qui ne respectent pas leur signature

En mai 2012, la charte de déontologie, que le président de la République a demandé de signer à chacun de ses ministres, mentionnait que les membres du gouvernement devaient consacrer tout leur temps à l'exercice de leurs fonctions ministérielles et, de ce fait, renoncer aux mandats exécutifs locaux détenus. Sage précaution pour qu'un ministre soit vingt-quatre heures sur vingt-quatre à la disposition et au service de l'État.

Mais là aussi on a assisté à une transgression de la promesse politique signée (abusant par la même de la crédulité des électeurs mettant même en cause la prise de position politique du président de la République puisque 16 ministres sur 38 se sont présentés sur des listes municipales en 2014[84]. Deux d'entre eux étaient même tête de liste.

Par contre, on ne sait pas exactement combien de semaines de vacances le président leur a accordées…

Comme quoi, quand l'exemple vient d'en haut, on s'aperçoit que l'équité, la justice et le respect des engagements ne sont pas les mêmes pour tout le monde !

---

84. http://www.lopinion.fr/4-mars-2014/malgre-non-cumul-seize-ministres-dans-bataille-electorale-9867

VI - Les retraites scandaleuses des élus

Les parlementaires serrent la ceinture des retraités salariés et se rajoutent des longueurs à la leur !

Pour un salarié, depuis la réforme des retraites qui a commencé en 2010, il s'agit maintenant, pour avoir une retraite à taux plein, de cotiser pendant 172 trimestres (soit quarante-trois ans) pour les personnes nées en 1973 ou après. L'âge légal pour partir en retraite pour les assurés ne disposant pas d'une carrière complète passe définitivement à 67 ans. En 2014, après plus de quarante ans de travail, il y a environ 6,5 millions de personnes qui touchent 1 200 euros brut de pension de retraite, retraites complémentaires comprises, soit 43 % des retraités de France.

On peut raisonnablement penser que les salariés retraités ont mangé leur pain blanc et que les années futures verront les pensions de retraite (complémentaires comprises) se réduire comme peau de chagrin. Fin 2014, l'idée de reculer de deux ans l'âge légal pour toucher une retraite complémentaire avance à grand pas. La Cour des comptes elle-même explique cette dégradation des prestations de retraite par l'allongement de l'espérance de vie, les aléas économiques et l'arrivée à la retraite des enfants de la génération d'après guerre.

Il est évident, malgré les grandes déclarations des uns et des autres, que nous nous dirigeons vers un allongement de la durée des cotisations, une diminution du montant des pensions et une augmentation des cotisations[85].

La retraite par répartition bat de l'aile et celle par capitalisation risque de prendre son envol, au détriment des plus faibles qui n'auront d'autre choix que de gérer leur quotidien précaire sans possibilité de thésauriser pour leur futur.

Pour les parlementaires, la retraite, c'est mieux que tout le monde !

Les parlementaires, qui ont légiféré sur la réduction « inévitable » de nos retraites et nous exhortent chaque jour à comprendre que dans un souci d'équité et de justice pour tous nous devons comprendre que l'on ne peut continuer à bénéficier d'une retraite convenable pour tous, ont complètement oublié de s'appliquer à eux-mêmes ce qu'ils demandent aux citoyens.

Certes ils ont opéré un petit toilettage démagogique de leur caisse de retraite ; en 2010 (loi du 9 novembre 2010) par exemple, ils ont rallongé un peu l'âge de départ à la retraite ou décidé qu'à partir de la législature de 2012 les députés ne pourront plus acquérir de droits à retraite dans deux régimes différents pour la même période de cotisation. Annoncé comme de grandes réformes de leur régime de retraite, ce ne sont en réalité que de petites, toutes petites réformes à la marge que se sont concoctées les parlementaires.

Le mensonge des annuités de retraite des élus

L'âge d'ouverture du droit à pension passe progressivement de 60 ans à 62 ans en 2016. La pension est calculée au prorata

---

85. http://www.lefigaro.fr/retraite/2014/12/15/05004-20141215ARTFIG00091-il-faudrait-travailler-jusqu-a-64-ans-pour-toucher-la-retraite-complementaire.php

des annuités acquises, sans minimum de durée de mandat et dans la limite d'un plafond élevé progressivement pour atteindre 41 annuités en 2012 et 41,25 annuités à compter de 2013.

Mais ce n'est pas la vérité exacte, car si un député décide de cotiser à la caisse des pensions au taux de 15,7 % au lieu de 7,85 %, un mandat de cinq années compte pour dix années sur les 40 à réaliser pour liquider sa pension. Ce qui veut dire qu'un parlementaire touche une retraite à taux plein plus que confortable après un peu moins de trente ans de cotisation. Sans même avoir atteint cette durée de cotisation, liquider sa pension est plus qu'intéressant. Dès le premier mandat (cinq ans à l'Assemblée et six au Sénat), la retraite atteint respectivement 1 200 euros à l'Assemblée et 1 900 euros au Sénat. Avec le jeu des réélections, la moyenne des pensions s'élève à 2 700 euros net par mois au Palais-Bourbon et à 4 380 euros au palais du Luxembourg. En réalité, les sommes annoncées sont plus que largement en dessous de ce que touchent les parlementaires car il suffit d'un élu ou deux qui ne fassent qu'un demi-mandat pour que la moyenne chute.

Dernier point, ces sommes ne sont pas cumulables avec les retraites perçues au titre d'autres fonctions électives.

Détail amusant, et lu à peu près mot pour mot dans toute la presse après la réforme de 2010 pour bien rappeler au peuple que les parlementaires rejoignaient le régime général de cotisation retraite : « C'est en 2010 qu'a été supprimé le système de double cotisation, tant chez les députés que chez les sénateurs : auparavant, chaque année de mandat comptait double pour la retraite. Résultat : la pension se fixait à 1 500 euros net pour cinq ans de mandat contre 1 200 euros aujourd'hui. »

Ce qui me gêne un peu c'est l'arithmétique : il n'y a plus de cotisation abondée par la collectivité depuis 2010 et pourtant un député sur cinq ans de mandat ne perd que 300 euros de retraite pour une cotisation divisée par deux ?

L'astuce, car il y en a une, c'est que les députés peuvent (c'est facultatif, mais quasiment tous le font) cotiser 1,5 fois sur les

Les retraites scandaleuses des élus

deux premiers mandats, 1,33 sur le suivant, puis 1,25 sur ceux d'après. Cette réforme a fait baisser la pension globale de 30 %[86]. Il n'en reste pas moins qu'un député est encore assuré de toucher une pension après un premier mandat de cinq ans d'un montant quasi équivalent, voire souvent supérieur à celui de la plupart des travailleurs qui ont 42 années d'une carrière complète de travail.

On peut ainsi admirer le cas de **François Vendasi,** sénateur de la Haute-Corse[87] : un mandat de sénateur, soit six ans, lui offre une pension mensuelle de 2 050 euros à 62 ans. Notre sénateur en a fait trois de plus et il ne s'est pas représenté en 2014. Au vu de ses 74 ans, il a donc le droit de toucher sa retraite de sénateur, soit à peu près 3 000 euros pour huit jours de travail : « Je me rends au Sénat seulement une fois par an, car ce n'est pas avec des effets de manche dans l'amphithéâtre du Sénat qu'on règle les dossiers » a-t-il en effet confié sans ambages.

Il y a pourtant un article du règlement intérieur du Sénat qui sanctionne l'absentéisme d'un de ses membres. C'est l'article 15 qui permet, en cas d'absence constatée et réitérée d'un sénateur, de réduire de moitié son indemnité de fonction. Mais aucune sanction n'a jamais été appliquée au Sénat en application de cet article 15. Et ça, le sénateur **François Vendasi** le savait…

Jackpot à tous les étages[88] !

Alors que pour le salarié lambda, malgré plus de quarante-trois ans (bientôt) de cotisation, aucun texte ne lui garantit un montant de pension de retraite, voire de retraite tout court, la

---

86. http://www.latribune.fr/actualites/economie/france/20130606trib000768869/retraites-des-parlementaires-le-systeme-reste-encore-avantageux.html
87. http://archive.francesoir.fr/actualite/politique/senateur-fanfan-roi-l-absenteisme-politique-74915.html
88. http://archives-lepost.huffingtonpost.fr/article/2010/10/18/2271388_a-quoi-ont-droit-les-hommes-politiques-a-la-retraite.html

retraite des parlementaires, elle, est garantie à 100 % et gravée dans le marbre par les élus eux-mêmes.

Autre élément, il est possible à tout parlementaire, s'il a cotisé au minimum quinze ans dans son administration ou son corps d'origine, de liquider sa retraite en même temps que celle de parlementaire. Un cumul que **Philippe Marini,** sénateur de l'Oise, et neuf autres parlementaires ont pratiqué en 1999, imités en 2000 par huit autres parlementaires qui se sont, eux aussi, engouffrés dans la brèche.

Ce qui ne les empêche pas, bien entendu, de cumuler ces retraites déjà dorées et sans plafond, avec d'autres revenus et/ou indemnités…

À noter aussi que les députés ne sont pas soumis à un dispositif de décote en cas d'année manquante : la pension est calculée au prorata du nombre d'années effectuées. Un vrai bonheur ! Pas de total d'annuités à faire et pas de décote.

Par comparaison avec les salariés dans le privé, la pension est amputée d'une décote de 5 % par année manquante (dans la limite de cinq ans quand même…).

Et, cerise sur le gâteau, conformément aux dispositions de l'article 2 du décret n° 2014-350 en date du 19 mars 2014, les salariés qui pouvaient prétendre à prendre leur retraite dans le cadre des retraites anticipées pour carrière longue verront disparaître cette possibilité si, au cours des plus de quarante-deux ans de cotisation exigés, ils ont été malades durant cinq trimestres. Ils devront attendre deux ans supplémentaires avant de bénéficier d'une retraite à taux plein.

Une retraite de député est payée par les contribuables à 88 %

Chaque député qui touche une retraite de 2 700 euros par mois en moyenne basse est indirectement payé les contribuables. Car il faut savoir que la caisse de retraite des députés n'est financée qu'à hauteur de 12 % par les cotisations des élus, le reste étant financé par une subvention votée par les parlementaires eux-mêmes et payée par l'État, donc avec nos impôts. Le régime de retraite des députés coûte à peu près 60 millions d'euros par an, dont 52 millions d'euros financés par les contribuables[89].

Pour des raisons historiques, la caisse des retraites du Sénat affiche de belles réserves : plus de 600 millions d'euros au 31 décembre 2012, soit l'équivalent de vingt années de pensions[90].

Les retraités sénateurs soignés aux petits oignons

Outre une pension très confortable, qui peut être cumulable sans plafond rappelons-le, outre le train gratuit à vie, conjoint compris, le remboursement d'une partie de frais d'avion[91], il y a encore quelques petits avantages qui vous facilitent la vie grandement comme l'accès aux prestations du restaurant du Sénat (environ 16,50 euros le repas trois étoiles…), la buvette, le salon de coiffure, dans les mêmes conditions que les sénateurs en exercice, c'est-à-dire à des prix qui feraient pâlir un commerçant discount voyant un concurrent vendre du caviar au prix d'un saucisson bas de gamme.

Petite conclusion

En temps normal, un salarié qui prenait sa retraite du régime général pouvait, s'il continuait à travailler dans un autre secteur,

---

89. http://www.sauvegarde-retraites.org/docs/larollsdesregimesspeciauxetude22.pdf
90. http://www.editions-jclattes.fr/auteurs/jc-lattes-auteur-000000057754-biographie-bibliographie-Yvan-Stefanovitch.html
91. http://rue89.nouvelobs.com/2008/09/29/retraite-des-senateurs-des-privileges-tres-confidentiels
http://www.toutsurlaretraite.com/adoption-de-la-reforme-des-retraites-des-anciens-senateurs.ht
http://www.agoravox.fr/actualites/politique/article/la-retraite-des-parlementaires-151548

accumuler des cotisations retraite supplémentaires dans un autre régime. Par exemple, il pouvait prendre sa retraite de fonctionnaire et commencer un travail dans le privé, ce qui lui donnait la possibilité, en cumulant les cotisations, d'améliorer sa future retraite, tous régimes confondus.

Depuis le 1ᵉʳ janvier 2015[92], tout salarié qui travaille tout en touchant une maigre retraite verra ses cotisations retraite prélevées sur son salaire, mais elles ne compteront plus pour améliorer la sienne. On comprend bien le souci de nos parlementaires de trouver des moyens de faire des économies pour combler les déficits publics que l'on nous annonce comme abyssaux... à condition qu'eux-mêmes soient exonérés de tout effort...

92. http://www.lemonde.fr/argent/article/2014/10/14/cumul-emploi-retraite-attention-les-regles-changent_4505697_1657007.html#xtor=AL-32280477
http://www.planet.fr/revue-du-web-cumul-emploi-retraite-attention-les-regles-changent.710962.1912.html?xtor=ES-14-710594[Planet-Mi-journee]-20141015

VII - La retraite des élus de Paris : exonérée d'impôts jusqu'en 2010 !

Quand la solidarité bien ordonnée commence par soi-même chez les élus

Jusqu'en 2010, les pensions versées aux élus locaux parisiens étaient gérées par deux associations loi 1901 – la Société de retraite des conseillers généraux de la Seine et la Société de retraite des conseillers municipaux de Paris – sans qu'il soit besoin de les déclarer aux services fiscaux. Elles échappaient ainsi aux prélèvements fiscaux et sociaux[93]. Le fondement juridique de la défiscalisation de ces pensions reposait uniquement sur un courrier du ministère des Finances daté de 1994. Par ailleurs, une note de la chambre régionale des comptes, rédigée en décembre 2006, et restée quasi confidentielle, stipule que les pensions des élus parisiens sont défiscalisées à 100 % pour les droits antérieurs à 1992.

Une association de défense de retraités tombe sur cette note en 2009 ainsi que sur le montant de la subvention versée par la mairie de Paris aux deux associations qui gèrent les retraites de ses élus : quatre millions d'euros pour l'année 2009.

---

93. http://www.leparisien.fr/economie/la-retraite-doree-des-anciens-elus-de-la-ville-de-paris-28-06-2010

En 2009, quand le pot aux roses est découvert, on dénombra 295 petit heureux (parmi lesquels **Jacques Chirac, Lionel Jospin, Jacques Toubon, Jean Tiberi, Claude Goasguen, Michel Charzat, Didier Bariani, Jacques Dominati, Alain Juppé, Anne-Marie Couderc...**) qui profitaient de ce passe-droit ou qui pouvaient y prétendre. 163 étaient déjà pensionnés. 90 veufs ou veuves touchaient une pension de réversion avantageuse. Il était prévu de faire perdurer le système jusqu'en... 2050, le temps que les 47 conseillers de Paris, élus avant 1992 et toujours en fonction, prennent à leur tour leur retraite.

Dès que le scandale éclate, la mairie de Paris réagit avec vigueur et rapidité. Elle proclame haut et fort qu'elle va dorénavant facturer aux deux associations le salaire des employés communaux mis à leur disposition jusque-là gratuitement.

Ah bon, parce qu'en plus de la subvention annuelle, les contribuables parisiens payaient aussi le personnel des associations gestionnaires des pensions des élus ?

Remarquez, comme ils paieront avec la subvention allouée !...

Un vœu pieux et un compromis

La colère gronde et les articles de presse fleurissent. Un conseiller de Paris dépose un vœu que son groupe rejette. **Bertrand Delanoë**, maire de Paris, le reprend à son compte et le fait voter. On pense que l'affaire va se dégonfler et que la presse va se calmer, mais c'était sans compter avec un député pugnace et coutumier des prises de position moralisatrices de la vie politique, **Charles Amédée du Buisson de Courson,** dit **Charles de Courson,** qui dépose un amendement supprimant purement et simplement ce passe-droit intolérable[94].

---

94. http://2007-2012.nosdeputes.fr/amendement/2770/498

Bien entendu, les sénateurs le restaurent aussitôt à l'unanimité lors de la discussion de la loi des finances pour 2011. On retrouve à la bataille **Philippe Dominati** et plus étonnamment **Bernard Véra**, sénateur communiste de l'Essonne. Comme quoi, quand il s'agit de ses intérêts ou de ceux de ses anciens camarades, la couleur politique importe apparemment peu.

Les députés rétablissent en deuxième lecture la suppression de l'exonération totale mais instaurent un régime spécifique qui favorise toujours les élus locaux concernés. Selon l'article 97 de la loi de finances pour 2011 (CGI, art. 80 undicies B) les pensions sont assujetties à l'impôt sur le revenu « suivant les règles applicables aux rentes viagères constituées à titre onéreux », ce qui veut dire qu'elles ne sont imposables que sur une fraction de leur montant déterminée en fonction de l'âge du bénéficiaire au moment de son entrée en jouissance. Ces fractions s'établissent de la façon suivante[95] :

– 70 % si le bénéficiaire était âgé de moins de 50 ans ;
– 50 % si le bénéficiaire était âgé de 50 à 59 ans ;
– 40 % si le bénéficiaire était âgé de 60 à 69 ans ;
– 30 % si le bénéficiaire était âgé de plus de 69 ans.

Les élus parisiens se sont aperçus dès les années 1990 qu'ils ne pourraient bientôt plus conserver le système de retraite par répartition servant à financer les retraites à venir, n'auraient-ils pas pu choisir alors, soit de rallonger leur durée de cotisation, soit d'augmenter le taux de leur cotisation retraite ? Non, ils ont préféré instituer un autre système : taper dans la caisse des contribuables parisiens.

Par ailleurs, l'article 34 de la Constitution dispose que la loi fixe entre autres les règles concernant l'assiette, le taux et les modalités de recouvrement des impositions de toute nature… Ce qui nous prouve malheureusement une fois de plus que des élus se mettent au-dessus des lois et les bafouent allègrement à leur seul profit.

---

95. http://www.toutsurlaretraite.com/retraites-fin-de-l-exoneration-totale-d-impots-pour-les-pensions-facultatives-des-elus-locaux.html

Moralité

On s'aperçoit là aussi que ceux qui sont si prompts à demander à tous de participer à l'effort de la nation savent se préserver pour leurs propres vieux jours.

VIII - Pension de réversion des élus

Un bon placement aujourd'hui ? Épouser un(e) élu(e) !

Hors conjoints ou conjoints d'élus décédés, il y a aujourd'hui 2,6 millions de femmes qui touchent une pension de réversion complémentaire de l'ARRCO (caisse de retraite complémentaire des salariés) pour seulement 263 000 hommes. Mais il est une catégorie d'hommes et de femmes qui ont un sacré bonus concernant leur pension de réversion. Quelle est donc cette catégorie de privilégiés ? Celle des élu(e)s de la République, bien sûr ! On ne peut d'ailleurs que conseiller le mariage avec un(e) élu(e) pour qui souhaite s'assurer des vieux jours sans soucis financiers. Nous l'avions déjà évoqué dans *Délits d'élus, tome 1*[96]. Au vu de la réforme des retraites de 2013, qui n'a pas pris en compte les pensions de réversion (un rapport doit sortir – aurait dû sortir – est peut-être sorti sur le sujet fin 2014...), je ne pouvais faire moins que d'en toucher à nouveau deux mots pour que nous puissions comparer, quand viendra le temps, bientôt proche, de raboter les pensions reversées au conjoint survivant, entre le régime des pensions de réversion réservé aux citoyens lambda et celui propre aux élus.

Quand on fait partie du commun des mortels, pour toucher une pension de réversion, on se doit de remplir des conditions

---

96. Graziella Riou Harchaoui et Philippe Pascot, *Délits d'élus...*, tome 1, *op. cit.*

très strictes. Il faut être âgé d'au moins 55 ans, préciser le nombre d'années de mariage (sauf si vous avez eu des enfants), avoir été mariés et non pacsés... Nous n'entrerons pas dans le détail des motifs d'exclusion, la liste est un peu longue.

Une fois toutes ces conditions remplies, vous ne pourrez toucher cette pension de réversion que si vos ressources ne dépassent pas un certain seuil. Dans la plupart des régimes de base, le plafond est fixé à 19 822,40 euros par an pour une personne seule. Et vous ne toucherez que 54 % de ces 19 000 euros maximum, (déduction faite de ce que vous pourriez toucher ailleurs...). Prenons l'exemple d'une personne veuve non remariée disposant de ressources personnelles de 17 000 euros par an, dont le conjoint était salarié avant la retraite. La pension de base du défunt étant de 15 000 euros, la réversion de base est fixée à 8 100 euros par an (54 % de 15 000 euros). Les ressources de la veuve sont ajoutées à la pension, soit un total de 25 100 euros (17 000 euros + 8 100 euros). Le plafond est de 19 822,40 euros, la réversion sera donc réduite de 5 277,60 euros (25 100 euros - 19 822,40 euros). Il reste donc à cette dame, à titre de pension de réversion, la somme annuelle de 2 822,40 euros, soit 235,20 euros par mois[97]. De plus, en aucun cas son montant ne peut être supérieur à 54 % de la moitié du plafond de la Sécurité sociale : 844,83 euros par mois en 2014.

Dernier détail : un conjoint survivant n'a droit à RIEN si ses ressources personnelles dépassent les 1 500 euros brut mensuel !

Ce n'est pas la même chanson, ni le même parcours du combattant pour la pension de réversion des élus. La question du pourcentage ne se pose même pas, le veuf ou la veuve de l'élu(e) touchant 66 % de la pension, sans plafonnement et quasiment sans condition. Il paraît que le Sénat devait abaisser – ce n'est pas encore fait à ce jour – de 66 à 60 % la pension de réversion des sénateurs

---

97. Source : ministère de la Santé.

défunts… mais toujours sans plafonnement et avec possibilité de cumul. En quoi le conjoint survivant d'un élu est-il plus fatigué que celui d'un salarié ? La pénibilité (!?) du métier d'élu vaut-elle un dédommagement plus important après la mort de l'élu ?

Petite conclusion

Une proposition de réduction des pensions de réversion est à l'étude.

Il s'agirait pour un couple de choisir le niveau de réversion à laquelle aurait droit le survivant.

Soit la réversion au conjoint survivant resterait au niveau actuel (54 % de 19 000 euros maximum) ; mais si c'est ce choix qui est fait par le couple, le premier à partir en retraite verra sa pension complémentaire minorée de son vivant.

Soit le couple optera pour que la réversion touchée par le survivant soit en dessous du niveau actuel : dans ce cas le premier dans le couple à partir en retraite touchera sa retraite complémentaire pleine et entière.

Dans les deux cas de figure à « l'étude presque faite début 2015 », le salarié l'a dans l'os grave si nos parlementaires devaient retenir cette proposition. Et aux dernières nouvelles, les élus n'y seraient pas défavorables car leurs conjoints ne seraient pas concernés par la réforme !

IX - Le paradis fiscal en France : être un élu

Les élus payent moins d'impôt que leurs électeurs

L'égalité fiscale recouvre une dimension politique et juridique. C'est du moins ce qui résulte des articles 1, 6 et 13 de la Déclaration des droits de l'homme et du citoyen qui prévoit que le principe d'égalité fiscale est d'abord entendu comme **l'égalité des contribuables devant l'impôt** et que la « contribution commune » doit être également répartie entre tous les citoyens, en raison de leurs facultés (de leurs possibilités). Il y est aussi affirmé l'égalité des hommes entre eux et l'égalité devant la loi : un même régime fiscal doit alors s'appliquer à tous les contribuables placés dans la même situation. En 1973, le Conseil constitutionnel a renforcé en la rappelant cette égalité de tous devant l'impôt.

On pourrait donc croire que tous les citoyens sont égaux devant l'impôt ; à rentrées égales, impôt égal et participation à la mesure des ressources de chacun à la vie de la cité.

Un régime qui ne s'applique pas aux élus

C'est simple à comprendre ; un élu peut décider d'être imposé à 41 % sur ses cumuls d'indemnités ou à 20 % s'il choisit le prélèvement à la source sur chacune de ses indemnités. D'après vous, et ce, dans la plus totale légalité, que choisit l'élu[98] ?

Une petite explication s'impose. Un citoyen lambda comme vous et moi est imposé sur la totalité de ses revenus et le taux d'imposition augmente à mesure que ses revenus progressent. Ce qui peut paraître logique et veut dire simplement que plus on gagne plus on paye. Désagréable pour certains et intolérable pour d'autres (qui préfèrent donc s'expatrier pour réduire leur pression fiscale). Mais si on réfléchit bien, c'est équitable, et quoi qu'on en dise il en reste toujours beaucoup quand on paye beaucoup. Quelques-uns sont même contents d'en payer, tels l'animateur **Laurent Ruquier** ou **Christoph** « **Kuli le Niçois** » (il se reconnaîtra !) qui estiment que s'ils payent beaucoup d'impôts, c'est qu'il ont la chance de gagner beaucoup d'argent.

Pour un élu, c'est l'inverse, plus il gagne, moins il paye. De plus, il peut cumuler les avantages fiscaux : un député, par exemple, n'est imposable que sur 60 % à peine de « ses indemnités » (7 200 euros environ sont non imposables)[99] et il peut diviser, lui, en plusieurs parts son imposition sur le revenu s'il a pris la précaution d'accepter le prélèvement à la source de chacune des indemnités de ses cumuls de mandats.

Chaque indemnité de fonction est ainsi imposée séparément au contraire des revenus d'un salarié qui cumulerait plusieurs emplois pour pouvoir décemment nourrir sa famille.

Le président de la République montre le mauvais exemple

C'est ainsi que dans *Le Canard enchaîné* du 28 mars 2012, nous apprenons que selon les chiffres 2010 fournis par **François Hollande**

---

98. http://www.politique.net/2012041801-fiscalite-hollande.htm
99. http://tempsreel.nouvelobs.com/politique/20130419.OBS6359/le-paradis-fiscal-des-deputes-et-senateurs.html

lui-même, il a gagné cette année-là 101 456 euros. Son impôt à payer a été de 10 113 euros, soit un taux d'imposition de 10 %[100].

Juste en comparaison, à gains annuels et situation familiale équivalents, l'imposition pour vous et moi aurait été de 20 000 euros.

Moralité

À revenu égal, un élu peut payer deux fois moins d'impôts que ce qu'il réclame à son électeur.

« Payez ce que je dis et laissez-moi payer ce que je veux ! »

---

100. *Le Canard enchaîné* n°4770, 28/03/2012, article d'Hervé Martin.

X - Des prêts à taux préférentiel et des contribuables qui remboursent

Un bonheur pour des élus qui empruntent et remboursent avec leur argent de poche

Les députés peuvent obtenir des prêts personnels à taux préférentiel dans la limite de 180 000 euros. Pour l'immobilier, le montant moyen des prêts consentis, d'une durée de dix ans à 2 %, s'élève à 76 225 euros (mais ce n'est qu'une moyenne officielle, en réalité les sommes peuvent être beaucoup plus élevées)[101]. De plus, on constate que dans la réalité, le taux de remboursement est parfois beaucoup plus faible et que les élus n'ont même pas besoin de puiser dans leurs petites économies pour payer les sommes dues, pouvant ainsi s'offrir un beau patrimoine immobilier avec toute l'apparence de la légalité.

Des prêts à taux « presque » zéro ?

Ainsi, dans sa déclaration d'intérêts et d'activités, **André Vallini,** secrétaire d'État depuis avril 2014, inscrit un prêt de 171 257 euros

---

101. http://www.lepoint.fr/politique/frais-opaques-des-elus-l-assemblee-acte-une-reforme-de-l-irfm-18-02-2015-1906041_20.php

sur dix ans, accordé par l'Assemblée nationale. Ses mensualités de remboursement sont de 1 572 euros : si on multiplie ce chiffre par 12 mois puis par dix ans nous arrivons à la somme globale de 188 640 euros, dont 17 383 euros d'intérêts. Les députés bénéficient donc de taux de remboursement vraiment intéressants et pour des durées de remboursement supérieures à un seul mandat. Mais s'ils ne sont pas réélus, on fait quoi ?

Les députés seront-ils bientôt privés de ces prêts à taux préférentiel[102] ? Pour l'instant, on ne peut se prononcer à ce sujet. Toutefois, il se murmurait en 2013 que cette pratique à 32 millions d'euros par an pourrait disparaître. C'est du moins ce qui ressortait d'une évaluation de l'Institut français pour la recherche sur les administrations et les politiques publiques (Ifrap).

Les sénateurs ont également la possibilité d'emprunter à des conditions très avantageuses, soit pour acquérir un logement, « une permanence » (jusqu'à 75 000 euros ou 150 000 euros selon les régions, au taux annuel de moins de 2 %, sur dix-huit ans), soit pour financer les études de leurs enfants (20 000 euros par tête, au même taux).

Mais le top du top, c'est que les remboursements peuvent se faire avec de l'argent public. Un rêve que n'aurait même pas pu imaginer le moindre trader sans scrupule prêt à engranger un max sans sortir un seul centime de sa poche.

L'IRFM : de l'argent public pour le bien privé

On apprend en effet que ces prêts peuvent être remboursés via l'IRFM attribuée à chaque député, comme déclare le faire **Jean-Jacques Urvoas**[103]. Notons qu'il est l'un des rares députés à avoir

---

102. http://www.paruvendu.fr/immobilier/I/Adieu-aux-taux-preferentiels-accordes-aux-deputes-lors-d-un-achat-immobilier-i31907

103. http://www.anticor.org/2009/07/28/deux-deputes-jouent-la-transparence/
http://rue89.nouvelobs.com/2009/07/22/rene-et-jean-jacques-deputes-pour-11-548-euros

l'honnêteté d'être au moins transparent et de déclarer deux prêts d'honneur consentis par l'Assemblée nationale qu'il rembourse pour un montant mensuel de 950 euros pour l'un et de 1950 euros pour l'autre. On emprunte donc à titre privé des sommes que l'on rembourse avec l'indemnité représentative de frais de mandat (IRFM), soit 5 570 euros pour un député et 6 000 euros pour un sénateur. De l'argent public sert à rembourser des dettes privées, nos élus ne s'en émeuvent pas plus que ça et oublient le mélange des genres avec une facilité déconcertante…

Jean-Marie Le Guen : un appartement pour la section PS de son arrondissement ?

Eh oui, on apprend ainsi par la presse que **Jean-Marie Le Guen**, secrétaire d'État aux relations avec le Parlement, à l'époque député de Paris, serait propriétaire d'un petit 53 m² qu'il aurait acquis au moyen d'un prêt de l'Assemblée pour un montant de 122 000 euros, remboursé avec son IRFM. Très gentiment il met d'ailleurs ce bien immobilier à la disposition de la section PS du XIIIe arrondissement de Paris. On ne sait pas si c'est à titre gracieux ou contre un loyer, personne n'a réussi à avoir la réponse à cette question.

Une maison à 2,5 millions d'euros

C'est ce qu'a découvert *Le Canard enchaîné* il y a quelque temps : le député du Var et maire de Saint-Raphaël **Georges Ginesta** a pour permanence une luxueuse villa avec une piscine de 240 m². C'est du moins ce qu'il déclare, adresse à l'appui sur le site de l'Assemblée nationale. Car l'enquête du journal démontrera que notre député recevait ses militants non pas à sa « permanence », payée grâce à son IRFM, mais en mairie. Suite à cet article qui mettait en évidence l'énormité des faits, Georges Ginesta a subitement et subrepticement changé l'adresse de sa permanence entre le soir du 28 et le matin du 29 janvier 2015. La somptueuse permanence parlementaire de

Des prêts à taux préférentiel et des contribuables qui remboursent

cet « honorable » député a été remplacée par un appartement plus modeste en centre-ville.

Quant à la villa, elle est mise en vente pour la bagatelle de 2,5 millions d'euros. Il faut dire que le député Georges Ginesta est élu depuis 2002 : cela représente un paquet de mensualités non justifiées payées par l'IRFM[104].

Moins cher que si l'Assemblée payait un loyer ?

Jean-Pierre Decool, député du Nord, achète en 2002 sa permanence de 90 m² et avoue aussi en avoir remboursé la plus grande partie avec son IRFM (il ne se souvient plus de combien était son apport personnel). Au bout de cinq ans seulement, il devient propriétaire et a fini de rembourser son emprunt de 50 000 euros. En 2012 , il revend son bien 70 000 euros. Un joli bénéfice à titre privé réalisé grâce à de l'argent public, là encore.

Il déclarera candidement qu'il ne s'était pas enrichi dans cette affaire car il a payé les frais de notaire et d'entretien pour cette « permanence ». Dans une autre justification, il expliquera que cela « coûte moins cher à l'Assemblée que de payer un loyer ».

Quand le candide rejoint l'inconscience, cela donne beaucoup de mauvaise foi. Il n'y a alors plus grand-chose à faire !

Paroles de députés !

Parmi ces députés, on trouve également **Jean-Luc Mélenchon** qui lui aussi a acheté sa permanence avec son IRFM. Il l'a d'ailleurs revendue pour financer une campagne présidentielle, la sienne.

Notons aussi le cas de **Bernard Depierre**[105]**,** auquel un assistant parlementaire scrupuleux et honnête a écrit dans un mail en 2010 :

---

104. https://www.contribuables.org/2015/01/pourquoi-la-permanence-parlementaire-de-ce-depute-a-t-elle-ete-demenagee-dans-la-nuit/
105. http://www.mediapart.fr/journal/france/310512/scandale-des-frais-les-deputes-peuvent-aussi-se-construire-un-patrimoine-immob?page_article=2

« Je ne veux pas cautionner l'utilisation faite de certains moyens publics mis à votre disposition. » Il faisait directement référence à l'utilisation par son député de son IRFM grâce à laquelle il a acheté un grand appartement dans un beau quartier de Dijon. Mal lui en a pris, il a été licencié pour faute grave peu après.

On trouve aussi parmi ces élus : **François Sauvadet**[106], **Jean-Christophe Lagarde, Jean Grellier,** l'ex-sénatrice de Seine-et-Marne **Hélène Lipietz.**

Bien évidemment, les uns et les autres ont toujours de beaux arguments pour défendre leur innocence. **Jean Lassalle,** député des Pyrénées-Atlantiques, qui confirme l'achat d'un bien immobilier avec de l'argent public déclare ainsi : « Au moment où je l'ai fait, ce n'était pas une question sensible comme aujourd'hui, je n'ai jamais eu l'impression de commettre une mauvaise action, explique-t-il. C'était répandu [...] et les collègues à qui je demandais le meilleur moyen de procéder m'encourageaient même à le faire. »

Muriel Marland-Militello, ex-députée des Alpes-Maritime[107], avoue de son côté dans un reportage télé diffusé en 2012 : « C'est un avantage, en effet, que nous consent l'Assemblée nationale [...]. Vu la précarité de notre métier, je trouve ça normal. Et puis vous savez, j'aurais fait une meilleure plus-value en plaçant mon argent ailleurs ! » Il est vrai qu'elle n'a acheté avec l'argent de son IRFM de ses cinq ans de mandat (2007-2012) qu'un petit 75 m². Elle le loue depuis pour la petite somme de 1 400 euros par mois. Y'a pas de petits profits !

De son côté, **Pascal Terrasse**, député de l'Ardèche, mis devant le fait accompli, promet qu'il « remettra les clés de "sa permanence" », achetée à son nom, à son parti politique à la fin de son

---

106. http://www.francetvinfo.fr/politique/ces-deputes-qui-deviennent-proprietaires-grace-a-leur-indemnite-de-frais-de-mandat_807341.html#xtor=AL-53
107. http://www.lefigaro.fr/politique/2015/01/27/01002-20150127ARTFIG00414-comment-des-deputes-deviennent-proprietaires-grace-a-leurs-indemnites.php

mandat. Un vœu pieux dont il faudra vérifier la réalisation… dans dix ou quinze ans.

Dernières nouvelles en forme d'esquive mal ficelée de l'Assemblée

Devant l'ampleur que prenait le scandale et la mauvaise image que donnaient ces procédés, le président de l'Assemblée nationale, en ce début d'année 2015, a décidé de sévir.

Dorénavant les députés devront signer une déclaration sur l'honneur attestant qu'ils ne se serviront plus de leur indemnité représentative de frais de mandat pour acheter une « permanence politique » à leur nom. Puis, toujours selon le président de l'Assemblée, des contrôles aléatoires seront effectués.

Une déclaration sur l'honneur[108] de plus qui ne tient pas la route tant qu'aucune justification de l'utilisation de l'IRFM ne sera demandée au parlementaire. Encore une bonne résolution qui ne sert qu'à noyer le poisson et à rassurer l'opinion, bref, le quart d'une demi-mesurette concrète qui va encore disparaître dans les limbes tant il est impossible de procéder à une véritable vérification.

Par ailleurs, une tentative avait déjà été faite en 2012, semant un petit vent de panique sur l'Assemblée : on parlait d'interdire aux députés (et sénateurs) d'utiliser leur IRFM pour acquérir une permanence, ou tout autre bien immobilier. Une commission réunie dans le plus grand secret a même proposé d'en finir avec le transfert du reliquat du « crédit collaborateur » (contrôlé) sur l'IRFM (non contrôlée).

---

108. http://www.planet.fr/revue-du-web-les-deputes-ne-pourront-plus-devenir-proprietaires-avec-leur-indemnite.797265.1912.html?xtor=ES-14-788047%5BPlanet-Mi-journee%5D-20150212

Ces propositions concrètes, et une fois de plus de simple justice et de bon sens, ne remontèrent jamais à la surface et ce petit rapport présenté un 29 décembre 2012, rédigé à très peu d'exemplaires, est parti dormir depuis cette date dans un des casiers des archives du sous-sol.

Petite conclusion

Pour clore ce chapitre, je ne peux m'empêcher de vous faire partager la déclaration du député de l'Ardèche **Pascal Terrasse** qui s'était déjà fait alpagué par un Web journal sur des utilisations indues de son IRFM dont il se servait, par exemple, pour régler la note de ses vacances en famille. Il déclare très sérieusement dans un entretien à une télévision régionale : « Les indemnités d'élu, jusqu'à preuve du contraire, on peut en faire ce qu'on veut [...]. Ces indemnités, j'en fais ce que je veux parce que la loi me permet d'en faire ce que je veux. J'ai la loi pour moi[109]. »

La loi peut-être, mais la morale sûrement pas ?

109. http://www.arretsurimages.net/breves/2012-05-25/Des-fonds-publics-pour-payer-les-vacances-d-un-depute-Mediapart-id13899

XI - UNE IRFM QUI PEUT ÊTRE GONFLÉE « LÉGALEMENT »

Quand un parlementaire peut rajouter du beurre au beurre !

Il y a une possibilité, bien cachée, une petite niche dans la réglementation générale de l'Assemblée qui permet d'augmenter son IRFM sans coup férir et dans la « légalité immorale » la plus complète[110].

Il s'agit, pour chaque député, s'il en éprouve l'envie et sans avoir besoin de le justifier en quoi que ce soit, de transvaser 50 % de son indemnité collaborateur (9 138 euros par mois) vers son IRFM (6 412 euros par mois). Il a donc la possibilité de toucher chaque mois 10 981 euros, soit 131 772 euros par an, soit encore 658 860 euros sur la période d'un mandat de député (cinq ans).

En 2007, un journaliste, après bien des déboires, réussit à se faire confirmer que les députés ont gardé pour eux ou leur parti plus de cinq millions d'euros des crédits alloués à leurs assistants et secrétaires. En tout, 261 députés ont préféré garder leur reliquat plutôt que de le reverser à leur assistant.

C'est aussi en 2007 que dans la bannette des députés, sous la forme d'un pli personnel et confidentiel, signé par la directrice du service des affaires financières de l'Assemblée nationale, parvient une missive aux députés qui disait : « Il vous est possible de transférer, dans la limite annuelle de 5 958 euros brut, soit

---

110. *Le Canard enchaîné* du 17 décembre 2014.

5 495,66 euros net, la partie non consommée de votre crédit collaborateur sur votre indemnité représentative de frais de mandat. »

Quand on sait la précarité et le salaire peu élevé des assistants qui sont corvéables à souhait, il est sympathique de s'apercevoir que la moitié des députés en 2007, toutes tendances politiques confondues, ont préféré ne pas reverser une petite « prime reliquat » à leur collaborateur.

En effet, pourquoi se gêner si, en plus, l'administration vous autorise a être immoral.

Depuis cette date les choses n'ont pas beaucoup changé.

Il paraît que peu de députés utilisent cet « artifice » légal qui, en d'autres circonstances, s'appellerait du détournement d'argent public. Cependant, il est quasiment impossible de savoir précisément combien de députés le font au sein de l'Assemblée. La seule réponse obtenue auprès des autorités compétentes est : « Peu ». Oui, mais c'est combien, « peu » ? Et si vraiment ils sont si « peu », à quoi diable sert donc de conserver cette possibilité de « détournement légal » ?

XII - QUELQUES EXEMPLES DE REVENUS MENSUELS DE NOS PARLEMENTAIRES

Un revenu « tranquille » pour beaucoup

Les chiffres que vous trouverez ci-dessous ont été établis selon la propre déclaration « volontaire » d'intérêts et d'activités 2014 des députés et sénateurs cités. Sauf erreur ou omission involontaire de ma part, je n'ai pris en compte que les élus parlementaires dont les revenus dépassent les 13 000 euros net par mois. Bien entendu, là aussi, ne sont pas pris en compte les avantages divers et variés dont bénéficient, en sus, les élus dans le cadre de leur mandat (téléphone, Internet, etc.) ni les avantages « supplémentaires » de beaucoup d'élus « multicartes » (voitures, chauffeurs, frais supplémentaires de représentation, etc.). Pas plus que je n'ai pu ajouter le montant des retraites de certains élus ayant exercé un métier quand ceux-ci ont « omis » de le préciser.

Sur la bonne centaine d'élus que j'ai « inventoriés », il m'est apparu (déjà) des incohérences flagrantes dans plusieurs déclarations.

Volontairement je n'ai pas poussé plus loin mes investigations, laissant ce soin à la Haute Autorité pour la transparence de la vie publique dont après tout c'est une des missions premières que de vérifier et de contrôler la véracité des écrits « volontaires » des élus.

Yves Albarello, *député de Seine-et-Marne*

14 850,41 euros net par mois dont 9 080,41 euros sur quatre mandats + 5 770 euros d'IRFM.

Éric Alauzet, *député du Doubs*

17 018,77 euros net par mois dont 7 748,77 euros sur deux mandats + 3 500 euros en tant que médecin + 5 770 euros d'IRFM.

Pouria Amirshahi, *député de la 9ᵉ circonscription des Français établis hors de France*

15 773,77 euros net par mois dont 5 148,77 euros sur un mandat + 2 395 euros en tant que cadre territorial en Charente + 2 460 euros (collaborateur de parlementaire) + 5 770 euros d'IRFM.

François André, *député d'Ille-et-Vilaine*

15 117,77 euros net par mois dont 9 347,77 euros sur quatre mandats + 5 770 euros d'IRFM.

Michèle André, *sénatrice du Puy-de-Dôme*

13 540,35 euros net par mois dont 7 503,12 euros sur deux mandats + 6 037,23 euros d'IRFM + (retraite non communiquée).

Benoît Apparu, *député de la Marne*

13 981,40 euros net par mois dont 7 961,40 euros sur quatre mandats + 250 euros en tant que chargé de cours + 5 770 euros d'IRFM.

Aline Archimbaud, *sénatrice de la Seine-Saint-Denis*

14 163,35 euros net par mois dont 5 966,12 euros sur deux mandats + 2 160 euros de retraite enseignante + 6 037,23 euros d'IRFM.

Olivier Audibert Troin, *député du Var*

Plus que moins de 45 805,38 euros net par mois dont 5 388,72 euros pour un mandat déclaré + 485 000 euros (brut ?)

par an (revenus provenant de sa société d'agents et courtiers d'assurances à Draguignan). À noter dans sa déclaration d'intérêts, sans doute deux « oublis » de montants pour deux mandats locaux + 5 770 euros d'IRFM.

Dominique Bailly, *sénateur du Nord*

13 594 euros net par mois (estimation basse) dont 7 557,12 euros sur trois mandats + 6 037,23 euros d'IRFM.

Gérard Bailly, *sénateur du Jura*

13 425,35 euros net par mois dont 7 388,12 euros sur trois mandats + une retraite d'agriculteur non communiquée + 6 037,23 euros d'IRFM.

Alexis Bachelay, *député des Hauts-de-Seine*

13 212,77 euros net par mois dont 7 742,77 euros sur deux mandats + 2 294 euros (revenus d'attaché territorial) + 5 770 euros d'IRFM.

Jean-Pierre Barbier, *sénateur de l'Isère*

15 839,35 euros net par mois dont 7 175,12 euros sur trois mandats + 1 500 euros et 1 125 euros (revenus pharmacie) + 6 039,23 euros d'IRFM.

Marie-Noëlle Battistel, *députée de l'Isère*

15 652,29 euros net par mois dont 8 334,81 euros sur trois mandats + 1 547,48 euros (revenus agence de voyages) + 5 570 euros d'IRFM.

Nicolas Bays, *député du Pas-de-Calais*

16 170 euros net par mois dont 5 148,29 euros pour un mandat + 10 400 euros pour trois emplois (deux postes de « directeurs » et un d'animateur TV) + 5 770 euros d'IRFM.

Marie-Françoise Bechtel, *députée de l'Aisne*

15 501,62 euros net par mois dont 5 148,29 euros pour un mandat + 4 583,33 euros de retraite de conseiller d'État + 5 770 euros d'IRFM.

Patrick Bloche, *député de Paris*

13 427,47 euros net par mois dont 7 657,47 euros sur trois mandats + 5 770 euros d'IRFM.

Alain Bocquet, *député du Nord*

13 014,70 euros net par mois, dont 7 244,70 euros sur trois mandats + 5 770 euros d'IRFM.

Jacques Bompart, *député du Vaucluse*

15 418,70 euros net par mois dont 9 648,7 euros sur deux mandats + 5 770 euros d'IRFM.

Malek Boutih, *député de l'Essonne*

14 418,77 euros net par mois dont 5 148,77 euros pour un mandat + 3 500 euros (directeur des relations institutionnelles de Skyrock) + 5 770 euros d'IRFM.

Marie-Arlette Carlotti, *députée des Bouches-du-Rhône*

18 720,28 euros brut mensuel dont 12 950,28 euros sur quatre mandats + 5 770 euros d'IRFM.

Gilbert Collard, *député du Gard*

26 931,77 euros net par mois dont 5 148,77 euros pour un mandat + 16 013 euros en tant qu'avocat + 5 770 euros d'IRFM.

Caroline Cayeux, *sénatrice de l'Oise*

21 968,23 euros brut par mois dont 14 931 euros brut sur trois mandats + 1 000 euros en tant que gérante de société + 6 037,23 euros d'IRFM.

Jacques Chiron, *sénateur de l'Isère*

14 621,24 euros par mois dont 7 443,12 euros sur deux mandats + 1 140,89 euros (revenus Société d'économie mixte) + 6 037,23 euros d'IRFM.

Édouard Courtial, *député de l'Oise*

19 450,77 euros par mois dont 6 461 euros sur deux mandats + 7 219 euros en tant que conseiller en charge du développement international auprès du président de MSH International, filiale du cabinet d'assurances SIACI Saint-Honoré + 5 770 euros d'IRFM.

Jean-Pierre Vigier, *député de la Haute-Loire*

16 485,77 euros net par mois dont 5 727,77 euros sur deux mandats + 4 988 euros (revenus exploitant agricole et salarié) + 5 770 euros d'IRFM.

Philippe Vigier, *député d'Eure-et-Loir*

17 673,77 euros net par mois dont 7 273,77 euros sur trois mandats + 4 630 euros en tant que biologiste + 5 770 euros d'IRFM.

Alain Richard, *sénateur du Val-d'Oise*

20 609,23 euros net par mois dont 5 872 euros sur trois mandats + 8 700 euros en tant que membre du Conseil d'État + 6 037,23 euros d'IRFM.

Roland Ries, *sénateur du Bas-Rhin*

15 545,23 euros net par mois dont 6 508 euros sur trois mandats + 3 000 euros de retraite + 6 037,23 euros d'IRFM.

Franck Riester, *député de Seine-et-Marne*

17 737,49 euros par mois dont 7 281,87 euros sur deux mandats + 4 685,62 euros pour trois emplois + 5 770 euros d'IRFM.

Quelques exemples de revenus mensuels de nos parlementaires

Je n'ai pu analyser, faute de temps et parce que je suis tout seul à le faire, les détails de la déclaration des 577 députés et 348 sénateurs. L'énumération en aurait été de toute façon vraiment fastidieuse. Tout un chacun peut néanmoins continuer à consulter la déclaration d'intérêts de son député ou sénateur sur le site qui répertorie leur déclaration (www.hatvp.fr/consulter-les-déclarations/). Une petite calculette et un crayon permettront au lecteur d'être édifié sur les ressources, revenus et indemnités de son élu, du moins dans ce qu'il aura bien voulu inscrire de lui-même, et nous allons voir à présent que les informations sont parfois peu précises, voire inexistantes…

*Oui, citoyens, rendons tous un compte moral de notre conduite
politique ; faisons connaître au peuple ce que nous avons été avant
la Révolution et ce que nous sommes devenus, quelle a été notre
profession, quelle a été notre fortune, si nous l'avons augmentée et par
quels moyens, ou si nous sommes devenus plus riches qu'en vertus ;
que chacun de nous fasse imprimer ce compte moral et qu'il dise :
« C'est la vérité que je vous présente ; si je vous trompe seulement
dans une syllabe, j'appelle la vengeance nationale ».*

Georges Couthon, membre du Comité de Salut public,
député du Puy-de-Dôme à la Convention nationale,
séance du 16 germinal an II (5 avril 1794).

XIII - Déclaration d'intérêts et d'activités « bidonnée »

*Un écran de fumée de plus pour le peuple et un manque de
transparence flagrant*

Les chiffres ci-dessous sont issus de la déclaration d'intérêts et d'activités remplie par les parlementaires eux-mêmes[111]. Les chiffres dont j'ai tenu compte sont ceux de l'année 2013. La plupart des revenus affichés le sont en net mais je ne peux

---

111. http://www.hatvp.fr/consulter-les-declarations/
http://www.lemonde.fr/les-decodeurs/visuel/2014/08/01/explorer-les-declarations-d-interet-des-parlementaires_4465790_4355770.html

vraiment pas certifier qu'ils le soient tous, au vu du peu de sérieux (ratures, approximations, chiffres erronés...) avec lequel sont remplies ces feuilles de déclarations qui ne le sont qu'avec la seule bonne volonté des élus eux-mêmes. Si certains d'entre eux ont pris le soin de remplir ces feuillets avec sérieux et respect des règles édictées, d'autres ne se sont vraiment pas tordu le poignet.

Je n'ai pas pu passer toutes les déclarations des élus en détail et je n'ai retenu que celles qui dépassaient les 14 000 euros net de revenus par mois. Beaucoup d'élus, qui ont plusieurs mandats, ont généralement entre 11 000 et 13 000 euros de revenus net mensuel. L'addition finale que je donne représente l'ensemble des revenus déclarés, mandats, emploi(s) et indemnité de frais de représentation inclus (du moins dans ce que les élus ont bien voulu inscrire). Certains y notent leur IRFM, d'autres non. Dans tous les cas, ils la touchent...

Ne sont pas pris en compte dans cette énumération les privilèges annexes que nous autres, citoyens de base, sommes obligés de déclarer comme avantages en nature, c'est-à-dire voiture, téléphone, Internet et tutti quanti, qui sont mis gracieusement à disposition de nos parlementaires.

Pour essayer d'avoir une cohérence dans les chiffres, j'ai pris en référence la même indemnité et le même IRFM pour les députés (respectivement de 5 148,77 euros et 5 770 euros) et pour les sénateurs (respectivement de 5 379,12 euros et 6 037,23 euros) en sachant qu'il est plus que difficile d'avoir un chiffre référence précis et identique pour les indemnités d'élus.

Que les élus cités me pardonnent si je me suis trompé de quelques centaines d'euros pour certains, voire un peu plus pour d'autres. Il m'a fallu plusieurs heures d'utilisation de ma calculette pour arriver à comprendre (dans un premier temps) et à additionner leurs revenus cumulés.

Pour rappel, le document rempli est un document officiel.

Les grosses pointures

Jean-Pierre Raffarin, *sénateur de la Vienne*
333 318 euros en 2013 dont 91 239 euros « d'indemnités »
parlementaires auxquelles s'ajoutent 72 456 euros d'IRFM.

En tant que conférencier, il a touché la somme de 78 500 euros
et 52 500 euros de droits d'auteur.

Son salaire de professeur à ESCP Europe s'élève à 19 623 euros
et enfin il touchait 9 000 euros par mois en tant que président
d'une laiterie coopérative (démission en avril 2013).

Serge Dassault, *sénateur de l'Essonne*
Plus de 800 000 euros en 2013 dont 56 389 euros pour un
mandat et 78 744 euros d'IRFM.

Jean-Michel Baylet, *sénateur de Tarn-et-Garonne (jusqu'au 30
septembre 2014)*
745 259 euros en 2013 dont 84 379 euros sur deux
mandats.

En tant que P.-D.G. du groupe La Dépêche du Midi, il a
touché 377 159 euros ; 144 983 euros comme président d'Occitane
de communication ; 155 163 euros comme directeur de la publication de *Midi olympique* et un petit 23 575 euros comme patron de
La Nouvelle République des Pyrénées.

Philippe Briand, *député d'Indre-et-Loire*
Plus de 608 260 euros de revenus en 2013.

Plus de 31 participations dans des SCI, quelques SARL, des
revenus fonciers non chiffrés en 2013. Maire de Saint-Cyr-sur-
Loire, président de l'agglomération Tour(s) Plus, on cherche une
heure de libre pour Philippe Briand, à moins que...

Déclaration d'intérêts et d'activités « bidonnée »

Pierre Charon, *sénateur de Paris*

Plus ou moins 391 886 euros de revenus annuels dont 174 172,20 euros sur deux mandats et 217 714 euros de revenus divers, dont 405 euros de droits d'auteur en 2013.

Luc Chatel, *député de la Haute-Marne*

À peu près 194 053,77 euros de revenus en 2013 dont 5 148,77 euros pour un mandat et 183 135 euros en tant que consultant auxquels s'ajoutent 5 770 euros d'IRFM.

Jean-François Copé, *député de Seine-et-Marne*

242 726,77 euros de revenus en 2013 dont 5 148,77 euros pour un mandat, 231 808 euros en tant qu'avocat, auteur, etc., et 5 770 euros d'IRFM. Pour le reste des émoluments de M. Copé, une attestation de son comptable est jointe en annexe… et non visible.

Michel Fontaine, *sénateur de La Réunion, maire de Saint-Pierre*

En 2012, ce médecin radiologue aura gagné plus de 332 000 euros en comptant ses rémunérations de président de la Communauté intercommunale des villes solidaires du Sud-île de La Réunion (CIVIS), de sénateur et ses revenus fonciers. Tout est bien dactylographié dans sa déclaration. Ils ne sont pas nombreux à s'être donné cette peine.

Et quelques autres comme **Olivier Dassault** (fils de) pour 357 000 euros de revenus annexes ou **François Fillon** pour 142 000 euros. Globalement, ils sont plus d'une vingtaine à déclarer plus de 100 000 euros de revenus en sus de leurs indemnités de parlementaires. De quoi laisser rêveur…

Le surdoué de la gestion du temps… et de l'argent qui va avec

Thierry Robert, *député de La Réunion*

En plus de ses différents mandats qui devraient déjà l'occuper à plein temps, on découvre, inscrites sur la déclaration de ce député une bonne vingtaine de SARL, SCI, SCCV, EURL et autres sociétés dont il est le gérant déclaré pour la somme encaissée de plus d'un million d'euros entre 2007 et 2012. En sus de ses indemnités bien entendu.

Le débrouillard

Christian Cambon, *sénateur du Val-de-Marne*

14 100,03 euros de revenus par mois dont 8 062,80 euros sur quatre mandats auxquels il faut rajouter son IRFM (6 037,23 euros).

Le plus singulier dans la déclaration de ce sénateur, c'est qu'une de ses deux assistantes semble être l'employée à temps partiel d'une société privée, Matuo International Corporation. Après des recherches rapides, on a, soit une société de distribution textile, soit une entreprise japonaise. Christian Cambon n'a donc qu'une seule assistante payée sur ses crédits propres. Il ne profite pas du crédit mensuel de 7 548,10 euros pour étoffer son équipe (jusqu'à cinq collaborateurs/trices). Serait-il possible qu'il reverse le surplus sur d'autres comptes bancaires comme le règlement l'y autorise ?

Le pauvre !

Patrick Balkany, *député des Hauts-de-Seine*[112]

Les deux seules informations que l'on peut trouver dans sa déclaration d'intérêts et d'activités, c'est 14 500 euros de droits

---

112. http://www.leparisien.fr/politique/le-meilleur-des-declarations-d-interets-des-deputes-24-07-2014-4024799.php

d'auteur sur trois ans et 24 500 euros de rémunération en tant que maire de Levallois-Perret sur six ans, soit 340 euros net d'indemnité d'élu par mois de mandat. Pas un chiffre sur son indemnité de député ni un mot sur son épouse qui, dans sa déclaration, n'existe pas. Un élu pauvre et célibataire !

Ceux qui se trompent

Christian Bataille, *député du Nord*
En juillet 2014, il déclare, comme revenus 2013 sa retraite de professeur et autres pour la somme de 98 167 euros. Puis, rectification en août, cette somme est revue à la baisse et passe à 29 435 euros. Il doit y avoir une raison, mais on ne la connaît pas.

Claude Bartolone, *député de la Seine-Saint-Denis*
C'est sans doute par erreur que le président de l'Assemblée nationale, dans la seule case où apparaissent ses indemnités trouve le moyen sur deux lignes d'inscrire un chiffre en brut pour l'un et en net pour l'autre. Pour un vieux briscard de la politique comme Claude Bartolone, certains pourraient croire que cela fait amateur… à moins que !

Christophe Castaner, *député des Alpes-de-Haute-Provence*
Dans sa déclaration, les seuls chiffres que nous avons concernent les années 2011 et 2012 où pour trois mandats locaux réunis il a gagné 74 855 euros. C'est ce qu'il inscrit dans la case 1 de sa déclaration. Dans la case 8, cette même somme de 74 855 euros ne concerne plus que l'année 2011. Une année gratuite !

Jérôme Chartier, *député du Val-d'Oise*
À la rubrique 8, « fonctions et mandats », de sa déclaration pour l'année 2013, les sommes inscrites ne représentent rien de

quantifiable quand on les compare aux dates et aux fonctions de maire de Domont et de vice-président (inscrits dans sa déclaration pour la période 2008 à 2014). Il n'aurait perçu que 35 749,14 euros, soit un peu moins de 500 euros par mois pour ces deux mandats sur six ans… et comme il n'y a aucune autre information précise, si cela se trouve, c'est en brut !

Les réfractaires

Jean-Christophe Cambadélis, *député de Paris*

Aucune information sur ses indemnités et autres revenus dans sa déclaration 2013. Tout juste apprend-on que deux sur trois de ses assistants sont eux-mêmes des élus. Pour un premier secrétaire de parti, on ne peut pas dire que sa déclaration reflète autant de transparence qu'annoncée dans les discours. On en revient au sempiternel « faites ce que je dis… »

Jean-Pierre Blazy, *député du Val-d'Oise*

Les seules informations exploitables transmises par ce député est qu'il est retraité et maire de Gonesse ; pour le reste, néant. Aucune rémunération et/ou gratification pour cet homme !

Chantal Berthelot, *députée de la Guyane*

Mme Berthelot ne remplit rien, les seules informations données sont les noms de ses trois assistants, sans que l'on sache qui les emploie, et à la rubrique « profession » nous apprenons que Mme Berthelot est agricultrice. Tout le reste est barré d'un grand trait… Circulez, y'a rien à lire, une bénévole quoi !

Daniel Raoul, *sénateur de Maine-et-Loire*

Ce conseiller délégué de la ville d'Angers, vice-président de la communauté d'agglomération, membre de la SEM Angers Expo Congrès, a

Déclaration d'intérêts et d'activités « bidonnée »

carrément zappé toute rémunération dans sa déclaration d'intérêts et d'activités 2013. À croire qu'il travaille lui aussi bénévolement !

Damien Abad, *député de l'Ain*
Lui ne comprend pas bien ce qu'on lui demande. À la rubrique « rémunération », il remplit « indemnité de député européen [il était député européen jusqu'au 17 juin 2012] et indemnité de conseiller régional » sans chiffre aucun. Pratique, côté transparence !

Jacques Myard, *député des Yvelines*
Ne veut rien savoir. Il émaille sa déclaration, plus ou moins remplie, de commentaires divers et réprobateurs. On comprend d'ailleurs qu'il est foncièrement pour le cumul des mandats et il ajoute à la main, à son titre de député-maire, « à bas l'Inquisition ».

Les rigolos

Michèle Bonneton, *députée de l'Isère*
Le seul mot de cette élue, c'est NÉANT, y compris pour la description du travail de ses trois collaborateurs ou de son activité professionnelle. Pour ses mandats électifs un gentil « À venir » vient remplir la case (elle ne sait sans doute encore pas qu'elle est élue !). Par contre, nous avons droit à l'inscription d'une pléiade de participations dans des sociétés comme L'Oréal, Nestlé, Axa… pour un montant global de près de 50 000 euros et qui lui ont rapporté en 2013 moins de 1 000 euros de revenus. La pauvre, des mauvais placements sans doute.

Thierry Benoit, *député d'Ille-et-Vilaine*
À la rubrique « profession », Thierry Benoit nous gratifie d'un « représentant de commerce ». Il emploie d'ailleurs les mêmes mots pour la rubrique « description de votre activité ». On commence à comprendre quand dans la rubrique « modalités d'exercice de

l'activité professionnelle », on passe à « représentant en vins fins » et nous sommes totalement satisfaits quand dans la case rémunération Thierry Benoit inscrit « rémunéré à la commission ».

Pas facile de savoir combien cela fait !

Les rusés

Hervé Morin, *député de l'Eure*

13 151,53 euros par mois (estimation basse) dont 7 381,53 euros sur trois mandats, 5 770 euros d'IRFM et un revenu inconnu de gérant de société.

En effet, Hervé Morin, dans la case « rémunération des activités annexes », déclare être gérant d'un élevage de chevaux de course mais joint astucieusement en annexe le bilan financier contenant sa rémunération... mais l'annexe n'est pas consultable !

Sylvie Andrieux, *députée des Bouches-du-Rhône*

Elle a trouvé comme astuce de ne déclarer ses mandats et les rémunérations qui vont avec en n'inscrivant que les chiffres de l'année 2012.

Jean-Pierre Cantegrit, *sénateur des Français établis hors de France*

Outre des revenus mensuels de 17 489,82 euros, IRFM compris, il possède, selon sa déclaration, des participations dans quelques SCI pour un montant de plus de 2 800 000 euros dont nous ne connaîtrons pas les dividendes puisque mis en annexe... et non consultables.

Les distraits

Dominique Baert, *député du Nord*

On peut estimer ses revenus à 13 319,65 euros par mois.

Aucune information de rémunération pour l'année 2013 ; des chiffres de 2012 pour ses mandats de maire de Wattrelos et de vice-président de Lille Métropole Communauté urbaine, sans aucune précision pour dire si c'est en brut ou en net.

Pourtant, on apprend à la rubrique « profession » qu'il est directeur à la Banque de France en détachement. C'est donc, logiquement, un homme qui n'a pas de problème avec la transparence des chiffres.

Sauf pour sa déclaration d'intérêts et d'activités.

Jean-David Ciot, *député des Bouches-du-Rhône*

J'ai rencontré plusieurs problèmes avec ce député. Mis en examen dernièrement pour recel de détournement de fonds publics, il aurait touché une prime de licenciement de 65 529,10 euros que nous ne retrouvons nulle part dans sa déclaration d'intérêts et d'activités. Lors de son élection en tant que député, fin 2012, il touchait selon sa déclaration une allocation chômage de 3 621,05 euros par mois alors qu'il était en même temps maire du Puy-Sainte-Réparade et député.

Un autre maire, à Bobigny, a fait la une de la presse pour les même raisons. Mais il s'agit peut-être d'une erreur d'écriture dans la déclaration de Jean-David Ciot.

Karine Berger, *députée des Hautes-Alpes*

Entre la case n° 1 et la case n° 2 à remplir, Mme Karine Berger déclare deux indemnités différentes pour une fonction identique. Case 1, elle inscrit 5 300 euros par mois de gratification en tant que députée et dans la case 2, elle n'a plus que 4 188,50 euros par mois pour le même poste, la même année. Elle a perdu 1 111,23 euros d'indemnité en deux lignes !...

Pourtant, elle annonce vouloir conserver un poste en cours de macroéconomie, peut-être en tant qu'élève ?

Les pattes de mouches

Xavier Bertrand, *député de l'Aisne*

On se demande ce qu'il a voulu écrire tant il faut s'y reprendre à quatre fois pour essayer de le déchiffrer. Et lorsqu'on arrive à comprendre les activités de ce député, la rubrique « rémunération/gratification » nous renvoie vers un « voir » suivi de quelques mots illisibles. Heureusement, une modification à cette déclaration, cette fois tapée à la machine à écrire, nous apprend qu'il a touché 1 426,18 euros en trois mois pour des cours donnés à Sciences Po Paris.

Éric Jalton, *député de la Guadeloupe*

Quand on lit la déclaration de ce député, on se demande si cet élu sait se servir d'une gomme et d'un crayon tant, dans sa déclaration, les rajouts et ratures sont nombreux.

Les minimalistes

Gérard Bapt, *député de la Haute-Garonne*

La seule information chiffrée de ce député, pour 2013, est la somme d'environ 700 euros comme membre d'un comité syndical. Pour le reste, ce médecin de profession ne donne aucun chiffre. On sait juste qu'il est député et maire adjoint (sans précision de la ville). Minimaliste jusqu'au bout.

Gilbert Barbier, *sénateur du Jura*

Même combat pour ce sénateur dont on sait qu'il est conseiller municipal (sans précision de la ville) et c'est la seule information à laquelle nous avons droit.

Jean-Claude Fruteau, député de La Réunion

Tout ce que l'on sait concernant ce député est qu'il a gagné 2 300 euros en tant que maire de Saint-Benoît entre 2008 et 2014. Pour le reste le mot qui revient souvent dans toute les cases qu'il a obligation de remplir, c'est NÉANT.

Les « mélangeurs » de sommes globales

Ericka Bareigts, députée de La Réunion[113]

Cette députée additionne toutes ses indemnités de 2009 à 2013. C'est comme ça que pour cinq ans en tant que conseillère municipale de Saint-Denis, elle aligne 80 165,73 euros, soit 1 336,09 euros par mois. Très bien payé d'être élue dans la ville de Saint-Denis à La Réunion.

Laurence Cohen, sénatrice du Val-de-Marne

Orthophoniste de métier, elle n'entend apparemment rien aux chiffres, mélange des informations de 2012 et 2013, donne des chiffres de bilan additionnés sur trois ans, fournit des indemnités sans qu'il soit précisé net ou brut.

Un fourre-tout « vieux briscards »

Dominique Bussereau, député de la Charente-Maritime

Pas facile de faire le compte des revenus de Dominique Bussereau. Il mélange les rémunérations annuelles avec les mensuelles. On ne sait pas si ce qu'il perçoit est en net ou en brut. Entre ses trois réunions (jetons de présence) dans un conseil d'administration pour

---

113. http://ipreunion.com/photo-du-jour/reportage/2014/07/24/declarations-d-interets-des-deputes-et-senateurs-le-palmares-des-elus-reunionnais,26476.html

9 000 euros, son poste d'enseignant, ses interventions à HEC, il faut s'y reprendre à plusieurs fois avant de comprendre.

Un « multicartes indépendant »

Jean-Luc Warsmann, *député des Ardennes*
Une déclaration remplie à la main où l'on n'apprend pas grand-chose sur les rémunérations de l'élu entre 1995 et 2014 puisqu'en face de quasiment chaque mandat on trouve le chiffre zéro dans la colonne rémunération. Par contre, on trouve la somme de 1 279 326 euros (on suppose) en participation financière dans un paquet de sociétés comme le Crédit agricole, Safran, Air Liquide, Total, Lafarge, Sanofi, Axa, Veolia, Saint-Gobain, Alcatel, la Société générale, BNP Paribas, Renault, Orange, GDF-Suez, Eads, Arcelor Mittal…
Le conflit d'intérêts guette cet élu… Un jour prochain ?

« Je mets tout sauf les rémunérations »

Michel Voisin, *député de l'Ain*
On apprend qu'il est député jusqu'en 2017, conseiller régional jusqu'en 2015 et maire de Replonges jusqu'en 2014. Côté rémunération, gratification, indemnités, rien, pas un gribouillis ou un petit zéro.

Un retraité

Georges Ginesta, *député du Var*
Si l'on additionne l'ensemble de ses rémunérations, soit 14 370 euros d'indemnités liées à ses mandats, 15 007 euros issus

Déclaration d'intérêts et d'activités « bidonnée »

de son activité d'« agent d'assurances », 1 301 euros de retraite et 4 297 euros de loyers, on arrive à 34 975 euros par mois.

Notons aussi qu'une partie de l'enveloppe de 9 504 euros par mois consacrée à la rémunération de ses assistants parlementaires atterrit dans la tirelire du ménage, puisque son épouse, Madeleine, fait partie de son équipe.

Une mascarade et un attrape-nigaud ?

La lecture de toutes ces « déclarations » pourrait donner lieu à l'écriture d'un vaudeville si on ne lisait pas dans la loi et sur la dernière page que signent les élus en remplissant leur déclaration :

« Il est enfin rappelé que le Code pénal punit d'une peine de trois ans d'emprisonnement et de 45 000 euros d'amende le fait d'omettre de déclarer une partie substantielle de son patrimoine ou de fournir une évaluation mensongère de son patrimoine, et d'une peine de un an d'emprisonnement et de 15 000 euros d'amende le fait de ne pas communiquer les informations et pièces utiles a l'exercice de la mission de la Haute Autorité pour la transparence de la vie publique.

Peuvent être prononcées à titre complémentaire de la première de ces peines l'interdiction des droits civiques selon les modalités prévues aux articles 131-26 et 131-26-1 du Code pénal ainsi que l'interdiction d'exercer une fonction publique selon les modalités prévues à l'article 131-27 du même Code. »

On n'ose même pas « sérieusement » imaginer, avec de telles sanctions promulguées si « sérieusement » et ratifiées tout aussi « sérieusement », ce que les parlementaires auraient pu subir comme foudres s'ils n'avaient pas rempli « sérieusement » leurs déclarations.

En résumé, la déclaration d'intérêts et d'activités des parlementaires est une mascarade et un attrape-nigaud. C'est un document flou, peu précis, qui ouvre la porte à toutes les interprétations de la part des élus, déjà peu enclins à le remplir.

De mon point de vue, c'est un abus flagrant de nos parlementaires, et un mépris intolérable des règles qu'eux-mêmes mettent en place, de remplir de façon si étrange et fantaisiste pour beaucoup leurs déclarations malgré les sanctions annoncées ; ce qui au passage, sous-entend que tout le monde sait qu'elles ne seront pas appliquées (ou seulement peut-être pour quelques cas trop voyants que l'on sacrifiera sur l'autel médiatique). Pourquoi nos élus semblent-ils bénéficier de tels passe-droits alors que les citoyens subissent des pénalités financières systématiques en cas de fausses déclarations, de déclarations incomplètes, voire mal rédigées ?

De plus et sans remettre en cause le travail de la plupart des parlementaires, on a quand même du mal à comprendre que tant d'élus aient une ou des activités annexes, vraiment rémunératrices pour certains, qu'on se demande comment ils trouvent le temps de tout faire. Se pose inévitablement la question pour ces élus de savoir si l'activité parlementaire qu'ils revendiquent n'est justement pas simplement une activité annexe ? À lire leurs déclarations et en les comparant à leur taux de présence effective, la réponse pour quelques-uns est malheureusement évidente.

On a vraiment l'impression désagréable d'assister à une mascarade de transparence pour calmer le peuple suite à quelques scandales politiques retentissants (Cahuzac). Une fois de plus, les parlementaires plastronnent avec une pseudo-solution censée redonner une virginité à une classe politique montrée du doigt et calmer cet imbécile d'électeur.

À l'inverse de ces comportements plein de mépris pour ce que devrait être une réelle démocratie, notons pour la saluer l'initiative du maire du Passage d'Agen, **Francis Garcia,** qui a décidé de remplir et de publier de lui-même la déclaration d'intérêts et d'activités qu'il n'était pas, en plus, obligé de remplir et qu'il s'est d'ailleurs engagé à publier chaque année (chaque citoyen peut, s'il le désire, la trouver sur le site de la mairie).

Déclaration d'intérêts et d'activités « bidonnée »

C'est un élu local qui répond ainsi, à plus de deux siècles de distance, à l'exhortation du conventionnel Georges Couthon rappelée en tête de ce chapitre.

L'action de Francis Garcia est symbolique, mais on aimerait que d'autres – les députés par exemple – fassent de même sans rechigner, non pas par voyeurisme malsain, comme on voudrait nous le faire croire, mais juste par souci de transparence, comme on le demande à chaque citoyen quand il remplit sa déclaration de revenus.

Conclusion : Opacité et obstruction sont les deux mamelles de la transparence politique

On le voit bien, avec les quelques exemples donnés ci-dessus : dès qu'il s'agit de bouger les lignes de la morale et du système politique, les élus font bloc et actionnent tous en même temps le frein à main pour immobiliser tout ce qui pourrait remettre en cause leur confort douillet et opaque de fonctionnement.

Depuis un premier texte proposé par le gouvernement Rocard à la fin des années 1980, il y a eu à peu près 13 ou 14 lois votées par le Parlement, toutes majorités de droite ou gauche confondues, pour contribuer à « moraliser » la vie politique. Nous sommes quasiment leader européen dans ce domaine. On constate d'ailleurs la concomitance d'une loi nouvelle et souvent très mal fagotée après chaque scandale qui déborde un peu en éclaboussant une partie de la classe politique. Sa mise en place est toujours rapide, pour démontrer l'efficacité de la réponse politique, ou, j'aurais plutôt tendance à croire, pour éteindre rapidement un incendie qui pourrait s'étendre.

On s'aperçoit tout aussi rapidement à chaque fois que toute « loi nouvelle » qui est annoncée comme celle qui va moraliser totalement la classe politique ne change pas grand-chose, après coup, au système en place.

Quand on y regarde de plus près, il est aisé de comprendre que les élus ne peuvent pas volontairement se tirer une balle dans le pied quand ils doivent eux-mêmes mettre de l'ordre dans leur propre chapelle. Ils ont plutôt tendance à minimiser, voire à torpiller systématiquement les avancées qui pourraient moraliser leurs pratiques.

Le système politique et les avantages indus qu'il comporte participent grandement aux tentations de dérapage d'élus qui ne sont, après tout, que des humains. C'est un système qu'ils ont eux-mêmes mis en place et qu'ils défendent bec et ongles, refusant tout changement qui risquerait de remettre en cause leurs privilèges.

Les élus se sentent-ils au moins coupables ?

XIV - Quelques petits arrangements entre amis...

Saisies d'huissiers chez les élus ; un régime de faveur

Dans le cadre du régime général qui nous est appliqué à nous autres pauvres citoyens, le législateur a bien fait les choses. En cas de saisie sur nos salaires, nos retraites ou nos comptes en banque, on doit obligatoirement nous laisser un minimum égal au RSA (revenu de solidarité active) soit 513,88 euros par mois.

Les indemnités de fonction des élus locaux[114], elles, ne sont saisissables que pour la partie excédant la fraction représentative des frais d'emploi définie à l'article 204-0 bis du Code général des impôts, dont le montant est de 646,25 euros et de 969,38 euros en cas de cumul de mandats. Autrement dit, le RSA, ils ne connaîtront jamais, même aux prises avec la justice. De même, ils ne se verront sans doute jamais saisir leur voiture ou devoir vendre leur appartement.

De plus, s'agissant des indemnités versées aux élus, la cour d'appel de Paris, par un arrêt du 25 mai 1988 (n° 87-006338 du répertoire général), a décidé que les indemnités de fonction, ayant un caractère indemnitaire, ne peuvent être assimilées à un salaire

---

114. http://www.collectivites-locales.gouv.fr/regime-indemnitaire

ou à un traitement en l'absence de tout lien de subordination avec un employeur[115]. En clair, elles ne sont pas saisissables.

Un ancien ministre[116] a ainsi été condamné définitivement en 1999 à un peu plus de trois millions d'euros (intérêts non compris) pour une affaire qui datait de 1986. Il rembourse sur la saisie de sa pension de retraite d'élu la modique somme de 1 524 euros par mois depuis l'année 2000. Il aura donc fini de rembourser la dette pour laquelle il a été condamné dans un délai d'un peu moins de 162 ans !

On peut légitimement se demander si le trésorier-payeur général qui a négocié à l'amiable le remboursement de la dette due n'avait pas une petite mansuétude déférente à l'égard de cet ancien ministre : pas de vente aux enchères, pas de saisies-arrêts ou saisies-attributions sur salaires qui ne laissent que 500 euros pour survivre. Pourquoi le simple quidam doit rembourser au plus vite sa dette, même minime, et pourquoi d'autres ont le loisir de le faire en 162 ans ?

Le fait d'être ministre (ou ancien ministre, ça suffit) sans doute.

Et cet ancien ministre semble par ailleurs avoir été bien soutenu par « la corporation des élus » : il a fallu plus de quatre ans de procédures et de refus successifs de la part de quatre ministres en charge du budget ou des finances (**Éric Woerth** (2007-2010), **Christine Lagarde** (2007-2011), **Valérie Pécresse** (2011-2012), **Jérôme Cahuzac** (2012-2013)) pour que les documents relatifs à l'apurement de sa dette, entre autres, soit accessibles et remis à Raymond Avrillier[117], militant tenace de la transparence politique.

---

115. http://bofip.impots.gouv.fr/bofip/ext/pdf/createPdfWithAnnexePermalien/BOI-REC-FORCE-20-20-20121008.pdf?doc=3629-PGP&identifiant=BOI-REC-FORCE-20-20-20121008

116. http://www.leparisien.fr/grenoble-38000/l-ancien-ministre-christian-nucci-doit-encore-2-9-millions-d-euros-a-l-etat-25-06-2013-2930019.php

117. http://www.lesantennes.org/journal/sites/default/files/130625_CP%20Avrillier%20sur%20Nucci%20dette%20Carrefour%20du%20D%C3%A9veloppe%E2%80%A6.pdf

Il demandait des informations à la Direction générale des finances publiques (DGFIP) sur les reversements à la caisse publique des sommes illégalement détournées par des responsables publics qui avaient été condamnés par la Cour des comptes. Des documents publics pourtant consultables selon la loi, mais que les ministres eux-mêmes refusent de vous montrer avant que tous les recours judiciaires soient épuisés. Si ce n'est pas un abus, ça !

Un signalement TRACFIN cinq ans après les faits

On se souvient du secrétaire général de l'Élysée et de ses démêlés (et explications successives) quand *Le Canard enchaîné* révèle qu'il aurait reçu sur son compte en banque un virement de 500 000 euros en provenance de la Malaisie. Dans ses explications nombreuses et variées, **Claude Guéant** affirme qu'il s'agit du produit de la vente de deux toiles d'un petit maître flamand du XVIIᵉ siècle qu'il a très bien vendues puisque le prix médian des œuvres de Van Eertvelt est de 40 000 euros. Au regard du marché de l'art le prix que Guéant prétend en avoir tiré est donc une anomalie.

En temps ordinaire, et selon la loi, dès qu'un mouvement suspect et important a lieu sur un compte, la banque a obligation de prévenir un organisme en charge de la lutte contre le blanchiment d'argent : TRACFIN.

On sait, aujourd'hui, que la banque qui a reçu le virement en 2008 s'est empressée de le signaler... en 2013, soit cinq ans plus tard, et surtout dès que la presse a commencé à en parler, immédiatement après la saisie des relevés bancaires de **Claude Guéant**[118].

---

118. http://www.liberation.fr/politiques/2014/12/02/claude-gueant-aurait-ete-epargne-d-un-signalement-a-tracfin_1155409

Quelques petits arrangements entre amis...

Simplement au regard de cette affaire, on se rend compte de plusieurs soucis majeurs qui normalement, et pour un simple citoyen, auraient dû attirer immédiatement les foudres de plusieurs services de police : on parle de deux toiles mais il n'y a apparemment aucun certificat d'exportation, ce qui fait que la somme de 500 000 euros trouvée sur son compte en banque n'est aucunement justifiée. On a plusieurs versions de **Claude Guéant** et il faudra attendre mars 2015 pour qu'après une garde à vue ce fin connaisseur en peinture flamande soit mis en examen pour « faux » et « blanchiment de fraude fiscale en bande organisée. »

XV - Quand deux élus se font élire et se cassent...

François Lamy et **Nathalie Kosciusko-Morizet** ont tous les deux accédé aux plus hautes fonctions de l'État : ministres. Tous les deux se sont fait élire en 2012 dans le département de l'Essonne. Tous les deux ont décidé, à peine élus, « d'exporter » leurs compétences dans d'autres endroits que celui où ils ont été élus, abandonnant leurs électeurs pour des cieux plus prometteurs pour leur carrière.

Mme Kosciusko-Morizet[119] décide à la fin de 2013 de se présenter aux élections municipales de Paris. Elle les perd et devient conseillère d'opposition à la mairie de Paris.

M. François Lamy[120], battu aux municipales en mars 2014 à Palaiseau, s'en va soutenir la maire de Lille, à plein temps, ajoutant qu'il déménage avec femme et enfants pour rejoindre le pays des Ch'tis.

J'ai eu beau chercher dans les articles de presse parus sur le sujet, aussi bien pour **Mme Kosciusko-Morizet** que pour **François Lamy**, je n'ai trouvé aucune trace d'un quelconque scrupule ou remords vis-à-vis des citoyens qui les ont élus en 2012

---

119. http://essonneinfo.fr/91-essonne-info/tag/nathalie-kosciusko-morizet/

120. http://www.20minutes.fr/lille/1481439-20141116-lille-pourquoi-lillois-vont-apprendre-connaitre-francois-lamy

http://www.metronews.fr/lille/martine-aubry-parachute-francois-lamy-a-lille/mnkq!PxU5Uc1V1pOD2/

pour qu'ils représentent l'Essonne. À l'époque, ils passaient tous les deux pour des élus proches du peuple, pour ce que l'on appelle « des élus de proximité ». Pourtant, aussitôt élus, ils s'empressent de trouver un autre point de chute pour booster leur carrière. Aucun des deux néanmoins n'a envisagé de lâcher la poule aux œufs d'or qu'est leur mandat de député d'un département où on les verra très peu.

Est-ce qu'un salarié qui décide volontairement d'aller travailler ailleurs que dans l'entreprise qui l'a embauché continue à toucher le salaire de l'emploi qu'il n'exerce plus ?

Le président du conseil général de l'Essonne, **Jérôme Guedj,** a déclaré par deux fois qu'il était inadmissible que Mme Kosciusko-Morizet abandonne son poste de députée pour s'en aller vers d'autres horizons – candidate à la mairie de Paris –, ajoutant à chaque fois qu'elle se devait d'être cohérente et démissionner.

Par contre, quand le député Lamy, dont il était le suppléant, fait de même pour s'en aller travailler à Lille, Jérôme Guedj lui trouve toutes les excuses pour le dédouaner de son départ !

Comme quoi, chez les élus « l'inadmissible » est à géométrie variable.

XVI – Du personnel « gratos »
pour les anciens présidents

En période de rigueur budgétaire, on cherche à faire des économies. Un jour, quelqu'un au gouvernement a eu la « mauvaise » bonne idée de piocher dans le personnel des anciens présidents de la République, et plus précisément dans le staff pléthorique alloué à Valéry Giscard d'Estaing.

14 personnes étaient mises par l'État à la disposition de l'ancien président, donc payées par nos impôts : chauffeur, cuisiniers, agents de sécurité, secrétaires, etc., tout ce petit monde cornaqué par pure bonté d'âme par un ancien préfet. Le ministère de la Défense a suggéré que l'on affecte à un autre poste un (voire deux) des militaires au service de Valéry Giscard d'Estaing. Une dizaine de personnes devraient suffire à le servir, pensait-on.

Mais l'affaire a été considérée comme un crime de lèse-majesté et a failli tourner à l'incident diplomatique grave. Le tout est remonté, avec vives réprobations, jusqu'au Premier ministre. Tout le monde a battu en retraite et l'ancien président a toujours ses 14 « domestiques » payés par l'État pour le servir.

René Dosière, spécialiste de la lutte contre la gabegie financière dans la classe politique, estime que chaque président coûte plus de deux millions d'euros par an. Plus précisément : depuis 1981, Valéry Giscard d'Estaing est celui qui nous coûte le plus cher avec une dépense de 2,5 millions d'euros par an. Vient ensuite

Nicolas Sarkozy[121] avec 2,2 millions d'euros par an depuis 2012. Jacques Chirac est bon dernier avec 1,5 million d'euros que le contribuable supporte chaque année depuis 2007.

On a quand même du mal à comprendre ces conditions de vie plus que confortables qui n'ont aucune base légale puisque tout ce qu'on leur accorde ne repose que sur une simple lettre en date du 8 janvier 1985 signée de la main de **Laurent Fabius** et adressée en copie à Valéry Giscard d'Estaing. C'est le seul document qui définit et cadre les avantages accordés aux anciens présidents.

Mais cela semble néanmoins si naturel à nos anciens chefs d'État qu'en 2012, l'ancien président Giscard d'Estaing estime que les deux personnes versées à son service dans le logement de fonction dont il dispose gracieusement sont surchargées de travail et ne peuvent plus remplir leur fonction aux cuisines. Qu'à cela ne tienne, l'État, bon et généreux, peu regardant, lui en attribue deux autres… en plus.

Source supplémentaire

Le Canard enchaîné du 10 décembre 2014.

---

121. http://www.sudouest.fr/2012/05/14/l-ancien-president-sarkozy-coutera-pres-de-2-millions-d-euros-par-an-aux-contribuables-715076-4705.php

XVII - Petits avantages
en forme d'abus d'élus

Je ne peux résister à l'envie de vous mettre dans la confidence au sujet de trois petits abus, avantages, privilèges, parmi tant d'autres que j'ai découverts au cours de mes pérégrinations sur Internet ou de mes fouilles au fin fond des méandres du mode de fonctionnement des mandats d'élus. J'y ai découvert, au détour d'un vote ou d'une « lettre de cadrage », plein de petits détails qui agrémentent ou facilitent grandement la vie trépidante d'élus stressés par leur charge de travail titanesque. J'ai employé volontairement le mot de « confidence », car souvent ces « passe-droits » accordés à nos élus ne sont connus que d'eux seuls (et parfois pas tous au sein d'un même conseil). Il faut vraiment faire partie du sérail pour savoir ce à quoi l'élu a droit.

Ce qui est amusant, c'est qu'en plus, quand on pose la question aux bénéficiaires sur l'utilité de ces pratiques, on a vraiment l'impression que leur vie même en dépend.

La gratuité du parc floral de Vincennes pour les élus de Paris

Officiellement reconnu jardin botanique depuis 1998, le parc floral de Paris, situé en bordure du bois de Vincennes, présente des collections uniques au monde. Il est célèbre pour ses présentations horticoles, ses expositions ou ses jardins thématiques. **L'entrée**

du parc est gratuite pour tous de septembre à juin. Elle n'est payante que les mercredis, samedis et dimanches, entre le 6 juin et le 21 septembre, jours d'animations et de concerts. Le plein tarif est de 5,50 euros, tarif réduit pour les familles nombreuses et les moins de 26 ans.

On ne peut pas dire que le tarif exigé est excessif au vu de ce qui est proposé. Eh bien depuis presque vingt ans les élus de Paris, grâce à un vote en conseil municipal, y ont accès gratuitement sur présentation de leur carte d'élu !

Ça baigne dans les piscines pour les élus de Paris !

Le prix d'entrée des piscines parisiennes est en moyenne de trois euros à tarif plein et de 1,70 euro en tarif réduit. Un petit prix qui permet à tous et à toutes de pouvoir accéder à ce loisir sans trop grever son budget.

Un conseiller municipal parisien touche 4 807,62 euros par mois, ce qui est, avouons-le, une somme assez coquette de nos jours et qui classe les élus parisiens (sans compter les cumuls de mandats et le reste) dans la tranche haute des cadres supérieurs. Eh bien, les élus de Paris peuvent se baigner quand ils veulent dans toutes les piscines gérées par la Ville de Paris, gratuitement !

J'ai personnellement téléphoné à l'accueil de plusieurs piscines intra-muros et toujours la même réponse : sur présentation de ma carte d'élu parisien, il n'y a pas de souci, on me laissera passer gratuitement (et sans doute toute ma famille, ou les gens qui m'accompagnent). Je me suis même permis dans ma conversation avec l'accueil d'une des piscines de préciser que je m'excusais car j'étais élu à l'autre bout de Paris, et on m'a répondu que « la gratuité pour un élu de Paris n'avait pas de frontière ».

Un parlementaire voyage gratis et ne fait jamais la queue

Tout le monde sait maintenant qu'un ancien ministre, sa femme et ses enfants ont droit à voyager gratuitement à vie sur les lignes d'Air France. Qu'un parlementaire a droit à une carte SNCF gratuite en première classe sur le réseau ferroviaire français et que son conjoint a droit à un tarif réduit à 50 %. On peut aussi se souvenir que les parlementaire à la retraite ont les mêmes possibilité de voyager en train gratuitement, la SNCF est décidément bonne mère pour les élus de la République !

Mais ils ne sont pas les seuls. Durant son mandat, « pour ses voyages en France, le parlementaire peut retirer ses billets de première classe gratuits aux guichets SNCF et Air France qui lui sont dédiés à l'intérieur du Palais-Bourbon et du palais du Luxembourg. Les voyages sur les réseaux ferrés ne sont pas limités en nombre, ni géographiquement. Et si le train est complet, une ligne téléphonique a été mise en place, qui permet de débloquer une place à l'élu sur le trajet souhaité[122]. »

Non seulement tout est fait pour que notre parlementaire puisse quasiment depuis son bureau de l'hémicycle prendre son billet pour voyager gratuitement, mais comme si cela ne suffisait pas, il a encore droit à un régime spécial dans quasiment toutes les gares de France. Grâce à un système mis en place par la SNCF qui s'appelle « Pro Express » auquel les parlementaires ont droit, ils peuvent sans problème ne pas faire la queue, composter leur billet directement, changer de destination sans surtaxe et en priorité trente minutes avant le départ, monter dans le train avec une place même si celui-ci est complet. Bref un superbe tapis rouge instauré par la SNCF pour le parlementaire (et son conjoint).

---

122. http://lagauchematuer.fr/2015/02/03/senateurs-et-deputes-malgre-leur-nullite-contre-la-baisse-de-leurs-exorbitants-privileges/#eLgAOkj9fbSzrD3K.99

Petits avantages en forme d'abus d'élus

Je ne crois pas d'ailleurs qu'aucun parlementaire ne se soit jamais plaint de la SNCF.

Petite conclusion

On pourrait croire que c'est mesquin de ma part d'appuyer et de montrer ces détails d'agrément de la vie d'un élu. Après tout, ce ne sont que des petites sommes, des petits avantages qui ne vont pas chercher très loin et/ou ne coûtent pas très cher à la collectivité. Mais ne dit-on pas que ce sont les petits ruisseaux qui font les grandes rivières, et on s'aperçoit aussi que ce sont ceux qui sont les mieux servis qui se servent encore.

Une mère de famille monoparentale au chômage devra faire le choix entre payer la piscine à ses trois enfants et aller au cinéma. Un élu de Paris, sans problème de fins de mois, pourra lui (et ses enfants avec…) nager gratuitement tous les jours de la semaine si cela lui chante.

Il y a des indécences et des abus qui se nichent même dans quelques euros.

Source supplémentaire

Libération du 14 octobre 1996.

TROISIÈME PARTIE

« Faites surtout ce que je dis, mais ne regardez surtout pas ce que je fais. »

Proverbe de parlementaire

I - La sempiternelle annonce de la suppression de la Cour de Justice de la République

Une Cour de Justice en vase clos, bien pratique : on est entre potes !

J'aborde là un des abus de pouvoir qui symbolise à lui tout seul le message souvent entendu qu'un élu se croit au-dessus des lois. Là nous avons carrément un organisme qui est juge et partie en même temps. Il est taillé sur mesure pour les élus et a été créé uniquement pour eux, c'est un petit endroit où ils peuvent laver leur linge sale en famille. Ils sont entre gens qui se « comprennent », se fréquentent, se connaissent : ils sont du même sérail. En tout autre endroit de la justice, le moindre petit avocat de troisième ordre demanderait et obtiendrait la récusation des juges pour suspicion légitime de partialité selon la procédure des articles L. 518-1 et R. 518-1 et suivants du Code de l'organisation judiciaire et 341 et suivants du Nouveau Code de procédure civile.

Ainsi, dernièrement, un juge a été récusé car une photo le montrait à la table d'un des accusés qu'il devait juger, lors d'une fête de famille. Or, tous les politiques qui siègent en tant que juges au sein de la Cour de Justice de la République (CJR) ont un jour ou l'autre déjeuner ou dîner avec un des « ministres » qu'ils auront à juger. Plusieurs fois, des présidents de la République ont mis à leur programme (de campagne électorale) la suppression de cette anomalie juridique, sans qu'une suite y soit donnée.

Par comparaison, on peut estimer que cette Cour de Justice ressemble fort à un tribunal arbitral (affaire Bernard Tapie *vs* Consortium de réalisation (CDR) dans le dossier Adidas/Crédit lyonnais). Mais bien entendu, là, ce n'est pas pareil, vous diront les parlementaires ou les puristes du détail. Certes, mais il s'agit quand même, là aussi, d'un tribunal d'exception qui ne sert que les intérêts de quelques-uns, non ?

Création de la Cour des privilégiés

Cette institution est créée en 1993, à la suite de quelques affaires politico-financières retentissantes et ayant impliquées, de plus ou moins près, des personnages de l'État (sang contaminé, Crédit lyonnais, Urba Gracco…).

Comme souvent dans ces cas-là il faut donner un gage de bonne volonté au bon peuple et lui vendre l'impression que l'on agit. On crée donc la Cour de Justice de la République (en remplacement de la Haute Cour de justice) par une loi de révision constitutionnelle du 27 juillet 1993 (complétée par le vote d'une loi organique en novembre 1993).

Cette institution est composée d'un mélange politico-judiciaire : 12 parlementaires, six issus de l'Assemblée nationale et six du Sénat. Pour l'habiller d'une petite façade judiciaire, on y ajoute trois magistrats professionnels, dont l'un sera le président de la Cour de Justice de la République. Ainsi, ce sont ces 15 personnes, dont, vous l'aurez remarqué seulement trois juges, qui sont chargés de voter, à bulletin secret, à la majorité absolue, la relaxe, ou la culpabilité et de déterminer la peine à infliger à l'élu condamné qui n'est souvent qu'un « collègue de travail » ou un camarade compagnon de parti.

Une justice d'exception montrée du doigt

Pourtant, « les ministres sont des citoyens comme les autres, ils n'ont pas besoin d'une protection particulière », paraît-il, et François Hollande, en 2012, alors candidat à la présidence de la République, prétendit et affirma vouloir abolir cette institution.

Seulement voilà, entre le discours, les promesses et les actes, il y a les élus.

Chaque député, chaque sénateur pouvant devenir un jour ministre, tous retoquent cette réforme juste, message fort de l'égalité de tous devant la loi, une première fois en 2013. Le Premier ministre déclare qu'il n'a pas réussi à obtenir la majorité politique requise pour une révision constitutionnelle (les 3/5ᵉ du Parlement réuni en Congrès). Ce n'était pourtant pas une grande réforme sur le sujet : le texte proposait simplement d'équilibrer le nombre de magistrats par rapport aux élus. Une simple question de bon sens qui permettait d'avoir une vision technique du délit d'élu par des professionnels et de sortir du possible copinage ou du « nous lavons le linge sale en famille », qui, tout le monde le sait, est surtout propice à masquer les taches. Mais les élus, toutes tendances confondues, ont regardé ailleurs pour que la proposition soit rejetée.

Sans doute pour que les taches sur le linge ne puissent pas ressortir après « le lavage en famille ».

Si cette instance est tant décriée, c'est que depuis sa création en 1993 et malgré l'examen d'un bon millier de plaintes et moult scandales impliquant des hauts personnages de l'État, la Cour de Justice de la République n'a siégé que quatre fois en tout et pour tout et seuls six élus ont été jugés :

– les ministres **Laurent Fabius, Georgina Dufoix et Edmond Hervé** en 1998, dans le cadre du procès du sang contaminé : les deux premiers ont été relaxés et le troisième condamné mais dispensé de peine ;

La sempiternelle annonce de la suppression de la Cour de Justice de la République

– la ministre **Ségolène Royal** en 2000, dans une affaire de simple diffamation. Elle a été relaxée ;

– le secrétaire d'État **Michel Gillibert,** en 2004, dans une affaire d'escroquerie a été condamné à trois ans de prison avec sursis ;

– l'ancien ministre **Charles Pasqua** a été condamné en 2010 à un an de prison avec sursis dans l'affaire de la Sofremi, mais relaxé dans deux autres procédures ouvertes contre lui par la même Cour de Justice.

Certains iront jusqu'à parler d'une justice de connivence.

Il est sûr que des pairs jugeant leurs pairs, voire leurs amis politiques et des juges qui sont nommés par les élus, cela ne va pas dans le sens d'une impartialité évidente.

Aussi, en juin 2014, lors d'une conférence de presse à l'Élysée, le président de la République remet le couvert[123] en déclarant qu'il est favorable à une modification de la Constitution pour supprimer la Cour de Justice de la République. Un petit préalable néanmoins, faire aboutir le projet de réforme du Conseil supérieur de la magistrature avant. Ensuite, et seulement ensuite, il sera possible dans le même esprit d'aller vers la suppression de la Cour de Justice de la République… c'est-à-dire pas avant fin 2015, voire 2016, 2017, 2018 ou plus !

On peut en effet douter de l'effectivité de ladite suppression à la date annoncée : en effet, avec la nécessité de révision constitutionnelle exigeant le vote favorable des 3/5e des deux assemblées réunies en Congrès, à laquelle il faut rajouter le vote d'une loi organique et compter avec un Sénat qui vient de changer de couleur politique, on peut raisonnablement supposer qu'une fois de plus, la tendance va être d'user de toutes les arguties de retardement possibles et

---

123. http://www.liberation.fr/politiques/2014/06/25/hollande-confirme-vouloir-supprimer-la-cour-de-justice-de-la-republique_1050045; http://www.lemonde.fr/societe/article/2014/06/25/francois-hollande-assure-qu-il-va-supprimer-la-cour-de-justice-de-la-republique_4444862_3224.html; http://www.lefigaro.fr/actualite-france/2014/06/25/01016-20140625ARTFIG00262-pourquoi-francois-hollande-veut-supprimer-la-cour-de-justice-de-la-republique.php

imaginables pour continuer à donner l'image (néfaste et négative) que les élus ne peuvent pas être jugés comme tous les citoyens.

Réflexion d'entre les lignes

Les élus devraient être rassurés : il a été déclaré que cette suppression ne serait pas valable pour les affaires en cours. Quelques ministres, ex-ministres ou secrétaires d'État peuvent respirer, ils continueront à ne rien risquer.

Détail d'inertie juridique de dernière minute

« La Cour de Justice épargne Éric Woerth ». C'est ainsi que titre un article de Mediapart d'octobre 2014[124] pour un jugement rendu à l'encontre d'Éric Woerth et concernant la vente contestée de l'hippodrome de Compiègne en 2010.

De l'avis général et au vu des pièces versées au dossier, on a du mal à comprendre. Peu importe si nous ne comprenons pas, au final **Éric Woerth** a bénéficié d'un non-lieu devant la CJR ainsi que l'a annoncé le 11 décembre 2014 le parquet général près la Cour de cassation.

Avis journalistique

« La classe politique se protège elle-même » titrait une journaliste de Mediapart en mai 2010.

Quand je vous parlais du linge sale lavé en famille !...

---

124. http://www.mediapart.fr/journal/france/091014/la-cour-de-justice-epargne-eric-woerth

II - LE BLOCAGE DES SALAIRES, C'EST BON POUR LE PEUPLE !

Un Premier ministre qui soigne très bien son cabinet

C'est Mediapart qui lève le lièvre. En consultant ce que l'on appelle « le Jaune », le recueil de référence qui donne des informations précises sur les membres des cabinets ministériels, le Web journal s'est amusé à comparer les chiffres sur plusieurs années et la rémunération des membres des cabinets ministériels entre 2012 et 2014.

Plus de 10 % d'augmentation en deux ans

C'est ce qui ressort des chiffres officiels. Au 1er août 2014, chaque membre du cabinet du Premier ministre **Manuel Valls** touche en moyenne 1 069 euros par mois de plus que ceux de son prédécesseur **Jean- Marc Ayrault** en 2012. Ce qui nous donne un salaire moyen de 9 693 euros par mois, pour 63 personnes à Matignon en 2012 contre 10 712 euros par mois, pour 55 personnes au 1er août 2014.

L'excuse du temps passé

En France, selon l'INSEE, le SMIC a augmenté en 2013 de + 1,3 % (moyenne annuelle) et en 2012 de + 3,3 %, soit 4,6 % en deux ans.

Quant aux fonctionnaires, la dernière augmentation qu'il ont vu passer sur leur bulletin de paie a été de 0,5 %, et c'était en 2010.

L'augmentation moyenne dans le cabinet de **Manuel Valls** par rapport à son prédécesseur est de plus de 7 % pour les salaires et de plus de 4 % pour les primes.

Apparemment, la rigueur et les sacrifices ne sont pas pour tout le monde. Certes, on nous opposera que les membres du cabinet à Matignon sont assujettis à des horaires impossibles, une disponibilité de tous les instants, ce qui justifie leurs salaires dans lesquels est incorporée ce que l'on appelle « la prime d'ISP » (indemnité pour sujétion particulière). On peut, c'est vrai, essayer de l'expliquer à tous les smicards de France qui sont de plus en plus nombreux et de plus en plus souvent obligés de prendre un deuxième boulot pour arriver à joindre les deux bouts, arrivant eux aussi à des horaires impossibles… pour un salaire qui n'équivaudra jamais celui d'un membre du gouvernement ou celui des personnels des cabinets ministériels !

En résumé, au cabinet de **Manuel Valls,** on applique la formule de l'ancien président de la République : « travailler plus pour gagner plus ». On y ajoute « mais en étant moins nombreux ».

Décret présidentiel, un symbole non respecté

Et pourtant, le décret du 23 août 2012 confirme la réduction de 30 % des traitements du président de la République et des membres du gouvernement, tandis qu'une baisse de 10 % de l'IRFM des députés a été annoncée par le président de l'Assemblée nationale le 25 septembre 2012 et une chartre de déontologie a été signée par tous les ministres le 17 mai 2012, quelques jours après le deuxième tour de la présidentielle, annonçant dans son premier paragraphe : « Le bon fonctionnement d'une démocratie passe par l'existence d'un lien de confiance entre les citoyens et ceux qui gouvernent. Cette confiance ne se confond pas avec la légitimité donnée, directement ou indirectement, par le suffrage universel. Elle échappe d'ailleurs aux clivages politiques. Elle se construit jour après jour, au vu de l'action du gouvernement et de l'image donnée par ceux qui en sont membres. Un manquement isolé peut, à lui seul, suffire à l'entamer durablement. »

Des symboles mis en place pour marquer les consciences en profondeur quant au commencement d'un changement annoncé durant la campagne présidentielle. Des actes forts pour redonner confiance au peuple français et marquer une rupture politique avec le gouvernement précédent.

Dommage que Matignon et le Premier ministre aient oublié, deux ans après, de continuer à les appliquer... bénéficiant même d'une prime supplémentaire, comme le souligne le député **René Dosière** qui déclare, dans *Le Figaro*, que Mediapart n'a pas pris en compte cette donnée.

D'après ce député, le bonus représente 1 000 euros de plus sur les rémunérations... soit 13 134 euros mensuel en moyenne, répartis entre les 55 membres du cabinet Valls à Matignon. Il qualifie sur son blog ces rémunérations de « choquantes » et toujours en se référant aux documents issus du Jaune (document annexe au budget des finances), le député de l'Aisne note, selon ses calculs, que le revenu moyen des membres du cabinet est supérieur à celui d'un ministre (dans 19 ministères).

N'oublions pas, par ailleurs, que ces salaires mirifiques ne sont que des moyennes : soit l'addition du salaire de la petite secrétaire de cabinet, disons 2 000 euros, avec celui du superconseiller, disons 24 000 euros, ce qui nous donne 13 000 euros en moyenne...

Source

http://www.mediapart.fr/journal/france/291014/les-tres-chers-conseillers-de-manuel-valls?page_article=2

III - Le contrôle des frais, c'est pour les autres !

Des élus arrivent tous à s'entendre… quand on veut toucher à leur portefeuille

L'indemnité représentative de frais de mandat (IRFM), pour rappel, c'est une « enveloppe » versée sur un compte à part par l'Assemblée nationale à chaque député et qu'il touche chaque mois en sus de son indemnité de base (plus de 5 000 euros). L'IRFM doit en théorie permettre aux élus de « faire face aux diverses dépenses liées à l'exercice de leur mandat qui ne sont pas directement prises en charge ou remboursées par l'Assemblée » selon les termes employés par l'Assemblée elle-même. Cette indemnité est exonérée de l'impôt sur le revenu. En l'absence de tout contrôle, le député dispose de cet argent comme il l'entend et certains en profitent.

En 2012, lors de l'examen du projet de loi de finances rectificative pour 2012, un député, **Charles de Courson**, dépose un amendement qui propose simplement de rendre imposable la part de cette indemnité représentative de frais de mandat non utilisée à des fins professionnelles. Ce qui n'était qu'une mesure de simple transparence et en conformité totale avec l'article 15 de la Déclaration des droits de l'homme et du citoyen de 1789 qui dispose que « la société [chaque citoyen] a le droit de demander compte à tout agent public [les élus de la nation]... » concernant la gestion des deniers publics[125].

Mais pour ce faire, il fallait donc que les députés acceptent de justifier les dépenses liées à cette indemnité. C'était logique et équitable puisque l'on demande bien aux salariés de justifier de tous leurs frais professionnels, factures, dates, lieux, nombre de kilomètres et tickets de péages autoroutiers à l'appui.

Pourquoi les parlementaires, censés nous montrer l'exemple, dérogeraient-ils à cette règle qu'ils nous ont eux-mêmes imposée ?

Rejet d'un amendement égalitaire

La commission rejette l'amendement, toutes tendances politiques confondues, par 17 voix contre et trois pour.

Pourtant **Charles de Courson**, avait défendu cet amendement avec beaucoup de bons sens, rappelant que les élus se devaient de montrer l'exemple : « Est-il normal que tous les citoyens, lorsqu'ils perçoivent des indemnités devant couvrir des frais professionnels, doivent justifier l'existence de ces dépenses alors que les parlementaires sont exonérés de cette obligation ? En tant que républicain, cette rupture du principe d'égalité me choque. »

Le rapporteur et le président de la commission, pourtant de partis totalement opposés (en apparence, du moins) sont tombés complètement d'accord pour dénoncer l'inutilité de cet amendement.

Le député s'obstine néanmoins et présente quand même son amendement devant ses pairs en tentant à nouveau de les convaincre du bien-fondé de sa proposition. « Tout le monde sait que certains députés n'utilisent pas toute l'indemnité pour leurs

---

125. http://www.atlantico.fr/decryptage/republique-exemplaire-etait-donc-quand-assemblee-nationale-agit-comme-elle-etait-au-dessus-loi-eric-verhaeghe-425659.html#GzA5V7OYuHyiRFea.99

frais de mandat, ne faites pas les innocents! » lancera-t-il même dans l'hémicycle.

Peine perdue : Seuls 24 députés voteront cet amendement, 108 le rejetteront[126].

Réflexion à l'unanimité

Quand on touche à leur portefeuille, les élus savent s'entendre !

Moralité

J'ai le droit de vous taxer mais je refuse de l'être.
Les contrôles, du moins pour les parlementaires, attendront !

---

126. http://www.huffingtonpost.fr/2012/07/19/controle-frais-deputes-assemblee-natio-nale-vote-pour-contre_n_1688351.html

IV - La réduction du nombre de régions : une arnaque cachée

Des économies uniquement sur le dos du personnel et des usagers !

L'idée était pourtant sympathique : lutter contre les dépenses inutiles, faire des économies, assurer une gestion des régions plus adaptée en en réduisant le nombre. En 2009, Édouard Balladur, président d'une commission pour la réforme des collectivités locales, le proposait déjà, et, en 2013, une mission sénatoriale présidée par Jean-Pierre Raffarin proposait même de passer de 22 régions à une dizaine, voire moins.

Trois mois de batailles acharnées

C'est début 2014 que la proposition de réduire le nombre de régions arrive comme une orientation politique forte du président de la République. Ce n'était même pas dans le programme du candidat ni dans les 60 promesses électorales. La presse s'emballe, les régions se déchirent. C'est à qui voudra être avec qui ou soutiendra mordicus que l'alliance avec telle région est un non-sens géographique, économique, culturel… ou culinaire pour certains.

Pendant trois mois[127], par médias interposées, les propositions, contre-propositions, surpropositions, modifications du texte, du nombre de régions, alimentent le débat et nourrissent les médias. Chacun s'affronte et y va de sa proposition. Néanmoins, si le nombre de régions et les mariages forcés prêtent à des joutes parlementaires, tout le monde reconnaît la pertinence du regroupement : on ne peut pas faire autrement que de réduire drastiquement le nombre de régions si on veut faire des économies importantes.

Halte à la gabegie, le président de la République donne l'ordre à son Premier ministre d'accélérer la manœuvre.

Il faut que tout soit voté rapidement.

Dix milliards d'économies et une réduction du nombre d'élus ?

Le secrétaire d'État à la réforme territoriale déclare à qui veut l'entendre : « À moyen terme, entre cinq et dix ans, en faisant des économies d'échelle, en supprimant les chevauchements de compétences, les doublons, on peut arriver à une dizaine de milliards d'euros d'économies. »

Quant au rapporteur du texte de loi, un député de l'Essonne, ex-suppléant du Premier ministre, il annonce une disposition qui prévoit un plafonnement à 150 élus pour chacune des nouvelles régions créées. Ce qui était dans l'ordre des choses : moins de régions, moins d'élus. Nous eussions pu faire baisser le nombre d'élus régionaux d'environ 15 %, pour arriver à environ 1 509 élus pour 13 régions contre 1757 aujourd'hui.

Mais tous les élus, à quelques exceptions près, se sont élevés contre la réduction de leur nombre. Les grandes régions comme

---

127. http://www.lemonde.fr/politique/article/2014/07/23/carte-des-regions-trois-mois-d-une-bataille-passionnee_4461570_823448.html

l'Île-de-France y ont quasiment opposé un veto. Les ténors de chaque formation politique sont montés au créneau en trouvant mille excuses plus ou moins crédibles.

Notre rapporteur, le député de l'Essonne **Carlos Da Silva**[128], comprenant qu'il n'obtiendrait pas le vote de la réduction du nombre des régions face à la bronca des troupes, a laissé tomber, à deux heures du matin.

Cette partie des économies que l'on pouvait faire, qui était déjà quantifiée, passe à la trappe. Il fait voter discrètement un amendement qui prévoit que les nouvelles régions créées par fusion disposeront d'un nombre d'élus équivalent à la somme des élus des anciennes régions. En clair : on passe de 22 à 13 régions mais le nombre d'élus, lui, restera inchangé !...

Tous les élus respirent, les économies ne se feront pas sur leur dos.

Un même nombre d'élus, cela veut dire quoi ?

Au-delà de l'exemple qu'une fois de plus les élus ne nous donnent pas, il faut bien comprendre que garder le même nombre d'élus veut tout simplement dire qu'ils conserveront aussi le même nombre d'assistants pour les aider dans leur lourde tâche. On ne pourra pas non plus faire autrement que de garder les bureaux réservés aux élus (on ne va quand même pas faire des économies en les mettant dans des *open spaces* !). Bien entendu, il ne sera pas question non plus de réduire les petits avantages qui facilitent la vie d'un élu moyen, comme les téléphones dernier cri, les ordinateurs portables, les abonnements Internet gratuits, les voitures et

---

128. http://www.lemonde.fr/politique/article/2014/07/23/deux-fois-moins-de-regions-mais-toujours-autant-de-conseillers-regionaux_4461675_823448.html; http://www.ouest-france.fr/reforme-territoriale-moins-de-regions-mais-toujours-au-tant-delus-2719464

La réduction du nombre de régions : une arnaque cachée

chauffeurs. Bref, il faut que l'élu vive bien son mandat et donc ne lui supprimer aucun avantage.

Dès lors, la nécessaire réduction des coûts se fera certainement par la diminution des personnels administratifs : mutualisation, rationalisation du fonctionnement interne... Puis, on s'occupera du fonctionnement général et quelques organismes, associations devront apprendre à se serrer la ceinture.

Remarquez, ce sera plus facile. Il y aura autant d'élus qu'avant pour voter la mise en place des fameuses économies promises...

V - Des déclarations bidons pour un vote de confiance au gouvernement

Quand on le dit pour l'un en oubliant de le dire pour d'autres !

Rappelez-vous, dans un souci de virginité à retrouver et d'éthique à prouver, le Premier ministre déclare solennellement et devant tous les médias que faute de pouvoir obliger **Thomas Thévenoud**, éphémère secrétaire d'État, à démissionner de son siège de député, il considérerait un éventuel vote de celui-ci en sa faveur comme ne devant pas être intégré dans le décompte des suffrages lors du deuxième vote de confiance au gouvernement.

Suivant ce raisonnement, en toute logique, **Manuel Valls** aurait dû ne pas tenir compte d'autres votes « de confiance » en sa faveur.

Ce qui est valable pour l'un ne l'est pas pour l'autre...

Prenons, par exemple, le cas de Mme la députée des Bouches-du-Rhône, **Sylvie Andrieux**.

Sa condamnation vient d'être aggravée en appel. Elle est condamnée à quatre ans de prison (contre trois en première instance), dont un an ferme, 100 000 euros d'amende et cinq ans d'inéligibilité pour détournement de fonds publics. Elle non plus n'a pas démissionné puisque son pourvoi en cassation est suspensif et qu'elle est donc dans son droit, comme **Thomas Thévenoud** (qui, lui, n'est pas condamné à ce jour), de ne pas démissionner de son mandat.

Mieux encore, référencée à l'Assemblée au banc des non-inscrits, elle a voté par deux fois la confiance au gouvernement. Et par deux fois sa voix a été comptabilisée. Le deuxième vote étant par procuration, on aimerait bien savoir le nom du député qui a voté pour elle.

Détail d'éthique

On se rend bien compte, au vu de ce simple exemple, que les déclarations médiatiques sont plus importantes que la réalité de l'éthique.

Source

http://alternatives-economiques.fr/blogs/abherve/2014/09/23/la-condamnation-de-sylvie-andrieux-aggravee-en-appel-sa-voix-a-lassemblee-ne-doit-plus-etre-prise-en-compte/#more-7473

Quand je veux enterrer un problème, je nomme une commission.

Georges Clemenceau

VI - Faire croire qu'on avance tout en restant sur place

L'art de faire prendre des vessies pour des lanternes

En France, dans le cercle des politiques, dès que l'on a un problème épineux comme le scandale **Cahuzac** ou l'affaire **Thévenoud** et que l'on veut s'en débarrasser la tête haute, on fait appel à ce que l'on nomme une « commission », une « haute autorité », voire un « conseil supérieur » ou un « observatoire » que l'on crée tout spécialement. Ces instances sont chargées de rédiger un rapport, souvent dans les plus brefs délais. Le rapport arrive, tout le monde le voit, quelques bribes de solutions émergent, des extraits sont savamment distillés dans la presse et tout le monde est content. Le rapport peut maintenant retourner dans un tiroir, pour y jaunir tranquillement et la commission retourner à ses occupations.

C'est surtout un système bien pratique qui permet quelquefois d'éteindre un incendie politique en remettant la responsabilité de la solution entre les mains d'experts chargés de la donner. Du moins qui permettait, car la ficelle a été tellement usée, on en a tellement abusé, que peu y croient encore.

Mais on continue quand même à s'en servir pour les grandes occasions. Même si la tendance est quand même à la baisse car le nombre des commissions et instances consultatives ou délibératives placées directement sous l'autorité du Premier ministre ou des ministres ou de la Banque de France s'élève au 16 septembre 2014 à 536 auquel il faut ajouter 570 organismes qualifiés d'opérateurs (comme la Halde[129] ou Hadopi).

C'est le président de la République Charles de Gaulle qui employa pour la première fois en 1963 l'expression de « comité Théodule » à propos de ces « machins », de ces « commissions » qui voulaient décider à sa place. En 2006, un décret limita la durée de vie de ces « comités Théodule » à cinq ans renouvelables. On constate, certes, une baisse de ces organismes mais ce n'est pas forcement la qualité qui a remplacé la quantité.

La reine Marie-Antoinette à qui on venait de signaler avec inquiétude que le peuple grondait parce qu'il avait faim répondit selon la légende : « S'ils n'ont pas de pain, qu'ils mangent de la brioche ! » Si elle avait été réellement formulée ainsi, la réponse aurait été cynique, complètement à côté de la plaque. C'est un peu l'impression que me donne le dernier rapport produit par la commission dite « Haute Autorité pour la transparence de la vie publique ».

On demandait juste un peu de justice et d'éthique et on nous sert de la brioche rance à la sauce déclaration sur l'honneur !

Sources

http://www.lemonde.fr/politique/visuel/2013/06/05/explorez-les-668-commissions-ministerielles-et-leurs-budgets_3422776_823448. html

---

129. La Halde (acronyme pour Haute Autorité de lutte contre les discriminations et pour l'égalité) a été supprimée par la loi du 15 mars 2011 et remplacée par un nouvel opérateur appelé « Défenseur des droits ».

http://www.legifrance.gouv.fr/affichTexte.do?cidTexte=JORF-TEXT000000640105

http://www.liberation.fr/economie/2014/01/23/coup-de-balai-dans-les-comites-theodule_97503

VII- Rapport sur « l'exemplarité des responsables publics »

Comment écrire des « banalités nouvelles » qui existent déjà et ne changent rien

Le 7 janvier 2015[130], le président de la Haute Autorité pour la transparence de la vie publique (HATVP) remet au président de la République un rapport que tout le monde attendait[131]. Après une année difficile et marquée par de nombreux scandales politico-financiers, on allait voir ce qu'on allait voir. On a vu… pas grand-chose, sinon la photo avantageuse du commanditaire, président ou ministre, lors de la remise du rapport.

C'est en général la seule action concrète qu'amène ces commandes dont le but affiché est quasiment toujours de remettre des pendules à l'heure, mais dont le résultat est souvent d'endormir les consciences une fois l'urgence passée.

Certes, les protagonistes de ce rapport ont auditionné 80 personnes et ont accouché de 20 propositions censées renforcer l'exemplarité des responsables publics, mais ce travail bâclé, réalisé en seulement quelques mois dont deux jours d'escapade

---

130. http://www.ladepeche.fr/article/2015/01/07/2024385-exemplarite-politiques-rapport-prone-plus-controles-severite.html
131. http://www.hatvp.fr/rapport-au-president-de-la-republique/

en Irlande, ne présente guère d'intérêt. En effet, quand on creuse un peu, on s'aperçoit que lesdites propositions, si elles semblent « séduisantes » de prime abord, ne cassent pas trois pattes à un canard en réalité et sont soit carrément inapplicables, soit tellement floues que l'on ne saura pas comment les appliquer.

Première proposition : « Vérifier la situation fiscale préalablement à la nomination d'un ministre »

Je pense sincèrement que plusieurs contrôleurs destinés à cette tâche vont finir sous Temesta tant elle va être ardue, voire impossible. Comment vérifier la situation fiscale préalablement à la nomination d'un ministre ? En effet, il est de notoriété publique que les transactions, discussions, listes de ministres, propositions de noms, varient d'une heure à l'autre dans le cadre d'un remaniement ou de la formation d'un gouvernement. Comment vont faire les « vérificateurs » quand un ministre nominé la veille disparaît de la liste au petit matin ? Le rapport préconise quand même qu'un bref délai soit aménagé entre le moment où la composition du futur gouvernement est arrêtée et celui ou le décret de nomination est signé par le président.

Vous remettrez un peu de Lexomil en plus du Temesta pour les « vérificateurs » de l'impossible !

Sachant que dans la grande majorité des cas, les ministres sont tous des parlementaires (députés ou sénateurs) pourquoi attendre une éventuelle nomination ?

Que tous les parlementaires souhaitant un jour accéder à la fonction de ministre acceptent d'être contrôlés fiscalement. Cela laisse un peu plus de temps « aux vérificateurs » et élimine d'emblée celui qui n'a pas été vérifié « de son plein gré ». Plus simple et imparable !

Deuxième proposition : « Prévoir la délivrance d'un certificat de régularité fiscale pour les candidats à une élection nationale »

Donc, l'élu devra prouver qu'il a envoyé une déclaration de revenus les trois années précédentes. Point ! Circulez, il n'y a plus rien à voir ! Donc du moment qu'un élu semble payer des impôts, on ne regarde pas plus loin. Encore une proposition qui ne change pas grand-chose à l'éventuelle fraude fiscale que la déclaration de revenus ne révèle évidemment pas. Le certificat de régularité fiscale confère simplement une virginité apparente de l'élu.

Notons néanmoins que cette préoccupation de régularisation est de plus en plus tangible et redondante chez nos représentants : tout de suite après l'affaire Thévenoud[132], le sénateur de Vendée **Bruno Retailleau** dépose une proposition de loi organique pour prévenir la fraude fiscale des parlementaires. Il demande dans sa proposition de loi ce que préconise le rapport, c'est-à-dire une déclaration sur l'honneur certifiant que l'élu est à jour de ses obligations fiscales et sociales.

Détail amusant : voulant renforcer ce certificat de bonne conduite, le rapport préconise une attestation sur l'honneur de l'élu sur le sujet. Pas de souci là non plus du moment que l'élu écrit qu'il est honnête, on le croit. Pratique mais pas très efficace.

Les propositions 3, 5, 6, 7 et 8 : de la déontologie à toutes les sauces

On nous sert de la déontologie à tous les étages dans ces quatre propositions : contrôle déontologique des personnes, extension

---

132. http://www.planet.fr/politique-comptes-de-campagne-de-chirac-et-balladur-roland-dumas-avoue-aujourdhui-quils-etaient irreguliers.787965.29334. html?xtor=ES-1-788032%5BPlanet-a-la-Une%5D-20150129
http://www.lefigaro.fr/politique/le-scan/citations/2014/10/13/25002-20141013ART-FIG00295-au-senat-l-ump-lance-sa-proposition-de-loi-anti-thevenoud.php

des principes déontologiques, création d'un réseau d'interlocuteurs déontologiques, généralisation des chartes déontologiques et développement des formations déontologiques.

De quoi avoir une overdose, d'autant plus que l'on ne sait pas très bien ce qu'il y a derrière cette déontologie à outrance. Qui la définit, comment et par qui la charte, les chartes seront-elles rédigées ?

L'explication viendra peut-être dans le prochain rapport…

La proposition 13 : « Améliorer la transparence financière de l'élection présidentielle »

On croit rêver. Quand on se rappelle la façon dont l'ex-ministre **Roland Dumas**[133], alors président du Conseil constitutionnel, a validé en « deuxième lecture » les comptes des candidats Chirac et Balladur à la présidentielle de 1995 (les fameux dix millions qu'aurait rapportés la vente de tee-shirts à l'effigie particulièrement *hailleper tendance* d'Édouard), ou plus récemment ceux du candidat Sarkozy dont le non-remboursement des frais de campagne a été épongé par les militants de base, on peut légitimement se demander à quoi sert cette « amélioration » ?

Plutôt que « d'améliorer la transparence d'une élection présidentielle » ne serait-il pas plus simple d'appliquer la loi déjà existante, que le Conseil constitutionnel applique quasi systématiquement pour le petit élu qui a dépassé de quelques francs son compte de campagne ou qui a déposé ses comptes avec quelques heures de retard et peut le déclarer inéligible ? Mais non, car ces lois ne s'appliquent pas dans le cadre d'une élection présidentielle !

---

133. http://www.lemonde.fr/societe/article/2015/01/28/dumas-les-comptes-de-campagne-de-balladur-et-chirac-etaient-manifestement-irreguliers_4564766_3224.html

Néanmoins, accordons à cette proposition 13 le mérite de reconnaître que les personnes qui sont appelées aux plus hautes fonctions de l'État ont besoin que l'on revoie leur transparence financière, ce qui prouve donc qu'elle n'existe pas aujourd'hui.

Bonjour l'exemplarité !

Roland Dumas lui-même vient d'ailleurs d'accorder plusieurs interviews dans des journaux nationaux où il avoue clairement que les comptes de la campagne présidentielle de **Jacques Chirac** et **d'Édouard Balladur** étaient insincères. Après avoir beaucoup réfléchi et par « esprit républicain », dira-t-il, le premier des sages de l'époque a néanmoins validé les comptes de campagne.

Proposition 14 : « Engager une réflexion pour adapter les moyens dévolus aux parlementaires à la fin du cumul des mandats et à la nécessité d'une plus grande transparence »

Les initiés (élus) comprendront que cette proposition assure l'augmentation de l'indemnité des élus quand la loi sur le non-cumul des mandats sera effective en 2017.

Je prends le pari que cette proposition sera une de rares de ce rapport à trouver rapidement une application pratique et réelle. Bien entendu comme aujourd'hui, cela se fera dans la plus grande transparence...

Juste une question : pourquoi ne pas appliquer la transparence aujourd'hui sur les moyens dévolus aux parlementaires plutôt que d'engager une réflexion ?

Propositions 18 et 19 ou proposer ce qui n'est pas possible

Ces deux propositions énoncent la possibilité de destituer certains élus en cas de manquement grave à l'exemplarité ou

Rapport sur « l'exemplarité des responsables publics »

d'améliorer l'application de la peine d'inéligibilité en cas de condamnation pour atteinte à la probité publique.

Actuellement, les peines d'inéligibilité ne sont que des peines complémentaires et non automatiques. Le Conseil constitutionnel l'a d'ailleurs rappelé, dans une décision du 11 juin 2010, portant sur l'article L. 7 du Code électoral. Cet article prévoyait une inéligibilité automatique pour les élus condamnés pour certaines infractions, notamment les délits financiers (détournement de fonds publics, corruption passive et trafic d'influence, par exemple). Le Conseil constitutionnel l'a censuré au motif qu'il instituait une automaticité et était contraire à l'individualisation des peines, grand principe de la justice française : c'est au juge pénal de décider des sanctions par rapport à l'individu et aux faits qui lui sont reprochés et de le protéger ainsi de l'arbitraire.

Là aussi on s'aperçoit très vite que cette proposition n'est que de la poudre aux yeux et ne pourra jouer qu'à la toute petite marge d'une inéligibilité improbable d'un élu malfaisant.

Réflexion globale

Je dois avouer que je ne comprends toujours pas comment on peut, en toute bonne conscience du travail accompli, faire des propositions dont l'analyse succincte et rapide permet de constater qu'elles sont pour la plupart à côté de la plaque. Ne serait-il pas plus simple et logique d'aller à l'essentiel ? On a plutôt l'impression que pour ce genre de rapport, l'essentiel c'est justement de ne rien changer (ou si peu).

Je pourrais continuer comme ça sur la plupart des autres propositions de ce rapport qui, malheureusement, ne propose rien de nouveau sur la moralisation de la vie politique.

Une chance que sa publication se soit faite le 7 janvier 2015. Ce jour-là, avec l'attaque des locaux de *Charlie Hebdo*, la presse a eu d'autres chats à fouetter que l'analyse du contenu de ce rapport.

Janvier 2015 : « tour de vis » dans le vide du président de la République

Le 20 janvier 2015, le président de la République en remet une couche et annonce qu'il va mettre sur les rails une partie des propositions de ce rapport sur l'exemplarité des personnages publics, notamment celle sur la délivrance d'un certificat de régularité fiscale qui a particulièrement retenu son attention.

Donc bientôt, en guise de ticket d'entrée au gouvernement, un élu qui aura payé des impôts trois fois de suite, même s'il n'a pas déclaré l'ensemble de ses revenus, sera déclaré exemplaire.

On a dit et écrit exemplaire ; honnête, on verra plus tard.

D'autant plus qu'il est bien précisé que pour mettre ce pseudo-contrôle en place il faudra l'assentiment de l'Assemblée nationale et du Sénat. Ça laisse sans doute encore un peu de marge pour réduire ce contrôle superficiel comme peau de chagrin.

Un rapport sans répression

Ce rapport, réclamé à corps et à médias, ne fait finalement que « montrer patte blanche » pour rassurer l'opinion. On ne trouve plus du tout le côté répressif de la fraude constatée, contrairement à la loi organique proposée en octobre 2014 par **Bruno Retailleau**[134], dont je n'ai trouvé nulle trace de ratification (j'ai dû mal chercher sans doute…) qui prévoyait l'obligation pour l'administration fiscale de porter plainte en cas de fraude fiscale d'un parlementaire ainsi que la possibilité de sanctionner dès maintenant les manquements répétés d'un élu national à

---

134. http://france3-regions.francetvinfo.fr/bourgogne/2014/10/14/une-proposition-de-loi-demande-des-sanctions-renforcees-en-cas-de-fraude-fiscale-d-un-parlementaire-571034.html

Rapport sur « l'exemplarité des responsables publics »

l'obligation de déclarer ses revenus, « en prévoyant une procédure de démission d'office applicable immédiatement » ; en cas de condamnation, la peine complémentaire de privation des droits civiques devrait être obligatoirement prononcée.

Moralité

En politique, à chaque scandale qui touche le sérail, on passe souvent de la grande déclaration salvatrice à la réformette peu contraignante.

VIII - Cachez cette transparence que je ne saurais voir !

Prière de regarder ailleurs !

On ne le dira jamais assez, tous les parlementaires ne sont pas pourris. Tous les élus ne sont pas des magouilleurs. C'est même une minorité d'entre eux qui sont la honte du monde politique, mais force est de constater que ceux-ci bénéficient d'une bienveillance silencieuse et/ou d'une mansuétude complice de la part de la majorité de leurs collègues. Sinon, comment comprendre qu'à chaque fois qu'un parlementaire propose un amendement, une proposition de loi, une modification qui va dans le sens d'une moralisation de la vie politique française, tous sont invariablement rejetés ou renvoyés aux calandes grecques.

On s'aperçoit que dans la majorité des cas, au fil des moutures et des passages devant les différentes chambres ou en commissions, il y a un détricotage systématique des textes proposés par les élus qui cherchent à se protéger et à garder le système dans lequel ils se vautrent douillettement.

La moindre velléité de transparence de la vie politique et de ses institutions se transforme en une énorme chape de ciment qui a la particularité immédiate de vous entraîner au fond sans possibilité d'apercevoir quoi que ce soit de ce qu'il y avait à la surface, ou, tout aussi perfidement, de vous masquer complètement la vue. Un élu aguerri ne manquera pas de vous dire de ne pas vous plaindre, car vous avez eu le choix !

Un petit exemple parmi tant d'autres sur la transparence et les limites qu'imposent nos élus : le budget de l'Assemblée nationale n'est consultable sur Internet que depuis l'année 2013[135], antérieurement, connaître le début du commencement d'un budget complet de l'Assemblée nationale relevait du parcours du combattant. Le député **René Dosière**, pourtant réputé tenace, déclarait lui-même le demander en vain depuis plusieurs années.

Il faut dire que lorsque l'on regarde les chiffres ci-dessous concernant les dépenses liées au fonctionnement et aux investissements de l'Assemblée nationale, obtenus après plusieurs semaines de recherches et de croisements d'informations, on peut comprendre que nos députés soient particulièrement opposés à leur publication : 437 millions d'euros en 2001, 513,2 millions d'euros en 2006[136], 530 millions d'euros en 2007, 539 millions d'euros en 2012[137].

Là aussi, un élu bien au fait nous démontrera, graphique et discours à l'appui que les choses ne sont pas aussi simplistes que nous le lisons. Il nous sortira une armada de preuves qui nous démontreront qu'en fin de compte l'augmentation du budget de l'Assemblée n'est en réalité que des économies à venir pour nous.

Une variante sans doute du principe des vases communicants ou du principe d'Archimède. Le budget des députés en augmentation quasi constante est surtout proportionnel à la diminution des nôtres.

---

135. http://www.lesenquetesducontribuable.fr/2013/10/01/rene-dosiere-le-budget-de-lassemblee-nationale-est-loin-detre-excessif/47858
136. http://www.contribuables.org/2006/04/combien-coutent-nos-elus/
137. http://www.ifrap.org/Assemblee-nationale-la-mandature-de-la-transparence,12759.html

Au fait il y a toujours 577 députés à l'Assemblée, comme quoi la crise et les réductions d'effectifs ne sont vraiment pas pour tout le monde !

Pas de contrôle à l'Assemblée nationale

La Cour des comptes est une institution chargée du contrôle des comptes publics. Elle contrôle toutes les administrations d'État, tous les organismes publics, y compris ceux dans lesquels les participations publiques nationales sont majoritaires. Elle peut aussi contrôler des organismes privés qui sont financés par l'État. En outre, la Cour des comptes contrôle les organismes faisant appel à la générosité publique.

Il n'existe pas de rapport de la Cour des comptes sur l'Assemblée nationale. Il y a juste eu un rapport en 2008 commandé à l'époque par le président de l'Assemblée. Ce fut d'ailleurs une analyse assez brève et sommaire sur une petite partie seulement du budget.

L'analyse n'a sans doute pas « convenu », car elle n'a jamais été publiée et croupit depuis au fond d'un tiroir dans le bureau (à gauche après l'entrée) de la secrétaire du président...

L'embarras des parlementaires aurait été certain si on avait jeté en pâture au peuple ce petit rapport (pourtant incomplet) qui dénonçait, entre autres, une augmentation des dépenses de fonctionnement de l'Assemblée nationale de plus de 50 % sur dix ans.

Sans doute difficile à expliquer quand on sait que ces mêmes parlementaires venaient d'instaurer pour le peuple une réduction du pouvoir d'achat par ménage de 0,9 point par an (environ 100 euros en moyenne par an entre 2000 et 2007), à cause de l'augmentation continue des prélèvements fiscaux et sociaux, et que cette même année 88 % des Français estimaient que leur pouvoir d'achat avait fortement diminué durant les trois années précédentes.

L'opulence du fonctionnement de l'institution ne pouvait pas se confronter à la pauvreté grandissante de la population.

Pas tous profiteurs, mais beaucoup sont complices

Ci-dessous quelques exemples où tous les parlementaires se retrouvent sur la même ligne quand il s'agit de défendre leur droit à l'opacité. Bizarrement il n'y a plus de parti, de droite ou de gauche, mais un bel ensemble qui vote des textes à une majorité qui ferait rougir de plaisir un dictateur lors d'un vote « démocratique ».

Déclaration de patrimoine des élus, une transparence seulement d'apparence

Un des autres plus beaux exemples récents est la loi sur le patrimoine des élus. Cette loi devait mettre un terme aux dérives financières et promettre un avenir radieux quant à la transparence de la vie publique de nos élus. Finalement, après de nombreux amendements, négociations de couloir, rapports de force des uns et des autres, il ne reste quasiment rien de la transparence « totale » annoncée[138].

L'Olympe rédempteur que l'on annonçait à grand renfort de médias n'a n'accouché que d'une souris famélique dont un chat même affamé ne voudrait pas.

Essayez donc de consulter la déclaration de patrimoine d'un parlementaire : il faut être obligatoirement électeur du secteur de l'élu. Vous ne pouvez donc pas consulter le patrimoine d'un élu du Nord si vous habitez dans le Sud. Il faut prendre rendez-vous plus que longtemps à l'avance, donner vos nom et prénom – ce qui sera très pratique pour l'élu s'il souhaite vous retrouver

---

138. http://www.lemonde.fr/les-decodeurs/article/2014/06/09/patrimoine-des-deputes-une-transparence-tres-opaque_4433858_4355770.html

(un sous-amendement avait même été déposé, préconisant la transmission officielle à l'élu du nom et des coordonnées de celui venu consulter son patrimoine ; un bon moyen, simple et efficace pour « blacklister » celui qui aurait eu l'outrecuidance de soulever le couvercle du patrimoine de l'élu). Et ce n'est pas tout. Dans le cadre d'une confiance certaine des parlementaires à l'égard des curieux, il faut savoir que vous aurez un cerbère derrière votre dos pendant la consultation, au cas où vous auriez la velléité de vous servir d'un crayon, pour noter ce qui vous semblerait digne de l'être, ou de votre téléphone pour faire une photo en douce des documents. Vous devrez tout retenir de mémoire. Et comme on n'est jamais trop prudent, les élus ont légiféré pour nous interdire de publier quoi que ce soit de ce que vous aurez lu sur quelque support que ce soit.

Bref, le peu que vous aurez réussi à retenir, il vous faudra le garder pour vous seul.

On se rend compte que tout a été fait pour que surtout jamais personne ne puisse ne serait-ce que consulter ces documents pourtant maintenant publics.

À croire qu'ils ont vraiment des choses à cacher !

La classe politique refuse la transparence du vote en séance publique

Fin 2014, à l'occasion d'une réforme du règlement de l'Assemblée, une proposition simple et de bon sens émerge du lot et recueille l'assentiment de la commission des lois qui la vote. Il s'agissait de rendre publics les noms des présents et des représentés lors des scrutins publics par une parution au *Journal officiel.*

Dans le cadre de la transparence du travail effectif de nos parlementaires, nous aurions pu ainsi constater facilement qui, lors des votes, était en séance ou non et qui y votait par procuration. Mais une fois de plus, les intérêts « politiques » ont prévalu sur la transparence affichée.

Cachez cette transparence que je ne saurais voir !

Les députés de tous bords a rejeté cette proposition[139].

L'Assemblée pourra donc continuer à voter lors des scrutins publics avec un hémicycle à moitié vide, sans qu'on sache vraiment qui est présent ou représenté. Pire on continuera à faire croire au peuple que les 577 députés sont bien là à faire le travail pour lequel nous les avons élus, alors que dans la réalité ils seront à peine un sur trois sur les bancs de l'Assemblée.

Bien pratique pour les élus, mais peu transparent une fois de plus et d'un affichage méprisant vis-à-vis des électeurs. D'autant plus que cette disposition refusée par l'Assemblée nationale existe déjà dans les collectivités territoriales et au Parlement européen.

Pourquoi les députés s'en exonèrent-ils ? De quoi ont-ils peur une fois de plus ? Peut-être qu'on sache, par exemple, qu'une députée condamnée en justice, munie d'un bracelet électronique, vote régulièrement pour elle et un autre de ses collègues absent (cinq fois sur six). Peut-être pourrions-nous nous rendre compte plus facilement du peu d'élus présents pour voter des lois importantes et que ceux-ci, par voie de conséquence, seraient obligés de nous expliquer où ils sont et ce qu'ils font ?

Une transparence, ou une moralisation, à jeter aux orties

Voici quelques amendements récents déposés par des élus soucieux d'insuffler un peu plus d'équité ou de transparence au sein de leur corporation. Malheureusement pour la démocratie, ces amendements, dans la quasi-majorité des cas, ont été purement et simplement rejetés par l'ensemble des élus, toutes tendances politiques confondues.

---

139. http://www.regardscitoyens.org/presence-des-deputes-lors-des-votes-grave-recul-a-lassemblee-contre-la-transparence-des-delegations/

Réduction de 10 % de l'indemnité de base d'un député

Novembre 2011. Un amendement déposé par le député des Alpes-Maritimes **Lionnel Luca** demandait une réduction de 10 % sur l'indemnité de base des députés[140], juste pour montrer l'exemple et participer à l'effort de solidarité en ces temps de rigueur budgétaire.

Une petite participation symbolique et indolore qui a déclenché l'ire des collègues du député qui trouvèrent cet amendement démagogique pour les uns, inutile pour les autres, voire une « mesure gadget » pour l'opposition de l'époque. Chacun trouva une excuse valable à ses yeux pour ne pas toucher à ses émoluments.

L'amendement n'aura recueilli que deux voix en sa faveur.

Un bel exemple d'unanimité des groupes politiques pourtant si prompts à s'écharper dans bien d'autres domaines.

Bonjour la solidarité avec le peuple !

Limiter les revenus provenant d'une « activité annexe » durant le mandat d'un élu

Cet amendement partait vraiment d'un bon sentiment. Il s'agissait d'interdire à un élu de cumuler son mandat avec un autre travail. Recentrer et obliger nos parlementaires à ne pas se disperser dans des activités, certes lucratives, mais les empêchant de faire le job pour lequel ils sont élus[141].

Dans le même ordre d'idée, un autre amendement visait à limiter les revenus tirés d'une activité professionnelle pendant le mandat à 50 % du montant de l'indemnité parlementaire (soit environ 2 750 euros).

---

140. http://www.lejdd.fr/Politique/Actualite/Salaires-des-deputes-Chantal-Brunel-surprise-du-rejet-de-l-amendement-Luca-423333
141. http://www.lesechos.fr/05/06/2013/lesechos.fr/0202809308836_moralisation---les-deputes-refusent-de-s-interdire-des-metiers-ou-de-limiter-leurs-revenus.htm#JISwLmAIcIQt8XkM.99

On ne sait pas pourquoi, mais bizarrement, ces amendement n'ont même pas passé la rampe du vote et ont été carrément retirés.

Le président de la République lui-même avait pourtant fait des déclarations publiques allant dans ce sens. Mais les députés en ont décidé autrement en refusant d'interdire l'exercice d'une quelconque profession lors du mandat parlementaire (à quelques exceptions marginales près).

Dans la foulée, ils ont aussi décidé de ne pas limiter les revenus tirés d'une activité professionnelle durant le mandat.

Tant qu'à faire, autant avoir le beurre et l'argent du beurre.

Petite conclusion

On le voit à travers ces quelques exemples d'obstruction systématique des parlementaires à tout ce qui pourrait redonner confiance au peuple, il y a le discours et les actes. D'un côté, un affichage médiatique d'une volonté de transparence de la vie et du fonctionnement des élus de la République, le tout accompagné d'une multitude de déclarations des uns et des autres pour fustiger les dérives de quelques-uns mises au jour et rassurer les populations. De l'autre, dans l'arrière-cuisine des palais de la République, ces mêmes élus se retrouvent pour se donner la main et continuer systématiquement à entretenir, tant que faire ce peut, une opacité de fonctionnement qui leur permet de conserver discrètement ce qu'ils vilipendent « officiellement ».

La liste et les exemples cités plus haut auraient pu être plus longs mais n'apporteraient rien de plus à la démonstration : malheureusement, la bonne volonté de quelques cas isolés se heurtent toujours à l'abus flagrant de tous les autres qui consiste à étouffer dans l'œuf toute remise en cause des privilèges.

Le monde politique n'en sort pas grandi et les électeurs sont de moins en moins dupes des artifices employés pour masquer la réalité des faits.

IX - ÉLU DU PRIVÉ OU ÉLU FONCTIONNAIRE ?

Entre élus, l'abus n'est pas forcément là où l'on croit

C'est vrai que les avantages a être élu quand on est fonctionnaire sont multiples et beaucoup plus sécurisants que
pour un élu venant du secteur privé. Selon le chercheur
Luc Rouban, c'est « parce que l'absence de risques professionnels encourage davantage les salariés du public à candidater ».
En effet, un député issu de la fonction publique, s'il perd
son mandat, pourra sans problème récupérer son emploi et le
cours de sa carrière n'aura pas, la plupart du temps, été altéré.
C'est un décret du 16 septembre 1985 qui prévoit que ce
fonctionnaire est mis, de droit, en détachement. L'article 45
de la loi du 11 juillet 1984 définit le détachement comme la
position d'un fonctionnaire placé hors de son corps d'origine
mais qui continue de bénéficier, dans ce corps, de ses droits
à l'avancement et à la retraite. Pour un élu issu du privé c'est
beaucoup plus difficile de retrouver son entreprise, au même
salaire et avec un poste identique à celui qu'il avait quitté.
Une véritable disparité entre parlementaires qui fait qu'aujourd'hui les parlementaires fonctionnaires sont massivement
représentés dans les hémicycles (hors retraités). En 1946, un
député sur sept était issu de la fonction publique. En 1981

il y a en avait plus de un sur deux, en 2007 encore 49 %, tandis qu'ils sont 55 % en 2012[142].

Un véritable abus de position dominante qui ne favorise pas l'émergence de nouveaux élus et empêche le renouvellement des assemblées, les élus dits fonctionnaires s'arrangeant systématiquement pour bloquer toute avancée qui pourrait rétablir une égalité de traitement avec leurs collègues issus du privé.

Ainsi, en décembre 2010, un amendement (le numéro 24)[143] est défendu par un député proposant, simplement, qu'un fonctionnaire élu député soit dans l'obligation au bout de son troisième mandat de choisir entre rester fonctionnaire et être député.

On ne saura jamais si c'est parce que les fêtes de Noël approchent, que les parlementaires, peu nombreux sans doute, avaient la tête ailleurs, mais l'amendement est accepté en premier lecture, provoquant ensuite la panique quand un certain nombre d'élus comprennent qu'ils ne pourront plus compter sur un parachute en cas de perte de leur mandat et que la somme du cumul de leur retraite de fonctionnaire et d'élu allait en prendre un sacré coup.

Le vote de cet amendement avait pour conséquence de réaliser des économies substantielles sur le budget retraite des fonctionnaires et de surcroît amenait davantage d'équité entre les députés de l'Assemblée nationale. On peut même ajouter que, par rapport aux millions de salariés qui eux n'avaient pas la chance de pouvoir cumuler « deux revenus » pour améliorer leur future petite retraite, c'était un amendement exemplaire pour des élus déjà très bien lotis.

Après quelques coups de fil, intelligemment dirigés, la décision est prise par le gouvernement de représenter cet amendement en deuxième lecture ; cette fois les mots d'ordre ont été donnés, le tocsin a été sonné pour rameuter les troupes. L'amendement est rejeté et abandonné.

---

142. http://www.contribuables.org/wp-content/uploads/2011/03/RDV_33_Parlementaire_ou_fonctionnaire_il_faut_choisir.pdf
143. http://www.assemblee-nationale.fr/13/amendements/3025/302500024.asp

Ouf, les députés pourront continuer à être fonctionnaires, à cotiser comme tels pendant qu'ils sont députés et à cumuler tranquillement, entre autres, ces deux retraites une fois l'âge venu.

Mais la défense acharnée du privilège du « fonctionnaire élu » ne s'arrête pas là, et si cet amendement a été rejeté in extremis, les propositions de lois sur le sujet, elles, sont carrément passées aux oubliettes.

En 2010, **Franck Marlin,** député de l'Essonne, dépose une proposition de loi organique visant à rendre incompatible le mandat de parlementaire avec un emploi dans la fonction publique[144]et des missions rémunérées. 42 députés la signe. Il préconise même que tout parlementaire, député ou sénateur, par souci de cohérence, devrait, dès le début de mandat, renoncer à tout type de mission dès lors que celle-ci est rémunérée.

En 2013, ce même député refait une tentative (proposition de loi n° 656) mais cette fois-ci, seuls sept députés signent le texte.

En 2008, une autre proposition de loi organique, faite par le député de l'Eure **Franck Gilard,** prévoit qu'un député doit choisir dans le délai d'un an entre son mandat et son emploi dans la fonction publique[145].

En 2003, **Hervé Novelli,** député d'Indre-et-Loire, ancien secrétaire d'État avait déposé lui aussi une loi organique visant à rendre incompatible l'appartenance à la fonction publique pour les députés et pour les sénateurs[146].

Et si on creuse encore un peu dans l'histoire, on trouve déjà en 1840, sous la monarchie de Juillet, des parlementaires se plaignant des « députés-fonctionnaires » qui, inféodés au pouvoir maître de leur carrière et de leur rémunération, compromettent le prestige de la Chambre. L'opposition parlementaire réclame alors

---

144. http://www.assemblee-nationale.fr/13/propositions/pion2930.asp
http://parlement.blog.lemonde.fr/2012/11/25/surprise-les-deputes-ne-sont-pas-representatifs-de-la-population/
145. http://www.assemblee-nationale.fr/13/propositions/pion1143.asp
146. http://www.assemblee-nationale.fr/12/propositions/pion0718.asp

Élu du privé ou élu fonctionnaire

une « réforme parlementaire » qui instaurerait l'incompatibilité entre le mandat parlementaire et l'exercice de fonctions publiques.

Sans mentir donc, on peut en conclure que cette prédominance des fonctionnaires (et assimilés…) au sein des institutions parlementaires ne date pas d'aujourd'hui comme voudraient le faire croire beaucoup de députés se refusant à admettre, comme en Allemagne ou en Angleterre, l'incompatibilité entre le mandat parlementaire et la fonction publique. Outre-Manche, les hauts fonctionnaires doivent même démissionner de la fonction publique *avant* toute campagne électorale.

En France, toutes les propositions de loi allant dans le sens de l'incompatibilité furent rapidement et toutes renvoyées aux calandes grecques…

X - En 2015, des élus se « rallongent » leur indemnisation !

On n'est jamais mieux servi que par soi-même !

Trois jours avant le premier tour des élections départementales (22 mars 2015), dans l'indifférence générale et un silence médiatique assourdissant, les parlementaires votent une loi, à l'unanimité des présents, qui accorde aux élus locaux le doublement du temps de leur indemnisation postmandat après une défaite électorale. L'indemnisation des élus locaux qui perdent une élection passe ainsi de six mois à un an[147].

Selon un député, il s'agit par là de permettre à un candidat issu du privé d'accéder à la politique. Un autre affirme que cela permettra de féminiser la population des élus locaux (cette excuse commence à être employée de plus en plus souvent…).

---

147.   http://www.ndf.fr/nos-breves/20-03-2015/les-deputes-votent-a-lunanimite-le-doublement-de-la-duree-de-leur-indemnisation-en-cas-de-defaite-electorale#.VSBjkpNfpEN
http://www.lemonde.fr/les-decodeurs/article/2015/03/25/les-elus-se-sont-ils-vraiment-vote-en-douce-un-parachute-dore_4600451_4355770.html
http://www.lopinion.fr/22-mars-2015/statut-elus-locaux-comment-faire-partir-en-vrille-bonne-intention-22526
https://www.contribuables.org/2015/03/les-parlementaires-se-votent-a-lunanimite-une-augmentation-de-leur-duree-dindemnisation-en-cas-de-defaite-electorale/

Les petits cadeaux ne s'arrêtent pas là – pourquoi se gêner ? Jusqu'à présent, quand un maire ou un adjoint au maire quittait son emploi pour accomplir son mandat, l'entreprise avait obligation de le reprendre au même poste s'il était battu (ou démissionnaire) durant le temps d'un mandat (six ans). Eh bien dans leur grande mansuétude et toujours sous le prétexte du bien-être postmandat de l'élu local, les entreprises auront maintenant l'obligation de reprendre un élu même au bout de deux mandats locaux – soit douze ans – et pour ne pas faire dans la demi-mesure, cette loi qui ne s'appliquait que pour les communes au dessus de 20 000 habitants vaut dorénavant aussi pour celles au-dessus de 10 000 âmes ! À titre comparatif, un salarié qui quitte son entreprise pour aller bosser dans une autre pourrait reprendre son ancien poste sans problème, douze ans après son départ, son patron ayant eu l'obligation de lui garder son poste et sa place à la cantine de l'entreprise !

Le vote définitif de cette loi a été expédié à la vitesse grand V : voté le matin même au Sénat et ratifié dans l'après-midi à l'Assemblée. Une précipitation qui ne peut que susciter des interrogations, voire des suspicions légitimes vis à vis d'élus dont le capital *confiance est déjà très dégradé. Tout ce qui peut nuire à cette confiance devrait être évité. On* a donc du mal a comprendre que ceux-là même qui ont voté le rallongement de l'âge de la retraite pour les salariés du privé et la diminution de la durée d'indemnisation pour les chômeurs de longue durée, s'octroient allègrement, dans le même temps ou presque, l'inverse quand il s'agit d'eux-mêmes.

XI - SOIXANTE DÉPUTÉS EN DÉLICATESSE AVEC LE FISC... POUR L'INSTANT !

Ce n'est qu'un début, continuons le combat !

Le Canard enchaîné a révélé en octobre 2014 qu'une soixantaine de députés ou sénateurs étaient dans le viseur du fisc. La liste des suspects circulerait d'ailleurs ici ou là. Ou du moins devrait circuler puisque annoncée comme publique ; mais on a beau chercher partout l'année suivante, impossible de trouver la liste complète. Seuls quelques élus sont jetés en pâture à l'opinion parce que trop voyants ou indéfendables.

Comme d'habitude, l'effet d'annonce est vite jugulé dans les médias et, actualité oblige, relégué aux oubliettes.

« Un voleur de mobylette risque plus de prison qu'un député qui fraude[148] »

En 2010, c'est le résumé qu'a fait le député **René Dosière** quand ses collègues ont ratifié en même temps la pseudo-loi sur

---

148. http://rue89.nouvelobs.com/2010/12/21/un-voleur-de-mobylette-risque-plus-quun-depute-fraudeur-181868

261

Soixante députés en délicatesse avec le fisc... pour l'instant !

la peine encourue par les élus qui mentiraient sur leur déclaration de patrimoine et la loi Loppsi 2[149].

Quelque temps auparavant, un texte de loi avait bien été déposé, qui spécifiait qu'un élu qui tricherait sur son patrimoine pourrait être condamné à une lourde amende, une inéligibilité éventuelle et de la prison ferme. Une petite avancée pour moraliser la vie politique puisque jusque-là il y avait peu ou pas de sanctions. C'était sans compter sur deux ténors de la politique, les députés **Jean-François Copé** et **Christian Jacob**[150] qui déposeront un amendement visant à s'opposer à la création d'une incrimination pénale spécifique pour les députés faisant de fausses déclarations de patrimoine, une mesure pourtant consensuelle à droite comme à gauche. Après une levée de boucliers, y compris dans leur camp, ils ont retiré leur amendement, mais ont réussi à faire ôter la peine de prison prévue initialement dans le texte.

Ce qui fait qu'un parlementaire qui aurait omis « sciemment » de déclarer son patrimoine, ou en aurait fourni une évaluation « mensongère », pourra juste être puni de 30 000 euros d'amende et, sans doute jamais, à une peine complémentaire d'inégibilité que les juges ont toujours du mal à prononcer, estimant à tort que c'est à l'électeur de sanctionner l'élu sur ce sujet.

Résultat : un voleur de mobylette risque deux ans de prison et une amende, un élu fraudeur juste une petite amende. Ce n'est pas la menace de cette chiquenaude qui empêchera le parlementaire de frauder !

Les Cahuzac et c[ie] ont encore de beaux jours devant eux[151].

---

149. La loi Loppsi 2 renforçait les sanctions et la sévérité des lois répressives comme l'instauration de peines planchers en direction des auteurs de violences aggravées, le retour de la « double peine » pour les étrangers reconnus coupables de crimes, l'identification d'une personne par ses empreintes génétiques, le développement de la vidéosurveillance, le renforcement des polices municipales ou encore le durcissement des sanctions en matière de délits routiers…

150. http://rue89.nouvelobs.com/2010/12/22/jacob-et-cope-ont-ils-voulu-blanchir-les-deputes-fraudeurs-181966

151. http://www.humanite.fr/11_01_2011-ren%C3%A9-dosi%C3%A8re-l%E2%80%99ump-d%C3%A9p%C3%A9nalise-les-%C3%A9lus-fraudeurs-462111

En 2013 des députés déposent une loi d'amnistie pour les fraudeurs[152]

Ne doutant sans doute de rien et sûrs de leur bon droit, une vingtaine de députés[153] ont déposé une proposition de loi le 28 mars 2013 demandant purement et simplement l'amnistie pour les exilés fiscaux, avec juste une petite pénalité de 5 % en guise de redressement. Ils vont même jusqu'à préconiser une franchise d'impôt pour les capitaux rapatriés qui seraient directement « investis dans la création ou la reprise d'entreprises françaises ».

Pratique pour des capitaux sales placés dans des paradis fiscaux à blanchir sans risque dans des entreprises françaises. On aurait voulu aider à la libre circulation de l'argent de la mafia ou de la drogue que cette loi ne s'y serait pas prise autrement.

---

152. http://www.auboisementcorrect.com/13174-Un-depute-de-l-Aube-fervent.html
http://www.liberation.fr/politiques/2013/04/04/amnistie-fiscale-la-proposition-de-loi-tres-decalee-de-20-elus-ump_893689
http://www.assemblee-nationale.fr/14/propositions/pion0855.asp
http://www.etudes-fiscales-internationales.com/media/01/02/704844724.pdf
http://www.ifrap.org/Rapatriement-des-capitaux-francais-une-amnistie-fiscale-aurait-du-sens,14681.html
153. Dino Cinieri (député de la Loire), Julien Aubert (député du Vaucluse), Valérie Boyer (députée des Bouches-du-Rhône), Alain Chrétien (député de la Haute-Saône), Lucien Degauchy (député de l'Oise), Nicolas Dhuicq (député de l'Aube), Yves Foulon (député de la Gironde), Laurent Furst (député du Bas-Rhin), Sauveur Gandolfi-Scheit (député de la Haute-Corse), Annie Genevard (députée du Doubs), Arlette Grosskost (députée du Haut-Rhin), Michel Heinrich (député des Vosges), Lionnel Luca (député des Alpes-Maritimes), Jean-Luc Moudenc (ex-député de la Haute-Garonne), Alain Moyne-Bressand (député de l'Isère), Dominique Nachury (députée du Rhône), Josette Pons (députée du Var), Paul Salen (député de la Loire), Alain Suguenot (député de la Côte-d'Or) et Jean-Pierre Vigier (député de la Haute-Loire).

Pour argumentaire de leur proposition de loi, les parlementaires pousseront le bouchon (ou l'inconscience..) jusqu'à prendre en modèle dans leur texte le dispositif mis en place par le gouvernement de Silvio Berlusconi, en Italie, qui lui aussi avait fait promulguer une loi pour, avant tout, s'autoamnistier…

Cet acte du pouvoir législatif qui efface le fait punissable, empêche ou arrête les poursuites et anéantit les condamnations a été promulgué plusieurs fois depuis la fin de la Seconde Guerre mondiale dans le cadre fiscal : amnistie fiscale de la loi du 24 mai 1951, amnistie fiscale de la loi du 14 avril 1952, amnistie fiscale conditionnelle de la loi du 21 décembre 1970, amnistie fiscale de la loi du 30 décembre 1981, amnistie de la loi du 11 juillet 1986 en faveur des avoirs à l'étranger rapatriés en France avant le 1er janvier 1987. Cette dernière n' a fait rentrer que 2,5 milliards d'euros en France pour 240 millions d'euros de « redressement » dans les caisses de l'État.

Dernièrement, dans le cadre de l'article 29 de la loi de finances rectificative pour 2012 et depuis que Bercy a installé un service spécialisé qui s'occupe des contribuables « repentis », deux milliards d'euros auraient été récupérés en 2014 par l'État en taxes et pénalités sur les 11 milliards d'euros de fraudes reconnues par des contribuables repentis.

Par an, on estime de 60 à 80 milliards la fraude fiscale en France. Au regard du peu de rentrées par rapport aux sorties, il faut être niais ou aveugle pour ne pas comprendre que l'amnistie fiscale régulièrement proposée par les parlementaires ou le gouvernement à ceux qui trichent n'est pas la bonne solution.

Mais en y réfléchissant bien et quand on découvre chaque jour un peu plus l'étendue de la fraude fiscale aussi bien chez les députés que chez les sénateurs ou chez des élus « multicartes », on peut comprendre pourquoi l'amnistie fiscale est le recours systématique après un scandale politico-financier plutôt qu'un vrai renforcement des sanctions contre les fraudeurs.

Quelques fraudeurs « donneurs de leçon »

Jean-François Sita, *conseiller régional de La Réunion*

L'élu ne comprend pas pourquoi toute cette affaire a été mise sur la place publique. Après tout, il n'a rien fait de mal. Il a juste investi un peu d'argent dans différentes affaires à Sydney où il a acquis quelques appartements tout en dirigeant une société australienne dénommée Rose Bonbon Pty Ltd dont il est l'actionnaire majoritaire. Quand on l'interroge sur une ancienne déclaration qu'il a faite où il affirmait qu'il n'avait aucun intérêt économique en Australie, il répond simplement qu'il ne voulait pas mélanger vie publique et vie privée.

Pour « favoriser » l'essor économique de La Réunion, la Région, à partir de 2011, a organisé plusieurs voyages à Sydney avec de grosses délégations réunionnaises. On y retrouve, à chaque fois, notre élu qui déclare à la presse qu'il veut, à travers ces voyages, que l'Australie investisse à La Réunion. Il réitère ses déclarations dans plusieurs journaux et confirme qu'il n'a aucun intérêt économique en Australie.

Il déplore aussi amèrement que l'on veuille, par cette histoire, salir sa famille[154].

Bernard Brochand, *député des Alpes- Maritimes*

Député depuis le 2 avril 2001, maire de Cannes jusqu'en 2014, il est soupçonné d'avoir un compte en Suisse d'un montant de plus d'un million d'euros. « Je ne suis pas coupable, ma situation est claire légale et honnête ! » Ce qui est vrai… seulement depuis 2013, date à laquelle il a régularisé ce compte avec Bercy. Mais il oublie de dire (se drapant dans

---

154. http://ipreunion.com/photo-du-jour/reportage/2014/11/07/le-7eme-vice-president-du-conseil-regional-accuse-d-avoir-cache-au-fisc-ses-affaires-en-australie-jean-francois-sita-on-veut-me-salir,27966.html

Soixante députés en délicatesse avec le fisc… pour l'instant !

l'attitude de l'homme outragé que l'on puisse douter de sa sincérité), c'est que ce compte est ouvert depuis 1974... Quid de 1974 à 2012 ?

Car durant tout ce temps (trente-huit ans quand même) nulle trace de déclaration de ce pactole confortablement planqué dans un compte à l'UBS. Et c'est bien sur ce volet de trente-huit ans d'absence de déclaration que le procureur a déclenché une enquête préliminaire.

Paradoxalement, notre élu signe des deux mains une proposition de loi présentée au vote de l'Assemblée nationale dont l'objectif était de rendre systématique l'inéligibilité des élus condamnés en justice. Pour rajouter une petite touche personnelle, l'élu alla jusqu'à proposer que les ministres parjures (comme Cahuzac) puissent être lourdement condamnés en justice.

Lui, en revanche, se défend encore et toujours d'être un fraudeur : « En France on n'aime pas les gens qui ont de l'argent. Je vois dans toute cette affaire une volonté de nuire [...]. Je ne suis pas un fraudeur, j'ai beaucoup travaillé, en France et à l'étranger, et j'ai gagné beaucoup d'argent », déclarera-t-il dans un journal de sa région.

Mais on ne lui reproche pas d'avoir gagné de l'argent : on lui reproche de l'avoir planqué en Suisse.

Il déclarera également par écrit au moment de l'affaire Cahuzac : « Je suis naturellement pour la transparence et la moralisation de la vie politique et en tant que parlementaire, j'ai toujours déclaré depuis 2001 mon patrimoine. » À l'époque, il était même d'accord pour le contrôle du patrimoine des parlementaires par un organisme indépendant.

Depuis juillet 2004, il est également le président du Comité national anticontrefaçon (CNAC) et président du groupe d'expertise pluraliste (GEP) Contrefaçon et Piraterie. En gros,

Bernard Brochand est celui qui lutte contre toute forme de copie qui déroge à un original… ça laisse rêveur[155] !

Gilles Carrez, *député du Val-de-Marne*

Président de la commission des finances de l'Assemblée nationale, il ne paye plus l'impôt sur la fortune (ISF) depuis 2011, alors que le fisc estime qu'il y est assujetti. Il semblerait qu'il y ait un problème d'abattement de 30 % que se serait appliqué l'honorable parlementaire sur sa résidence principale.

Petit hic, le député est justement l'auteur de l'amendement qui a instauré cet abattement de 30 % sur la résidence principale (auparavant limité à 20 %). Il est aussi celui qui a défendu la réforme qui a fait passer le seuil d'entrée dans l'ISF de 800 000 euros à 1,3 million d'euros.

Après tout, y'a pas de mal à se faire du bien[156]…

Lucien Degauchy, *député de l'Oise*

L'élu régularise un compte ouvert en Suisse dans les années 1980… fin 2013 !

Pour sa défense, **Lucien Degauchy** parle d'un compte à la banque cantonale de Genève ouvert par son père en 1981, à l'arrivée au pouvoir de François Mitterrand. Il explique la peur de

---

155. http://www.lexpress.fr/actualite/societe/justice/le-depute-ump-brochand-avait-1-19-million-d-euros-en-suisse_1624523.html
http://www.lepoint.fr/tags/bernard-brochand
http://www.nicematin.com/cannes/bernard-brochand-les-socialistes-naiment-pas-les-gens-qui-ont-de-largent.1984734.html
http://www.huffingtonpost.fr/2014/11/13/bernard-brochand-depute-transparence-cahuzac_n_6152334.html?utm_hp_ref=france
156. http://www.christo-renn.com/en/blog/do/tag/fisc-fric-tromperies/
http://www.huffingtonpost.fr/2014/10/25/redressement-fiscal-gilles-carrez-ump-parlementaires-fraude-fiscale_n_6046490.html

Soixante députés en délicatesse avec le fisc… pour l'instant !

tous ces commerçants qui pensaient que le nouveau pouvoir allait tout leur prendre.

Il a promis à son père de ne pas dilapider l'argent. Il a respecté sa promesse et rapatrié l'intégralité de ce compte fin 2013... une fois que l'affaire Cahuzac a éclaté[157].

Il est d'ailleurs l'un des leaders de la proposition de loi en faveur de l'absolution en cas de retour volontaire d'argent illégalement déposé à l'étranger contre une modique et forfaitaire amende de 5 % de la somme détournée. Une aubaine pour les fraudeurs, si la loi avait été votée.

On se demande vraiment si c'est de la naïveté ou de la duplicité.

Bruno Sido, *sénateur de la Haute-Marne*

C'est la Haute Autorité pour la transparence de la vie Publique qui a transmis à la justice des éléments susceptibles de constituer une infraction pénale suite à l'omission de déclaration d'avoirs détenus à l'étranger par ce sénateur. L'explication que donne **Bruno Sido** par l'intermédiaire de son avocat est qu'il a bien eu un compte dans une banque en Suisse mais qu'il s'agit d'un compte familial et qu'il a procédé à sa régularisation en 2013.

« Il s'agit d'une affaire privée, en aucune façon d'argent public et de plus n'ayant aucun rapport avec mes mandats électifs. » S'il le dit et le pense, on doit automatiquement être d'accord avec le fait que l'argent d'un élu dissimulé sur un compte à l'étranger ne regarde personne.

On est bête quand même, nous le peuple, de croire qu'un élu, sénateur de surcroît, se doit d'être exemplaire.

Surnommé « le nabab de la Haute-Marne » par un journal national en 2011 épinglant dans ses colonnes le train de vie pharaonique de l'élu aux frais du conseil général de la Haute- Marne dont il est le président depuis 1998, il occupe un hôtel particulier de fonction,

---

157. http://www.courrier-picard.fr/region/oise-le-depute-lucien-degauchy-ump-suspecte-de-compte-ia201b0n467882http://www.huffingtonpost.fr/2014/11/13/lucien-degauchy-cahuzac-suisse-compte_n_6152212.html

plusieurs employés du conseil général sont à son service personnel, il possède une voiture de fonction avec chauffeur et ses frais de bouche sont dispendieux. Face à ces révélations et à ce surnom donné, tous ses collègues du conseil général de l'époque, de droite ou gauche, montèrent au créneau pour le défendre. Lui-même poussa des cris d'orfraie dans tous les médias… mais ne porta jamais plainte en diffamation.

On comprend mieux pourquoi le sénateur **Bruno Sido**, en séance, lors des discussions sur la loi sur la transparence des élus, s'indignait que les déclarations de patrimoine et autres soient consultables par tous, même en préfecture.

On comprend mieux pourquoi (aussi) il s'est opposé plus que fermement aux propositions de quelques-uns de ses collègues qui préconisaient une inéligibilité perpétuelle à l'égard des parlementaires qui omettraient de faire ces déclarations ou qui feraient de fausses déclarations.

Bref, on sentait bien à l'époque, mais sans savoir vraiment pourquoi (et pour cause…), qu'il ne voulait pas que l'on puisse montrer du doigt un élu qui aurait fiscalement fauté.

Ce qui ne l'a pas empêché de fustiger vertement le comportement du ministre fraudeur Cahuzac. Comme quoi, il y a des élus qui feraient mieux de tourner sept fois leur langue dans la bouche avant de dénoncer aujourd'hui de quoi ils étaient coupables hier[158].

Philippe Marini, sénateur de l'Oise (démissionnaire en janvier 2015)
Il admet dans le journal *Le Monde* avoir un différend avec l'administration fiscale. Son problème porte sur un appartement dans le Ve arrondissement de Paris, dont l'estimation pose problème[159].

---

158. http://leplus.nouvelobs.com/contribution/763733-bruno-sido-senateur-misogyne-beauf-un-mec-qui-cumule-sur-tous-les-plans.html
http://www.huffingtonpost.fr/2014/11/13/bruno-sido-compte-suisse-jerome-cahuzac_n_6152022.html
159. http://www.bfmtv.com/politique/fraude-fiscale-deux-parlementa-842081.html

Soixante députés en délicatesse avec le fisc… pour l'instant !

Christian Cambon, *sénateur du Val-de-Marne*

Il monte au créneau à travers les médias pour défendre ces parlementaires qui sont soupçonnés de ne pas avoir déclaré leur fortune à l'étranger. Il dénonce un emballement médiatique et des méthodes d'investigation dignes de la Gestapo à l'encontre de ces pauvres élus.

Il a un peu peur que la soixantaine d'élus soupçonnés d'être en délicatesse avec le fisc ne ternissent un peu plus l'image des élus de la République.

Voilà encore un parlementaire qui, plutôt que de se féliciter d'un surcroît de transparence aidant à limiter les crapuleries d'élus malfaisants, préfère vilipender ceux qui en parlent et par là même couvrir ceux qui fraudent[160].

---

160. http://www.lefigaro.fr/politique/le-scan/citations/2014/11/14/25002-20141114ARTFIG00341-patrimoine-des-elus-un-senateur-ump-ne-veut-pas-tomber-dans-un-regime-de-gestapo.php

X - Un casier judiciaire vierge pour les élus !

Pourquoi ce qui est obligatoire pour un fonctionnaire, un pompier ou un chauffeur de taxi ne l'est pas pour un élu ?

Nous le proposions dans *Délits d'élus*, et je réitère la proposition. Plutôt que de nous faire régulièrement de grandes déclarations sur la probité et l'égalité pour tous, sur la moralisation de la vie politique, sur la nécessaire transparence de la classe politique, plutôt que de faire semblant de nous la raconter régulièrement en nous abreuvant d'un discours lénifiant qui nous assure que la classe politique fait le « ménage » en son sein pour se débarrasser des quelques brebis galeuses qui l'habite, pourquoi tout simplement ne pas exiger un casier judiciaire vierge (B2) pour qu'un élu, (qui se doit d'être un exemple pour ceux qu'il représente) puisse se présenter ou se représenter à une élection ?

Un casier, pas d'emploi !

Aujourd'hui, en France, il y a plus de 200 emplois dans une multitude de domaines comme la sécurité, l'enfance, la comptabilité, l'aéroportuaire, les emplois publics, la santé, la SNCF, EDF, la Banque de France, les collectivités territoriales, et bien d'autres secteurs qui peuvent vous être refusés si votre casier judiciaire B2 comprend une mention[161].

On peut le comprendre dans certains cas : il apparaît difficile de confier un emploi en rapport avec les enfants à quelqu'un qui a été condamné pour agressions sexuelles sur mineur ; ou bien de vous fournir un emploi de caissier si vous êtes un récidiviste de l'escroquerie…

Sauf que pour un élu, rien de tout ça, même si vous êtes un délinquant sexuel reconnu ou un escroc notoire.

Pourquoi un élu voleur ou délinquant sexuel peut-il, lui, être élu ou réélu ?

J'ai, dans la besace de mes recherches, un nombre important d'élus qui ont été condamnés définitivement pour des détournements d'argent, des prises illégales d'intérêt, ou de la corruption manifeste et avérée. Ils ont donc détourné de l'argent public et/ou privé, ont été condamnés pour ces délits. Pourquoi, alors qu'un comptable ayant été condamné pour escroquerie n'a plus le droit d'exercer, peuvent-ils toujours en toute impunité continuer à manipuler les deniers avec lesquels ils ont déjà joué ?

Pourquoi, et j'ai aussi quelques exemples, un élu condamné pour pédophilie ou pédopornographie peut-il à nouveau diriger un centre de loisirs pour enfants à travers ses fonctions électives, ou continuer à commander des équipes alors qu'il est condamné pour harcèlement moral, ou avoir une pléiade de femmes sous ses ordres alors qu'il est le roi de l'agression ou de l'exhibition sexuelles ?

---

161. Cour administrative d'appel de Paris, 17 juin 2014, req. n°12PA02348.
Emplois dans le domaine de l'aéroportuaire (art. L6243-3 et L2251-2 du Code des transports)
Emplois dans le domaine de l'enfance (art 776-6 du code de procédure pénale)
Emploi auprès des personnes âgées (art R79 du code de procédure pénale)
Emploi public (art 776-1 et R79 du code de procédure pénale)

Il semblerait plus saint et moral que l'élu ne se place pas au-dessus des lois qu'il exige rigoureuses pour le peuple. Que l'on demande un casier judiciaire B2 vierge pour un élu permettrait non pas de se débarrasser complètement de certaines dérives au sein de la classe politique, le penser serait illusoire et utopique, mais au moins d'éviter l'arrivée et l'enracinement d'élus délinquants et souvent récidivistes.

Élu ou réélu, donc innocent

Bien sûr, on nous servira encore le discours selon lequel seul l'électeur est à même de juger de l'innocence d'un élu, lui donnant ainsi une virginité judiciaire par les urnes. Combien de fois dans le prétoire avons-nous entendu « je ne peux pas être coupable, j'ai été réélu » ? Argumentation facile quand on sait que l'électeur n'a que le choix de ne plus aller voter pour marquer sa désapprobation de la classe politique. De quelle approbation, de quelle absolution l'élu peut-il se prévaloir quand dans bien des cas il ne doit son élection qu'à deux électeurs sur dix ?

De plus, il est rare qu'un élu brandisse dans ses tracts électoraux le nombre et le motif de ses condamnations ; il en résulte qu'une bonne moitié, à la louche, de son électorat vote pour lui à l'aveuglette ou juste en fonction de son appartenance politique ; quand on y regarde de plus près, cela réduit donc dans certaines communes à un électeur sur dix la légitimité « virginale » dans laquelle l'élu condamné essaie systématiquement de se draper.

Quand la mairie refuse d'embaucher malgré un casier judiciaire effacé

Pendant ce temps-là, un homme reçu à un concours externe d'adjoint technique principal, ce qui est déjà en soi un exploit compte tenu du niveau et du nombre de candidats pour un poste, subit l'opposition de la Ville de Paris à son recrutement pour cause de l'inscription « de faits de rebellions » dans son casier judiciaire. Le maire a pu lui refuser le poste en vertu du pouvoir qui appartient à toute autorité administrative dans les conditions de l'article 5 de la loi du 13 juillet 1983.

Détail amusant sur cette décision : les faits reprochés à cet homme relèvent exclusivement de sa vie privée et les mentions des condamnations qui s'y rapportent ont été ultérieurement exclues au bulletin n° 2 de son casier judiciaire. Autrement dit, son casier était vierge !

Inéligible mais élu quand même

Rendu inéligible en 2007 par une condamnation pour concussion doublée d'un détournement de fonds publics, un élu de Moselle s'est tout de même présenté aux élections cantonales et a été élu. Le préfet essaie bien de le faire démissionner, mais le Conseil constitutionnel, sollicité, rend un jugement qui suspend l'inégilibité de l'édile en s'appuyant sur une de ses décisions rendue le 11 juin 2010 qui avait censuré l'article 7 du Code électoral, estimant qu'il portait atteinte à l'article 8 de la Déclaration des droits de l'homme et des citoyens de 1789.

Comme quoi il est plus simple qu'un élu ne puisse pas se présenter plutôt que d'essayer de le faire démissionner. Le simple fait d'avoir à fournir un casier judiciaire vierge comme il faut le faire pour accéder a beaucoup de professions aurait permis d'éviter cette lamentable claque à la démocratie et à la justice.

Inéligible et radié des listes électorales mais rétabli en urgence dans ses droits

C'est ce qui est arrivé en 2011 en Polynésie à **Gaston Flosse**. Déclaré inéligible dans le procès dit des « sushis », il est rayé des listes électorales. L'élu se tourne alors vers le Conseil constitutionnel qui, en 2010, lui donne raison en estimant que cette radiation des listes électorales « méconnaissait le principe d'individualisation des peines ». En 2011, la Chambre criminelle de la Cour de cassation annule aussi la décision d'appel concernant l'inéligibilité de l'élu et, peu après, la cour d'appel de Paris statuant en cour de renvoi décide en dernier ressort d'annuler cette peine d'inéligibilité.

Une inéligibilité qui ne s'applique pas, qui n'est pas constitutionnelle, voilà ce qui risque d'arriver au profit d'élus roublards et bien conseillés. Ils trouveront toujours une faille pour faire annuler une décision de justice d'inéligibilité.

Des propositions de loi pour assurer la virginité des candidats

Plusieurs députés ont essayé de déposer des propositions de loi demandant un casier judiciaire vierge aux élus.

En 1995, **Michel Hunault**[162], alors député de la Loire-Atlantique, faisait enregistrer une proposition de loi requérant des candidats aux élections un casier judiciaire vierge de toute condamnation pour délit financier. Il disait à ce sujet, pour la défendre devant ses pairs : « On ne peut pas lorsqu'on a été condamné pour délit financier rentrer à EDF pour relever les compteurs d'électricité, mais on peut être député ! »

En 2008, **Michel Mach**, alors député des Pyrénées-Orientales, déposait lui aussi une proposition de loi visant à aligner les règles d'inéligibilité des élus condamnés sur celles des membres de la fonction publique. Il déclarait à l'époque : « Ma proposition vise uniquement à mettre les fonctionnaires au même niveau que les élus, pas plus mais pas moins, parce que quand on a la

---

162.   http://www.contribuables.org/wp-content/uploads/2008/04/rdv20-la-moralisation-de-la-vie-politque.pdf

responsabilité d'un corps de fonctionnaires, on ne peut pas dire : Moi, j'ai été condamné mais je peux continuer à être élu ; toi, tu as été condamné mais tu ne peux plus être fonctionnaire ! »

Bien entendu ces deux propositions de loi ne furent pas adoptées, toutes tendances politiques confondues, comme d'habitude sur ce sujet.

Janvier 2015, l'indignité nationale : les déclarations inutiles et inapplicables d'un parlementaire

Pour lutter contre les abus d'élus et moraliser le monde politique, certains parlementaires sont prêts à toutes les surenchères aussi inutiles que complètement irréalisables. Lors d'une émission télrévisée diffusée sur le Net, le Talk Orange – *Le Figaro*, le député de Paris **Christophe Caresche** propose tout simplement en guise d'exemplarité de frapper d'indignité nationale des hommes ou des femmes politiques ayant été condamnés pour corruption.

Le présentateur n'hésite pas, en fin d'émission, à souligner l'importance de la déclaration du député qui, d'un seul coup, prend l'apparence d'une solution miracle et incontournable pour éradiquer les problèmes de corruption de la classe politique française.

Il s'agit là de l'exemple type de la fausse bonne déclaration dont on sait qu'elle ne sera jamais appliquée mais qui permet de faire croire que l'on va dans le bon sens.

Outre le fait que la corruption est le seul délit qui, pour le député **Christophe Caresche**, vaut indignité nationale pour un élu, ce qui déjà en soi est une incongruité – le délit de concussion par exemple vaudra quoi ? Deux tapes sur les doigts ? –, on sait que des procès pour corruption durent entre dix et quinze ans et qu'un élu peut déjà (mais peu souvent) être condamné à une peine complémentaire d'inéligibilité. À quoi sert alors de proposer une peine dont on sait qu'elle a toute les chances de ne jamais être appliquée ?

Donner l'impression que l'on est inflexible vis-à-vis des malfaisants de sa propre corporation, du moins pour les délits d'élus !

Réflexion sur l'inéligibilité : un écran de fumée

Les différents mouvements, pétitions citoyennes, propositions de loi déposées, qui demandent tous qu'on légifère pour obtenir une inéligibilité des élus condamnés ont peu de chance d'aboutir[163]. Des textes existent déjà mais ce sont des peines « complémentaires » et non systématiques. Les juges les appliquent peu et les appels souvent les font disparaître réformant le jugement de première instance. De plus, si une loi de ce type passait, elle se heurterait inévitablement au Conseil constitutionnel. D'ailleurs, celui-ci a déjà statué sur le sujet en juin 2010 et déjà, bien avant, en janvier 1981.

Le Conseil constitutionnel estime que ces « inéligibilités déterminées » portent atteinte à la Déclaration des droits de l'homme et du citoyen de 1789 dans son article 8 qui dispose que « la loi ne doit établir que des peines strictement et évidemment nécessaires ».

Partant de ce principe, le Conseil constitutionnel a estimé qu'il ne pouvait y avoir de caractère automatique à une peine. Seul le juge peut décider de l'incapacité ou non pour un élu d'exercer un mandat public.

Un casier judiciaire vierge pour les élus est quand même une obligation plus simple à imposer. Pas besoin d'attendre qu'un juge déclare (ou non, comme souvent…) une peine complémentaire d'inéligibilité.

C'est inscrit sur ton casier : tu ne peux plus être élu, ni pompier, ni fonctionnaire, ni chauffeur de taxi…

---

163. http://www.lejdd.fr/Politique/Actualite/L-ineligibilite-a-vie-est-elle-possible-600036

Dans une intervention en janvier 2015, le patron lui-même du Service central de prévention de la corruption (SCPC), François Badie[164], reprend l'excellent travail de son service développé dans son rapport annuel, paru en 2013. Il y était préconisé un casier judiciaire vierge pour se présenter à une élection. Une évidence donc pour tout le monde puisque même les chefs reprennent à leur compte l'argumentation développée par d'autres. On aimerait juste que ces déclarations et préconisations de magistrats sérieux comme ceux du SCPC soient un peu plus prises en compte par l'ensemble de la classe politique.

Rappel du texte de loi (extrait de *La Gazette des communes* n° 2244 du 10 novembre 2014)

« L'automaticité de la perte de la capacité électorale à la suite d'une condamnation a été supprimée avec l'entrée en vigueur du nouveau Code pénal en 1994. Depuis, la perte de la capacité électorale doit être expressément prévue dans le jugement pour être effective. Le Conseil constitutionnel (décision n° 2010-6/7 QPC du 11 juin 2010) a déclaré inconstitutionnel l'article L. 7 du Code électoral car contraire au principe d'individualisation des peines. L'incapacité temporaire s'applique dans le cadre de condamnations pour des manquements à la probité. Sont ainsi concernées les infractions suivantes prévues au Code pénal : la concussion (art. 432-10) ; la corruption passive et le trafic d'influence par des personnes exerçant une fonction publique (art. 433-11 et suivants) ; la prise illégale d'intérêt (art. 432-12) ; l'atteinte à la liberté d'accès et à l'égalité des candidats dans les marchés publics (art. 432-14) ; la soustraction et le détournement de biens

---

164. http://www.mediapart.fr/journal/france/060115/lutte-contre-la-corruption-les-candidats-devraient-presenter-un-casier-judiciaire-vierge

(art. 432-16) ; la corruption active et le trafic d'influence commis par les particuliers (art. 433-1) ; les menaces et les actes d'intimidation contre les personnes exerçant une fonction publique (art. 433-3) et le délit de recel (art. 321-1 et 321-2).

En pratique, une personne condamnée pour l'une de ces infractions ne peut être inscrite sur une liste électorale pour une durée de cinq ans, que cette incapacité ait été expressément prévue par le jugement pénal ou non. Il ne peut en être autrement que si le jugement prévoit expressément, dans son dispositif, un relèvement total ou partiel de cette peine complémentaire. En application de l'article L. 236 du Code électoral, le préfet est tenu de prononcer la démission d'office d'un conseiller condamné de la sorte dès lors que la condamnation est devenue définitive. Le recours contre la décision du préfet n'est pas suspensif. »

Avec tout ça, il faut vraiment qu'un juge en veuille (ou en ait...) pour déclarer un élu, surtout médiatique, inéligible.

XI - Quelques abus d'élu(e)s en vrac

Aeschlimann Marie-Dominique, adjointe au maire d'Asnières-sur-Seine, conseillère régionale d'Île-de-France[165]

L'hebdomadaire *Marianne* nous apprend dans son numéro du 24 au 30 octobre 2014, que Mme Marie-Dominique Aeschlimann, épouse de l'ex-député des Hauts-de-Seine Manuel Aeschlimann, maire d'Asnières-sur-Seine, surnommée Marie-Do dans son fief, touche des indemnités chômage en sus de ses indemnités d'élue. Elle n'est pas la seule déclarera-t-elle sur son blog en citant une pléiade d'autres élus qui se trouvent ou se sont trouvés dans la même situation qu'elle. Bien entendu, les « camarades » qu'elle dénonce sont tous du parti opposé au sien. Elle se défendra dans un courrier adressé au journal en soutenant que « c'est la stricte application du Code du travail. Il n'y a rien d'illégal. Je considère même qu'il est sain et souhaitable que les élus aient un métier pour exercer leur mandat en toute indépendance, et quand ils le perdent, qu'ils en retrouvent un… »

On découvre donc que Marie-Dominique Aeschlimann ex-attachée parlementaire de son ex-député de mari, conseillère régionale depuis 2004, adjointe au maire (son mari), ne considère pas la politique comme un métier.

---

165. http://www.valeursactuelles.com/politique/polemique-autour-de-marie-dominique-aeschlimann-les-omissions-de-marianne-48678

Un sacerdoce sans doute ?

Gérard Collomb, *sénateur du Rhône, maire de Lyon, président de la métropole de Lyon (anciennement appelée « Grand Lyon »)*

Le Progrès[166] nous apprend que la communauté urbaine Grand Lyon, en plein mois d'août 2014, lance un appel d'offres pour la mise à disposition d'une voiture avec chauffeur à Paris pour Gérard Collomb. Le marché, reconductible sur trois ans est estimé entre 45 000 et 195 000 euros hors taxes. Autrement dit, en calculant l'hypothèse de 138 jours de présence parisienne (dix mois par trois ans) on arrive à 1 400 euros (hypothèse haute) par journée.

Ce qui n'empêche pas notre élu d'être un grand défenseur du métro et de souhaiter faire payer un droit de circuler sur un boulevard de ceinture construit en 1958 afin de limiter ainsi la circulation des voitures en ville ! Faites ce que je dis…

Là ou cela devient cocasse, et navrant tout à la fois, renforçant une fois de plus l'image négative et désastreuse que donne ces élus au-dessus de l'éthique, c'est qu'un sénateur a déjà un paquet d'avantages concernant ses déplacements dans la capitale.

Le Sénat délivre ainsi à tous les sénateurs une carte nominative qui permet l'accès gratuit à l'ensemble du réseau SNCF en première classe. Ils ont également droit à 40 allers-retours aériens par an entre Paris et leur circonscription en métropole. Les sénateurs élus d'outre-mer et ceux représentant les Français établis hors de France disposent de forfaits adaptés. Frais de taxis et péages remboursés. Ils peuvent même obtenir une carte intégrale sur les transports franciliens (forfait Navigo annuel).

On cherche la vertu républicaine.

---

166. http://www.leprogres.fr/rhone/2014/08/29/gerard-collomb-recrute-un-chauffeur-au-grand-lyon-pour-circuler-a-paris Voir aussi : http://www.senat.fr/role/senateurs_info/moyens_senateurs.html

Rachida Dati, maire du VIIe arrondissement de Paris, députée au Parlement européen

On apprend par la presse que la maire du VIIe arrondissement de Paris avait un téléphone payé par son parti politique. Il vient de lui être retiré pour raison d'économies drastiques auxquelles est obligé ledit parti, de même que son abonnement au fil de l'AFP. Le parti aurait réglé deux factures téléphoniques d'un montant de 10 000 euros pour une année[167] tandis que l'arrêt de son abonnement à l'AFP représente sans doute une économie de plusieurs milliers d'euros à l'année.

En tant que maire d'arrondissement il n'est pas idiot de penser qu'elle dispose aussi d'un téléphone dernier cri payé sur les deniers public. On peut aussi imaginer qu'elle en détient un en tant que députée au Parlement européen sur l'enveloppe dotation de matériel. Ce qui nous donnerait déjà sans doute au minimum trois téléphones gratuits pour Mme **Rachida Dati.**

On apprend aussi par *Le Canard enchaîné* qu'en 2013 elle se fait rembourser plus de 9 000 euros de billets de train et 4 000 euros de billets d'avion.

Ces faits peuvent nous surprendre : d'une part, vu le temps passé au téléphone, quand Mme **Dati** remplit-elle ses devoirs liés à ses différentes fonctions électives ? D'autre part, grâce à son statut de parlementaire européenne, **Rachida Dati** a droit au remboursement de ses frais de voyages entre Paris et Strasbourg ou Bruxelles. Elle voyage donc gratuitement dans le cadre de sa fonction d'élue européenne. Pourquoi 13 000 euros de frais de voyage en sus ?

Aude Lagarde, maire adjointe de Drancy

Ce sont les récriminations d'un ancien militant de son parti qui attire l'attention des médias sur l'épouse du député de la Seine-

---

167. http://www.leparisien.fr/politique/l-ump-aurait-regle-10000-euros-de-factures-de-telephone-a-rachida-dati-08-07-2014-3987005.php
http://www.lefigaro.fr/politique/le-scan/2014/07/08/25001-20140708ARTFIG00352-audit-ump-10000-euros-par-an-de-factures-de-telephone-pour-rachida-dati.php

Quelques abus d'élu(e)s en vrac

Saint-Denis et maire de Drancy. Aude Lagarde, en vertu d'une loi de 2004, ne devrait pas être l'assistante parlementaire de son mari en même temps qu'adjointe à son époux de maire. On s'aperçoit d'ailleurs, à cette occasion, qu'elle est aussi conseillère régionale et vice-présidente de la communauté d'agglomération.

Outre tous ces cumuls qui rapportent sans doute des revenus plus que confortables, Aude Lagarde est employée à mi-temps à l'Assemblée nationale, mais c'est une indemnité plein pot qu'elle touche en tant que sixième adjointe de la mairie. Son indemnité s'élève à plus de 3 000 euros par mois, soit plus du double de quelques-uns de ses collègues adjoints.

Aussitôt l'affaire ébruitée, Aude Lagarde démissionne de son poste d'attachée à mi-temps à l'Assemblée, son député-maire de mari précisant dans la foulée qu'elle allait travailler maintenant à l'Assemblée de façon bénévole[168]…

Stéphane Paoli, *maire de Bobigny*

Il y avait l'affaire du tract anonyme et l'embauche de la femme du numéro 2 du « gang des barbares », suivis d'une enquête sur des menaces de mort et d'une séquestration orchestrée par des proches du maire. Un hebdomadaire relate aussi des embauches soudaines et très bien payées pour ce qui pourrait s'apparenter à des remerciements pour services rendus. Il y a maintenant le maire qui touche, en sus de l'indemnité liée à sa fonction depuis mars 2014, celle de chômeur en demande d'emploi depuis fin 2013, soit 4 500 euros en tant qu'élu et 1 580 euros en tant que chômeur[169].

---

168. http://www.lepoint.fr/politique/drancy-jean-christophe-lagarde-chouchoute-sa-femme-29-10-2014-1876899_20.php
169.   http://www.liberation.fr/politiques/2014/10/10/a-bobigny-le-maire-cumule-indemnites-d-elu-et-de-chomage_1119073
http://www.marianne.net/Bobigny-la-gestion-folle-du-nouveau-maire_a241879.html
http://www.rtl.fr/actu/politique/bobigny-le-maire-udi-cumule-allocation-chomage-et-indemnite-d-elu-7774775783

C'est dans la Constitution : officiellement l'élu est bénévole, ce qu'il touche n'est qu'une indemnité et non un salaire. Ce qui permet légalement de cumuler avec tout autre revenu. De là à dire que c'est moral...

D'autant plus que l'indemnité du maire de Bobigny est l'une des plus élevées du département. Dans une ville où 20 % des actifs sont au chômage, où 33 % des habitants, aux dires du maire lui-même, sont en-dessous du seuil de pauvreté, il est évident que faire preuve de vertu républicaine, en l'occurrence d'un peu de pudeur en matière de cumul de revenus, aurait été la simple expression du respect que M. Paoli devrait avoir pour les misérables qui l'ont élu...

Notons néanmoins que le maire a récemment décidé de reverser son indemnité de chômeur au centre communal d'action sociale (CCAS) de Bobigny. Le Premier ministre Manuel Valls, en son temps, avait fait de même après la révélation par *Le Canard enchaîné* qu'il continuait à toucher une indemnité d'élu à la mairie d'Évry, alors qu'il venait d'être nommé ministre...

Une fois le pot aux roses découvert... nos élus retrouvent un peu le sens de l'équité !

Dommage que ce soit toujours « après » et non « avant ».

Pascal Terrasse, *député de l'Ardèche*

En 2012, un Web journal, spécialiste des scoops, fournit la liste des dépenses de ce député et sa famille : nombreuses et plus ou moins privées, elles sont payées sur son indemnité IRFM (6 218 euros par mois à l'époque), censée pourtant ne couvrir que des dépenses liées à son mandat de député.

On a du mal à comprendre que l'IRFM de **Pascal Terrasse** ait pu servir à payer des vacances d'été au Sénégal ou en Égypte. Le Web journal révèle aussi des paiements à Barcelone au moyen de la carte bleue d'IRFM de l'élu, qui chauffe pour des frais d'hôtel, des notes de restaurants ou des escapades à caractère touristique.

Quelques abus d'élu(e)s en vrac

Toujours avec le montant mensuel de cette allocation accordée pour son mandat d'élu, il se paye des billets d'avion pour l'Angleterre.

L'élu, interrogé sur ce mélange des genres, trouve quelques explications qui ne tiennent pas la route longtemps, promet de fournir des justificatifs, reconnaît même qu'il se sert de son IRFM de l'Assemblée nationale pour payer des dépenses liées à son mandat de conseiller général. Il avoue aussi pour justifier des dépenses injustifiées de billets d'avion : « À peu près tous les députés font ça[170]. »

Comme quoi, quand tricher devient la règle commune à tous, ce n'est plus de la tricherie pour certains élus. À tel point que notre élu a porté plainte contre le Web journal pour vol de relevés bancaires. Il faudra néanmoins qu'il explique les dépenses qui y figurent et le fait que, grâce à son IRFM, il aurait régler sa cotisation parlementaire à son parti politique (500 euros par mois).

Pascal Terrasse en est à son quatrième mandat de député. On peut donc raisonnablement penser que ces « incartades » sur les moyens financiers que lui accorde l'Assemblée ne datent pas d'hier. Là aussi, on peut s'interroger sur la moralité des faits découverts, et le silence même pas embarrassé de l'Assemblée nationale sur le sujet ne peut que conforter ce que d'autres juges pour un chef d'entreprise ou un simple salarié appelleraient « détournement de fonds publics ».

Thomas Thévenoud, *secrétaire d'État, député de Saône-et-Loire, conseiller général*

La liste des factures non réglées de **Thomas Thévenoud** serait trop longue et fastidieuse ; ses impôts, son kinésithérapeute, ses loyers, etc. De plus la presse en a fait ses choux gras durant

---

170. http://www.mediapart.fr/journal/france/240512/les-vacances-dun-depute-ps-aux-frais-de-lassemblee
-http://www.leparisien.fr/elections-legislatives-2012/indemnite-de-representation-debat-autour-des-depenses-d-un-depute-ps-25-05-2012-2016511.php
-http://www.huffingtonpost.fr/2012/07/19/deputes-frais-indemnite-mandat-irfm-assemblee-nationale_n_1688353.html

plusieurs semaines à mesure de la découverte, quasi journalière, de factures en souffrance par ce « phobique administratif ».

Pourtant, **Thomas Thévenoud**, avant de « tomber », avait été un député des plus engagés dans la lutte contre la fraude fiscale et avait eu des mots très durs contre Cahuzac. Maintenant, il refuse de démissionner de son mandat de député après être resté secrétaire d'État pendant neuf jours. Tout le monde a crié haro sur le bonhomme, mais en y réfléchissant bien, cela aurait provoqué une élection partielle et personne n'avait envie de la voir se dérouler, le résultat catastrophique pour l'ex-parti de **Thomas Thévenoud** étant prévisible.

Ne voulant sans doute pas ajouter le ridicule au scandale et l'occasion se présentant, l'Assemblée a décidé de ne pas renouveler **Thomas Thévenoud** à la commission des finances et de le nommer au sein de la commission du développement durable[171].

Il est quand même amusant de constater que la classe politique dans son ensemble a demandé la démission de **Thomas Thévenoud** (comme elle avait demandé celle de **Jérôme Cahuzac**) alors que ceux-ci n'ont fait l'objet d'aucune condamnation, ni mise en examen. Évidemment, Thévenoud a bafoué la morale, mais combien de députés l'ont fait sans s'attirer de pareilles foudres ? Alors, on peut quand même être très étonné du silence assourdissant de la même classe politique vis-à-vis de parlementaires condamnés pour des délits beaucoup plus graves qu'un compte en Suisse ou des retards de paiement.

---

171. http://www.sudouest.fr/2014/09/08/la-pression-monte-sur-thomas-thevenoud-sa-femme-est-mise-en-conge-du-senat-1665017-625.php
http://www.sudouest.fr/2014/10/01/toujours-depute-thomas-thevenoux-change-de-commission-a-l-assemblee-1689501-710.php
http://www.lefigaro.fr/politique/lescan/citations/2014/09/09/2500220140909ARTFIG00339-regler-son-loyer-l-autre-probleme-de-thomas-thevenoud.php
C'était le cas de l'ancien sénateur Jean-Luc Mélenchon.

À croire que le manque de morale sans condamnation est plus répréhensible pour la classe politique que la condamnation elle-même pour des délits avérés.

CONCLUSION

J'ai écrit ce livre sans la prétention de celui qui possède le savoir et les réponses aux questions posées. Tout au plus, me suis-je permis d'avancer en toute humilité quelques solutions de simple bon sens, faciles à mettre en œuvre et qui nous permettraient, peut-être, de redonner des lettres de noblesse à ce monde politique quelque peu vérolé. Toutefois, malgré les multiples déréglements relatés, j'ai rencontré des hommes et des femmes formidables qui n'avaient pas d'autre objectif que de se mettre au service des citoyens. Ils sont les plus nombreux, mais en bas de la pyramide…

On ne peut malheureusement que constater à la lecture des faits dénoncés dans le livre que les abus d'élus et la corruption, le laisser-aller ou le laisser-faire, ont encore des jours radieux et ensoleillés devant eux et prospèrent sous tous les gouvernements successifs. Cependant l'opinion publique est de moins en moins sensible aux bonnes paroles que lui sert la classe politique en matière de moralisation de ses pratiques et s'offusque sans retenue des avantages et/ou privilèges indus accumulés par les élus que beaucoup de Français désignent avec ressentiment comme une caste de nantis improbes et égoïstes, sans faire de détail.

J'aimerais à travers ces quelques lignes de conclusion pouvoir écrire et penser que nous allons dans le bon sens et que les élus reviendront un jour ou l'autre à la véritable étymologie du mot « politique » : s'occuper de la vie de la cité.

Toutefois, nous sommes tous néanmoins responsables. Il est aujourd'hui indéniable que la propension à dénoncer les élus « malfaisants » s'arrête et se dilue complètement dans l'isoloir de chaque élection puisque ceux-ci sont majoritairement réélus. Il n'y a pas non plus 618 000 élus qui abusent et usent de tous les artifices pour profiter du « système ». Il y a juste tous ces élus qui votent en troupeau silencieux (sans poser aucune question) quand l'un d'entre eux mord la ligne jaune dans l'exercice de ses fonctions. Il y a juste ces élus et ces électeurs qui ferment les yeux en regardant ailleurs tout en tendant la main vers celui ou celle qui leur laissera quelques miettes du gâteau.

La plupart des lignes politiques d'aujourd'hui n'ont plus qu'un seul chemin, celui du profit individuel au détriment de l'intérêt général et du partage.

Le pouvoir se concentre aujourd'hui de plus en plus chez quelques-uns, les autres suivent et se taisent pendant que l'opposition ne fait qu'attendre son heure pour assurer « l'alternance », ce mot à la mode, et s'empresser une fois au pouvoir de faire exactement la même chose que ceux à qui elle succède.

Et pourtant, je persiste à croire naïvement que le pouvoir n'est intéressant que s'il est partagé par tous et qu'il n'y a de vrai richesse que celle que l'on distribue et non qu'on accumule.

Je terminerai ce livre par quelques questions sous forme de « pourquoi » qui, je l'espère, susciteront un jour une prise de conscience collective des élus et des électeurs.

J'aimerai que les « élus » comprennent ce premier pourquoi : pourquoi les élus se considèrent-ils souvent comme nos maîtres alors qu'ils ne devraient être que nos serviteurs ?

Questions qui fâchent entre légalité et moralité

Pourquoi ?

Pourquoi un député au bout de seulement cinq ans de cotisation retraite touche une retraite moyenne de 1 500 euros par mois alors qu'un employé pour 42 années de cotisation touchera 896 euros en moyenne ?

Pourquoi, au bout de deux mandats de six ans chacun, un sénateur peut-il toucher plus de 3 700 euros par mois de retraite ?

Pourquoi la retraite des élus n'est-elle pas prise en compte dans l'écrêtement (8 200 euros) des indemnités d'élus.

Pourquoi une cotisation retraite d'élu rapporte-t-elle en moyenne 6,50 euros pour un euro cotisé pendant vingt ans alors qu'un salarié du régime général touche entre 0,87 et 1,57 euro pour un euro cotisé pendant quarante-deux ans ?

Pourquoi un élu peut-il cumuler ses différentes retraites (jusqu'à cinq retraites) ?

Pourquoi un élu peut-il travailler en touchant sa (ses) retraite(s) d'élu complète(s) sans plafond de montant alors que le citoyen lambda ne peut le faire sans dépasser la valeur de son dernier salaire ?

Pourquoi les élus ont-ils une retraite par capitalisation et l'interdisent-ils résolument aux « autres » qui n'ont droit qu'à une retraite par répartition ?

Pourquoi les cotisations retraite des élus peuvent-elles être abondées par les collectivités, ce qui permet à un parlementaire de toucher sa retraite à taux plein avec moins d'annuités de cotisation ?

Pourquoi une partie de la pension de retraite des parlementaires est-elle insaisissable (même en cas de fraude ou d'amende) ?

Pourquoi un agent public qui voudrait se présenter à une élection législative ne devrait-il pas démissionner de la fonction publique ? Un salarié le doit, lui, s'il veut travailler ailleurs !

Pourquoi deux ans d'allocations chômage pour un salarié lambda du régime général et trois ans pour les députés ? Ceux-ci ont-ils plus de mal à retrouver un travail ?

Pourquoi les députés qui ne se représentent pas peuvent-ils toucher l'allocation différentielle et dégressive de retour à l'emploi ? Un salarié qui démissionne n'a, lui, droit à rien !

Pourquoi la fonction d'élu est-elle officiellement bénévole et que l'élu s'en met quand même plein les poches ?

Pourquoi un salarié au petit salaire ne peut-il bosser que jusqu'à 62 ans (67 ans pour les cadres) et un élu avec un gros salaire jusqu'à sa mort ?

Pourquoi faut-il avoir un casier judiciaire vierge pour entrer dans certaines professions et que ce n'est pas le cas pour être élu ?

Pourquoi un parlementaire échappe-t-il aux règles communes d'embauche d'un salarié alors qu'il vote des lois pour que les autres les appliquent ?

Pourquoi un parlementaire doit-il donner le détail de son patrimoine alors que personne n'a le droit de le publier sous peine d'amende ?

Pourquoi la fraude dans la déclaration de patrimoine d'un élu ne vaut-elle pas la prison mais seulement 30 000 euros d'amende alors que la simple fraude d'un citoyen pour faux et usage de faux d'un document délivré par l'Administration est punissable de cinq ans d'emprisonnement et de 75 000 euros d'amende ?

Pourquoi un parlementaire (député ou sénateur) touche-t-il une IRFM (indemnité représentative de frais de mandat) de 5 770 euros par mois pour un député et de 6 200 euros par mois pour un sénateur, dont l'usage n'est pas contrôlable et pour lequel il n'a de compte à rendre à personne ?

Pourquoi, durant son mandat, un élu peut-il s'acheter un bien qu'il nomme souvent « permanence », le payer à crédit avec l'IRFM, qui est de l'argent public, et le garder – ou le vendre – pour son bénéfice personnel ?

Pourquoi les parlementaires cumulards peuvent-ils toucher plusieurs enveloppes de frais de représentation (frais en tant que président d'agglomération, frais en tant que maire, IRFM en tant que député…) ?

Pourquoi les restaurants trois étoiles (cinq étoiles ?) de l'Assemblée nationale et du Sénat coûtent-ils si peu cher à l'élu ?

Pourquoi un parlementaire peut-il être conseil d'une société et toucher des honoraires faramineux en plus de ses indemnités ?

Pourquoi un élu à revenu égal de celui d'un salarié paye-t-il moins d'impôt sur le revenu ?

Pourquoi les parlementaires et les maires peuvent-ils embaucher qui ils veulent dans leur cabinet, par exemple, pour les sénateurs, les membres de leur famille ?

Pourquoi parle-t-on toujours de réduire le nombre de fonctionnaires mais jamais celui des parlementaires ?

Pourquoi les sénateurs se sont-ils versé en 2011, au titre d'un « rattrapage exceptionnel », une prime de 3 531,61 euros avant les congés d'été… ?

Pourquoi aucun chiffre n'existe sur la présence ou non des sénateurs lors des séances au Sénat ?

Pourquoi les élus, chantres de la justice, acceptent-ils tous les ans la réduction du nombre de juges d'instruction (623 en 2009, 553 en 2011, 540 en 2012…) ?

Pourquoi la pension de réversion d'un élu décédé est-elle de 66 % sans condition de ressources du survivant alors que celle d'un salarié du privé est de 54 % sous condition de ressources du survivant (aucune réversion au-dessus de 19 614,40 brut annuel !) ?

Pourquoi la retraite d'un élu est-elle garantie et connue d'avance alors qu'un salarié du régime général n'est sûr de rien ?

Pourquoi un député peut-il cumuler plusieurs « réserves parlementaires » sans que cela se sache officiellement ?

Pourquoi l'indemnité de fonction d'un député et son IRFM ne sont-elles pas imposables ?

Pourquoi un député a-t-il droit au remboursement de frais de taxis parisiens (alors qu'il touche l'IRFM pour ça) ?

Pourquoi un ancien sénateur ou un ancien député ont-ils droit à la gratuité à vie en première classe SNCF ?

Pourquoi un ancien sénateur et son conjoint ont-ils le droit au remboursement de la moitié de 12 vols Air France par an et à vie ?

Pourquoi un sénateur peut-il emprunter jusqu'à 150 000 euros à un taux préférentiel ?

Pourquoi les anciens ministres, leurs conjoints et leurs enfants ont-ils droit à la gratuité à vie des vols Air France et à la gratuité à vie des transports sur le réseau SNCF ?

Pourquoi une mairie ne se porte-t-elle pas automatiquement partie civile quand un élu de sa commune est mis en cause dans une affaire lésant les intérêts de la ville ?

Pourquoi y a-t-il dans le service des fraudes un service spécial pour les élus ? Une fraude d'élu est-elle différente des autres pour bénéficier d'un traitement de faveur ?

Pourquoi un élu condamné définitivement ne rembourse-t-il pas les frais d'avocat dépensés pour lui par la collectivité ?

Ils sont dans ce livre

Que ceux que j'ai oubliés me pardonnent

A

B

Baert Dominique, député du Nord (59)

Bailly Dominique, maire d'Orchies, sénateur du Nord (59)

Bailly Gérard, sénateur du Jura (39)

Balkany Patrick, maire de Levallois-Perret, député des Hauts-de-Seine (92)

Balladur Édouard, ancien Premier ministre, député de Paris (75)

Bapt Gérard, député de la Haute-Garonne (31)

Barbier Gilbert, sénateur du Jura (39)

Barbier Jean-Pierre, sénateur de l'Isère (38)

Bareigts Ericka, députée de La Réunion (974)

Bariani Didier, ex-député de Paris (75)

Baroin François, ancien ministre, maire de Troyes, sénateur de l'Aube (10)

Bartolone Claude, député de la Seine-Saint-Denis (93)

Bataille Christian, député du Nord (59)

Battistel Marie-Noëlle, députée de l'Isère (38)

Baylet Jean-Michel, ex-sénateur de Tarn-et-Garonne (82)

Bays Nicolas, député du Pas-de-Calais (62)

Bechtel Marie-Françoise, députée de l'Aisne (02)

Benbassa Esther, sénatrice du Val-de-Marne (94)

Benoit Thierry, député d'Ille-et-Vilaine (35)

Berger Jean-Didier, maire de Clamart (92)

Berger Karine, députée des Hautes-Alpes (05)

Berthelot Chantal, députée de la Guyane (973)

Bertrand Léon, ancien ministre, ex-député de la Guyane (973)

Bertrand Xavier, député de l'Aisne (02)

Besnard Pierre, ex-chef de cabinet de François Hollande

Blazy Jean-Pierre, député du Val-d'Oise (95)

Bloche Patrick, député de Paris (75)

Bocquet Alain, député du Nord (59)

Bompart Jacques, député du Vaucluse (84)

Bonneton Michèle, députée de l'Isère (38)

Borgel Christophe, député de la Haute-Garonne (31)

Bouchart Natacha, maire de Calais, sénatrice du Pas-de-Calais (62)

Bourlanges Jean-Louis, ancien député européen (Nord-Ouest)

Boutih Malek, député de l'Essonne (91)

Boyer Valérie, députée des Bouches-du-Rhône (13)

Briand Philippe, sénateur d'Indre-et-Loire (37)

Brochand Bernard, maire de Cannes, député des Alpes-Maritimes (06)

Brun Élie, ex-maire de Fréjus (83)

Buchet Pascal, ex-maire de Fontenay-aux-Roses (92)

Bussereau Dominique, député de la Charente-Maritime (17)

C

Cabé Robert, ex-maire d'Aire-sur-l'Adour (40)

Cahuzac Jérôme, ancien ministre, ex-député de Lot-et-Garonne (47)

Cambadélis Jean-Christophe, député de Paris (75)

Cambon Christian, sénateur du Val-de-Marne (95)

Cantegrit Jean-Pierre, député des Français établis hors de France

Caresche Christophe, député de Paris (75)

Carle Jean-Claude, vice-président du Sénat, sénateur de la Haute-Savoie (74)

Carlotti Marie-Arlette, députée des Bouches-du-Rhône (13)

Carnouvas Luc, sénateur du Val-de-Marne (94)

Carrez Gilles, député du Val-de-Marne (94)

Castaner Christophe, député des Alpes-de-Haute-Provence (04)

Cathala Laurent, maire de Créteil, député du Val-de-Marne (94)

Caullet Jean-Yves, député de l'Yonne (89)

Cayeux Caroline, sénatrice de l'Oise (60)

Charette Hervé (de), ancien ministre, ex-député de Maine-et-Loire (49)

Charon Pierre, sénateur de Paris (75)

Chartier Jérôme, député du Val-d'Oise (95)

Charzat Michel, ex-maire du XXᵉ arrondissement de Paris, ex-député de Paris, ex-sénateur de Paris (75)

Chatel Luc, député de la Haute-Marne (52)

Chirac Jacques, ancien président de la République

Chiron Jacques, sénateur de l'Isère (38)

Chrétien Alain, maire de Vesoul, député de la Haute-Saône (70)

Cinieri Dino, député de la Loire (42)

Ciot Jean-David, député des Bouches-du-Rhône (13)

Clément Pascal, ancien ministre, ex-député de la Loire (42)

Cohen Laurence, sénatrice du Val-de-Marne (94)

Collard Gilbert, député du Gard (30)

Collomb Gérard, maire de Lyon, sénateur du Rhône (69)

Colmou Yves, ex-conseiller auprès de Manuel Valls

Copé Jean-François, maire de Meaux, député de Seine-et-Marne (77)

Couderc Anne-Marie, sénatrice de Paris (75)

Courson Charles Amédée (de), député de la Marne (51)

Courtial Édouard, député de l'Oise (60)

Cuvillier Frédéric, maire de Boulogne-sur-Mer, député du Pas-de-Calais (62)

D

Dahmane Abderrahmane, inspecteur général de l'Éducation nationale

Darrieussecq Geneviève, maire de Mont-de-Marsan (40)

Da Silva Carlos député de l'Essonne (91)

Dassault Olivier, député de l'Oise (60)

Dassault Serge, sénateur de l'Essonne (91)

Dati Rachida, maire du VIIe arrondissement de Paris, députée européenne (Île-de-France)

Decool Jean-Pierre, député du Nord (59)

Degallaix Laurent, maire de Valenciennes, député du Nord (59)

Degauchy Lucien, député de l'Oise (60),

Delaunay Michèle, députée de la Gironde (33)

Delebarre Michel, ex-maire de Dunkerque, sénateur du Nord (59)

Demuynck Christian, sénateur de la Seine-Saint-Denis (93)

Denoix de Saint Marc Renaud, membre du Conseil constitutionnel

Depierre Bernard, ex-député de la Côte-d'Or (21)

Dhuicq Nicolas, député de l'Aube (10)

Dion Sophie, députée de la Haute-Savoie

Dominati Jacques, ex-sénateur de Paris (75)

Dominati Philippe, sénateur de Paris (75)

Dosière René, député de l'Aisne (02

Dray Julien, conseiller régional d'Île-de-France, ex-député de l'Essonne (91)

Dufoix Georgina, ancien ministre

Dufour Tonini Anne-Lise, maire de Denain, députée du Nord (59)

Dumas Roland, ancien ministre, ancien président du Conseil constitutionnel

Durand Yves, député du Nord (59)

E

Estrosi Christian, maire de Nice, député des Alpes-Maritimes (06)

F

Fabius Laurent, ministre, ex-député de la Seine-Maritime (76)

Falco Hubert, maire de Toulon, sénateur du Var (83)

Fillon François, ancien Premier ministre, député de Paris (75)

Flosse Gaston, ancien président de la Polynésie française (987)

Fontaine Michel, maire de Saint-Pierre, sénateur de La Réunion (974)

Foulon Yves, député de la Gironde (33),

Fournier Jean-Paul, maire de Nîmes, sénateur du Gard (30)

Fousseret Jean-Louis, maire de Besançon, ancien député du Doubs (25)

Furst Laurent, député du Bas-Rhin (67)

Fruteau Jean-Claude, député de La Réunion (974)

G

Gandolfi-Scheit Sauveur, député de la Haute-Corse (2B)

Garcia Francis, maire du Passage d'Agen (47)

Gaudin Christian, sénateur de Maine-et-Loire (49)

Gaudin Jean-Claude, maire de Marseille, sénateur des Bouches-du-Rhone (13)

Gautier Gisèle, ex-sénatrice de la Loire-Atlantique (44)

Genevard Annie, députée du Doubs (25)

Germain Jean († 7 avril 2015), ex-maire de Tours, sénateur d'Indre-et-Loire (37),

Gillibert Michel († 17 octobre 2004), ancien ministre

Ginesta Georges, maire de Saint-Raphaël, député du Var (83)

Giscard d'Estaing Valéry, ancien président de la République

Glavany Jean, député des Hautes-Pyrénées (65)

Goasguen Claude, député de Paris (75)

Grellier Jean, député des Deux Sèvres (79)

Gros Sébastien, préfet hors cadre

Grosskost Arlette, députée du Haut-Rhin (68)

Guaino Henri, député des Yvelines (78)

Guedj Jérôme, ex-président du conseil général, ex-député de l'Essonne (91)

Guéant Claude, ancien ministre, ex-préfet

Guérini Jean-Noël, sénateur des Bouches-du-Rhône (13)

H

Hamelin Emmanuel, ex-député du Rhône (69)

Heinrich Michel, député des Vosges (88)

Hénart Laurent, maire de Nancy (54)

Hervé Edmond, sénateur d'Ille-et-Vilaine (35)

Hetzel Patrick, député du Bas-Rhin (67)

Hidalgo Anne, maire de Paris (75)

Hollande François, président de la République

Hortefeux Brice, ancien ministre, député européen (Massif central-Centre)

Hout Sabrina, adjointe au maire des XVe et XVIe arrondissements de Marseille (13)

Hunault Michel, ex-député de la Loire-Atlantique (44)

Hyest Jean-Jacques, sénateur de Seine-et-Marne (77)

J

Jacob Christian, député de Seine-et-Marne (77)
Jalton Éric, député de la Guadeloupe (971)
Jospin Lionel, ancien Premier ministre
Joxe Pierre, ancien Premier président de la Cour des comptes
Juppé Alain, ancien Premier ministre, maire de Bordeaux (33)

K

Kaltenbach Philippe, sénateur des Hauts-de-Seine (92)
Karoutchi Roger, ancien secrétaire d'État, sénateur des Hauts-de-Seine (92)
Klarsfeld Arno, conseiller d'État
Kosciusko-Morizet Nathalie, ancienne ministre, députée de l'Essonne (91)
Kuli… Christoph, découvreur de talents, Alpes-Maritimes (06)

L

Lagarde Aude, adjointe au maire de Drancy (93)
Lagarde Christine, ancienne ministre
Lagarde Jean-Christophe, maire de Drancy, député de la Seine-Saint-Denis (93)
Lambert Alain, président du conseil général de l'Orne (61)
Lamy François, ancien ministre, député de l'Essonne (91)
Larcher Gérard, maire, sénateur des Yvelines (78)
Lassalle Jean, député des Pyrénées-Atlantiques (64)
Lazaro Thierry, député du Nord (59)
Lefebvre Frédéric, conseiller régional d'Île-de-France, député des Français établis hors de France (depuis le 10 juin 2013)
Le Guen Jean-Marie, secrétaire d'État, député de Paris (75)
Lipietz Hélène, ex-sénatrice de Seine-et-Marne (77)
Longuet Gérard, ancien ministre, sénateur de la Meuse (55)
Lounici Rachid, adjoint au maire de Lomme (59)
Loup Maryse, première adjointe au maire de Wingles (62)
Luard Roland (du), sénateur de la Sarthe (72)

Luca Lionnel, député des Alpes-Maritimes (06)

M

Mach Michel, ex-député des Pyrénées-Orientales (66)

Madrelle Philippe, sénateur de la Gironde (33)

Mamère Noël, député de la Gironde (33)

Marchand Frédéric, maire d'Hellemmes (59)

Marchiani Jean-Charles, ex-député européen, ex-préfet hors cadre

Marini Philippe, sénateur de l'Oise (60)

Marland-Militello Muriel, députée des Alpes-Maritimes (06)

Marlin Franck, député de l'Essonne (91)

Mazeaud Pierre, ancien président du Conseil constitutionnel

Mélenchon Jean-Luc, député européen, ancien sénateur de l'Essonne (91)

Migaud Didier, Premier président de la Cour des comptes

Miraux Jean-Luc, ancien sénateur de l'Eure (27)

Morin Hervé, député de l'Eure (27)

Moudenc Jean-Luc, ex-député de la Haute-Garonne (31)

Moyne-Bressand Alain, député de l'Isère (38)

Myard Jacques, maire de Maisons-Laffitte, député des Yvelines (78)

N

Nachury Dominique, députée du Rhône (69)

Novelli Hervé, ancien secrétaire d'État, ancien député d'Indre-et-Loire (37)

P

Paillé Dominique, ancien ministre, député des Deux-Sèvres (79)

Paoli Stéphane, maire de Bobigny (93)

Pasqua Charles, ancien ministre, sénateur des Hauts-de-Seine (92)

Perben Dominique, ancien ministre, ex-député du Rhône (69)

Pécresse Valérie, députée des Yvelines (78)

Percheron Daniel, sénateur du Pas-de-Calais (62)

Poncelet Christian, ancien président du Sénat, ancien sénateur des Vosges (88)

Poniatowski Ladislas, sénateur de l'Eure (27)

Pons Josette, députée du Var (83)

Portelli Hugues, sénateur du Val-d'Oise (95)

Povinelli Roland, maire d'Allauch, ex-sénateur des Bouches-du-Rhône (13)

Puech Jean, ancien ministre, ancien sénateur (jusqu'en 2008) de l'Aveyron (12)

R

Raffarin Jean-Pierre, ancien Premier ministre, sénateur de la Vienne (86)

Raincourt Henri (de), ancien ministre, sénateur de l'Yonne (89)

Raoul Daniel, sénateur de Maine-et-Loire (49)

Raynal Jean-François, vice-président du conseil général des Yvelines (78)

Retailleau Bruno, sénateur de la Vendée (85)

Richard Alain, sénateur du Val-d'Oise (95)

Ries Roland, maire de Strasbourg, sénateur du Bas-Rhin (67)

Riester Franck, député de Seine-et-Marne (77)

Rimane Juliana, ex-députée de la Guyane (973)

Roussin Michel, ancien ministre, ex-député de Paris (75)

Royal Ségolène, ministre, ex-députée des Deux-Sèvres (79)

Rugy François (de), député de la Loire-Atlantique (44)

Ruquier Laurent, animateur de radio et télévision, « amuseur public », Paris (75)

S

Salen Paul, député de la Loire (42)

Santini André, maire d'Issy-les-Moulineaux, député des Hauts-de-Seine (92)

Ils sont dans ce livre

Sarkozy Nicolas, ancien président de la République

Sauvadet François, député de la Côte d'Or (21)

Sève Patrick, ex-maire de L'Haÿ-les-Roses, député du Val-de-Marne (94)

Sido Bruno, sénateur de la Haute-Marne (52)

Sita Jean-François, conseiller régional de La Réunion (974)

Suguenot Alain, député de la Côte-d'Or (21)

T

Tardy Lionel, député de la Haute-Savoie (74)

Tasca Catherine, sénatrice des Yvelines (78)

Taubira Christiane, garde des Sceaux, ancienne députée de la Guyane (973)

Terrasse Pascal, député de l'Ardéche (07)

Teullé Arnaud, ex-adjoint au maire de Neuilly-sur-Seine (92)

Thévenoud Thomas, ancien secrétaire d'État, député de Saône-et-Loire (71)

Thierry Robert, député de La Réunion (974)

Tibéri Dominique, conseiller de Paris (75)

Tiberi Jean, ex-député, ex-maire de Paris (75)

Toubon Jacques, ancien ministre, ex-député de Paris (75)

Touraine Jean-Louis, député du Rhône (69)

U

Urvoas Jean-Jacques, député du Finistère (29)

V

Vallaud-Belkacem Najat, ministre

Vallini André, secrétaire d'État, ex-député, sénateur de l'Isère (38)

Valls Manuel, Premier ministre

Vauzelle Michel, député des Bouches-du-Rhône (13)

Vendasi François, sénateur de la Haute-Corse (2B)

Véra Bernard, ex-sénateur de l'Essonne (91)

Vigier Jean-Pierre, député de la Haute-Loire (43)
Vigier Philippe, député d'Eure-et-Loir (28)
Villepin Dominique (de), ancien Premier ministre
Voisin Michel, député de l'Ain (01)

W

Warsmann Jean-Luc, député des Ardennes (08)
Woerth Éric, ancien ministre, député de l'Oise (60)

Bibliographie

BACH Laurent, *Faut-il abolir le cumul des mandats ?*, Paris, collection du CEPRIMAP, Éditions Rue d'Ulm/Presses de l'École normale supérieure, 2012.

CARRÉ de MALBERG Raymond, *Contribution à la théorie générale de l'État*, [1920], Paris, Dalloz, 2003.

COIGNARD Sophie, WICKHAM Alexandre, *L'omerta française*, [1999], Paris, Albin Michel, 2014.

COLONNA d'ISTRIA Robert, STEFANOVITCH Yvan, *Le Sénat. Enquête sur les superprivilégiés de la République*, Monaco, Éditions du Rocher, 2008.

DOSIÈRE René, *L'État au régime. Gaspiller moins pour dépenser mieux*, Paris, Éditions du Seuil, 2012.

DOSIÈRE René, *Le métier d'élu local*, Paris, Éditions du Seuil, 2014.

GODECHOT Jacques, *Les Institutions de la France sous la Révolution et l'Empire*, Paris, PUF, 1951, réimpr. 1998.

MATHIEZ Albert, *La Corruption parlementaire sous la Terreur*, Paris, Armand Colin, 1927.

PEILLON Antoine, *Corruption. Nous sommes tous responsables*, Paris, Éditions du Seuil, 2014.

PINÇON Michel, PINÇON-CHARLOT Monique, *Le président des riches. Enquête sur l'oligarchie dans la France de Nicolas Sarkozy,*

Paris, Éditions Zones, 2010, réédition en poche, Paris, La Découverte Poche/Essais, 2011.

Pons Noël, Philippe Jean-Paul, *92 connection. Les Hauts-de-Seine, laboratoire de la corruption ?*, Paris, Nouveau Monde éditions, 2013.

Rouban Luc, *Les députés de 2012. Quelle diversité ?*, Paris, Centre de recherches politiques de Sciences Po/éditions du Cevipof, n° 8, juillet 2012.

SCPC – Service central de prévention de la corruption : rapport pour l'année 2013 au Premier ministre et au garde des Sceaux, ministre de la Justice, Paris, La Documentation française, 2014.

Servière Samuel-Frédéric, « 8 propositions pour plus de transparence de la vie publique », *Société civile*, n° 153, 26 janvier 2015.

Soboul Albert, *La Révolution française*. Nouvelle édition revue et augmentée du *Précis d'histoire de la Révolution française*, Paris, collection « Terrains », Éditions sociales, 1982.

Remerciements

À Jean-Charles Gérard qui fait partie des éditeurs encore un peu fous, mais « qui en ont ».

À toute son équipe d'édition à l'écoute de tous les auteurs en faisant croire à chacun qu'il est le seul et le plus important.

Un spécial merci à Anne-Ségolène Estay et à Ariadine Boussetta son assistante, reines de la grammaire, à Marie-Christine Antigny bénévole attitrée, à Alain Bischoff, correcteur et stakhanoviste du détail.

Un grand merci à Raymond Bonomo, le bénévole tenace et efficace ; à quelques magistrats rigoureux et constructifs ; au service documentation de la communauté d'agglomération Évry Centre Essonne, particulièrement à Flora M. et à Olga R. ; à un ou deux amis(es) des services de renseignement ; à quelques élus (Stéphane B., Thierry L., Christian C.) qui osent encore défier « l'establanchiment ».

Un énorme merci à tous les veilleurs (Philippe G., Nounours de Mulhouse, Sonia glabpapillons, Faila S. des Bahamas, Bruno H. de Morsang-sur-Orge, Sandrine P. de Montendre, Karine L. de Romilly, Jacky C. d'Étampes, Hervé C. cours Simon, Lydia C. de La Rochelle... et plein d'autres) qui quadrillent toute la France pour que l'information et la transparence des faits existent encore dans ce pays.

TABLE DES MATIÈRES

Avec le soutien de

Composition :
L'atelier des glyphes

Achevé d'imprimer en mars 2016
sur les presses de la Nouvelle Imprimerie Laballery – 58500 Clamecy
Dépôt légal : janvier 2016 – N° d'impression : 603266

Imprimé en France

La Nouvelle Imprimerie Laballery est titulaire de la marque Imprim'Vert®